本书是2010年度国家社科基金重大项目"中国土地制度变革史"（项目批准号：10ZD&078）的成果

龙登高 主编

The History of Land Institution in Traditional China

中国土地制度史

【卷五】
中国土地制度史研究文论

马芳 王明 编

中国社会科学出版社

# 目　　录

再论我国的封建的土地国有制 …………………………… 李　埏（1）
三论中国封建土地国有制 ………………………………… 李　埏（16）
中国封建社会的土地市场 ………………………………… 方　行（27）
论北朝隋唐的土地法规与土地制度 ……………………… 杨际平（53）
隋唐土地制度变迁与时代分期 …………………………… 耿元骊（81）
从佃户到田面主
　　——宋代土地产权形态的演变 ……………………… 戴建国（92）
典田的性质与权益
　　——基于清代与宋代的
　　　　比较研究 ………………… 龙登高　温方方　邱永志（118）
传统社会土地交易"找价"新探
　　——实证与功能分析 ………………………………… 张湖东（144）
地权交易与生产要素组合：1650—1950 ………………… 龙登高（173）
近世佃农的经营性质与收益比较 ………………… 龙登高　彭　波（192）
传统中国乡村地权变动的一般理论 ……………………… 曹树基（210）
土改前夕地权分配的检验与解释 ………………… 龙登高　何国卿（229）
从平均地权到鼓励流转 …………………………………… 龙登高（248）

# 再论我国的封建的土地国有制

李　埏

1956年,《历史研究》发表了我的《论我国的"封建的土地国有制"》一文。岁月如流,30年过去了。有的问题,早就想续加申论或补充,但因种种原因,迄未着笔。现在,打算就几个问题谈点管见。这几个问题是:封建土地国有制的渊源可以上溯到哪里？这种土地制度盛衰的根本原因何在？对封建国家的强弱,它何以能有那么大的影响？下面就依次略加论述。

对于中国古代历史的分期问题,20世纪50年代我是从"战国封建论"的,认为我国的封建社会始于战国。这以后,为了进一步探索古代土地制度,我曾对川滇境内一些兄弟民族的社会历史稍事涉猎,这给我启发很大。尤其是彝族、傣族的社会历史给我的教益更多。1960年我到了大凉山,不惟与翻身奴隶"三同",而且阅读了四川调查组收集的丰富资料,可以说对奴隶社会是亲见亲闻了。以民主改革前的凉山彝族社会和西双版纳的傣族社会相较,我深感西周社会,与其说似凉山彝族的奴隶制,毋宁说更像西双版纳傣族的领主制。于是我改从"西周封建论"。但不同于某些西周封建论者的地方是,我认为西周是建立在农村公社之上的封建领主制社会。春秋战国时期,农村公社解体,于是封建领主制演变为自秦迄清的封建地主制。

在封建地主制社会里,主要的土地占有形态有三:一是地主土地所有制,二是农民小土地所有制,三是国家土地所有制。当然还有别的占有形态,但只起补充作用。规定这个社会的性质的是地主土地所有制，但其他两种占的比重也很大，也起到很大的作用。三者交织在一起，互为消长盈缩，构成一条曲折起伏的经济曲线，贯穿于这个时期之中。

应该指出，上述三种所有制的每一种也不是纯一的，应更进一步加以区分。如土地国有制，从经营形式上看，它便有公田、屯田、营田、官田……之别。在我的那篇旧作中，我上溯这些国有土地的渊源仅及战国而止，认为战国以前是全面的国有（或王有），以后经过最初的郡县，演变而为秦汉以下的各种国有土地。这种看法应加以修正。说郡是屯田、营田的滥觞，我现在还作如是观。说公田的先河是县，就不妥当了。诚然，关于公田的记载少见于战国秦汉间文献。（也许就是这个原因吧，贺昌群先生把公田之始定于汉武帝时[①]。）但文献记载不足，并不就是公田尚未产生的确证。复次，我把公田和屯田、营田并举，不加轩轾，也未免粗疏。应该指出，各种国有土地的比重和作用是并不相侔的。

论及渊源，我曾在旧作中征引了郭沫若同志之说。郭老在《奴隶制时代》中写道：商周都同样施行过井田制，"这是土地国有制的骨干"。这可谓不刊之论，我至今仍奉为圭臬。但井田制是什么呢？郭老说"只是公家的俸田"。那就不尽然了。其实，它不是别的，乃是一种农村公社——氏族的农村公社。这种公社始于何时已不可考，但西周为其极盛则是很明显的。依据马克思的学说，农村公社是从公有制向私有制过渡的社会形态，因而它的最主要特征是兼具公有和私有的二重性。井田制正是这样，井田分为公田和私田。《诗经·小雅·大田》说："雨我公田，遂及我私。"把公田和私田对举并称。孟子向滕文公建议施行的井田也分为公田和私田。他说："方里而井，井九百亩。其中为公田。八家皆私百亩，同养公田。公事毕，然后敢治私事。"同样把公田和私田并称对举。我认为公田和私田就是农村公社二重性的体现。在农村公社以前无所谓私田，当然也无所谓公田。那时的田是氏族所共有，不可能有公私之分。进入农村公社以后，最

---

[①] 贺昌群：《关于封建的土地国有制问题的一些意见》，《新建设》1966年第2期。

初可以私有的也不是土地，而是牲畜之类。随着农业生产的发展，土地的使用权和收益分配逐渐公私有别。庶民使用的土地为私田，王公贵族占有的为公田。（"公"是公侯、公子、公孙……之公，而不是全社会公有之公）"惟助为有公田"。公田由采邑中的庶民共耕，收益归公侯贵族享有。假如说井田是倴田，那只能是井田中的这部分，私田是不应包括进去的。私田的使用权，后来由于农业生产的发展，逐渐转化为占有权。直到春秋时期，在黄河中下游地区的农村公社邑里中，庶民对私田还只有占有权。一切土地（包括公田、私田以及山林川泽等）的所有权，至少在名义上，仍属最高的统治者周王。进入战国，个人取得了实际上的土地所有权，但仍不合法。到商鞅变法，乃在秦国一隅，给予法令上的承认。秦始皇"使黔首自实田"，更把它推及于整个中原地区，土地私有制才普遍确立。

在这种情况下，公田也变化了。"公作则迟"，"公田不治"，使得助耕的传统剥削方式不能继续维持。经过"履亩而税""初租禾"等改革之后，实物地租成了对公私田亩征取租税的主要方式。与此同时，以个体小农为基础而逐渐形成的专制主义中央集权制度，越来越不能容忍诸侯卿大夫们利用特权障碍其权力的集中。在秦国并兼六国的胜利进军中，它不惟排斥六国贵族继续占有采邑领地，最后连秦皇自己的子弟也"不立尺土之封"。诸如公田、牧地、山林、川泽之类都转入新建的封建国家手中，成为国有土地，由县直接管理（当然，县也经管私有土地及其租税）。依据云梦《秦简》所载《秦律》推知，有的国有土地是通过授田、租田制度，分给农民耕种的。有的则由国家直接经营，役使隶臣妾从事生产劳动。这些国有土地应即公田。耕种这种公田而缴纳租税的农民实质上是国家佃农。国家成了最大的地主。

这样，公田和私田都和以前不同了。以前，在井田制之下，二者的区别仅在于使用权、占有权的差异，所有权均属于国家。现在，公田私田的所有权已经分属不同的所有者了。在私田上成长起来的土地私有制包括地主土地所有制和农民土地所有制，与土地国有制鼎足而三。它们之间此消彼长，彼进此退，交织成此后两千数百年的土地制度史。在土地国有制中，公田居于主流地位。它上承井田制，下及课田制、均田制……可谓源远流长，其来有自，并非突然出现的。

在漫长的封建主义时期中，土地国有制时盛时衰，原因何在呢？旧作从它与历史传统、地理环境、农民起义、中央集权等的关系加以说明。那些关系确实是它盛衰的重要原因。但还有更深刻的原因应该补充说明，那就是商品经济问题。

封建社会的经济有两种形式：一是自然经济，一是商品经济。这两种经济交织在一起，互为消长，构成一条升降起伏的经济曲线。在我国自周秦迄清的历史时期中，商品经济的发展灼然可见有两个高峰。第一个高峰是《史记·货殖列传》所传人物生活的那个时代（即自公元前473年勾践灭吴、范蠡适齐起，至公元前154年汉景帝平七国之乱止，为时320年）。这是中国古代史上商品经济迅猛发展的时期，是商人的黄金时代。下面简单说一下这时期的商品经济的几个重要特征。

第一个特征是交换空前地扩大了。由于社会生产力的革命性变革，独立的私营手工业在盐、铁等生产部门中已与农业相分离。这就引起二者间的交换，手工业者和若干农民被卷入市场关系之中。这种手工业与官营手工业、家庭手工业不同。它一开始便是从事商品生产的。农业生产虽然主要是生产使用价值，但农民人数众多，即使只以部分剩余产品投入市场，也会引起交换的极大发展。在我国的历史条件下，商品经济若没有农民的参与，那只是瓶中的插花，不可能繁荣的。反之，若农民多少被卷入了，那就会呈现异彩。孟子说农民以铁耕、以釜甑爨，因此必得以粟易械器、易陶冶。足证那时农业和手工业之间的分工和交换发展了。农民在一定程度上已经卷入市场。

第二个特征是金属货币广泛流布，货币经济首次发挥出它的巨大威力。大家知道，我国最早的金属铸币是春秋战国间的刀币和布币。刀、布本是农器，后来发展成货币（最早的刀币、布币，与农用刀、布无别）。为什么会发展成货币？原因是，它们是最受农民欢迎的商品。我们可以从这种货币的形状上读出文献中读不到的东西，那就是货币经济已在农村中存在了。继刀、布之后，我们看到，战国间又出

## 再论我国的封建的土地国有制

现了周秦的圜钱和楚的铜贝，黄金也作为支付手段和贮藏手段而多见于记载。这说明货币经济的发展是很迅速的。与此同时，高利贷也发达起来了。典型的例子是孟尝君放债于薛的故事。

第三个特征是第三次社会大分工已完成，商人已经形成了一个阶级[①]。《史记·货殖列传》清楚明白地向我们展示了这个阶级的缩影。若更参以《史记·平准书》《汉书·食货志》以及其他有关商人的记载，则商人那时已成为一个新兴的阶级是灼然可见的。这个阶级掌握着大量货币，具有很大作用，我们应该对它作充分的估计。

以上所述，是自战国到汉初这段时期内商品经济的几个重要特征。虽然这时期的社会还是自然经济统治着，商品经济和新兴的商人阶级都才登上历史舞台，但它们"若利刃之新发于硎"，锋芒所向，使许多古老的东西为之披靡，许多新的事物脱颖而出。到刀、布等铸币广泛流通之后，商品经济发展得更高了，甚至土地也有了商品性质，成为可以买卖的东西，这就大大促进了土地私有制的发展。不惟新兴的地主阶级强烈地要求它，就是自耕小农也无不希望得到它。因为若没有私有权，任何土地都不可能买，也不可能卖，对地主和农民都是不满足的。商鞅变法正式宣告的"除井田，民得卖买"，正是顺应这种要求，承认当时的事实和趋势，所以获得巨大的成功。商鞅说："意民之情，其所欲者田宅也，……今利其田宅，而复之三世，此必与其所欲，而不使行其所恶也。然则山东之民无不西者矣。"事实确是这样。据《通典》，此所谓"山东之民"就是"三晋之民"，其中包括梁惠王之民。梁惠王不能用商鞅，没有变法改制，所以现实和他的愿望背道而驰。他对孟子哀叹道："察邻国之政，无如寡人之用心者。邻国之民不加少，寡人之民不加多，何也？"孟子为他筹谋，同样未曾触及土地私有制问题，因而也无助于梁国矛盾的解决。

土地私有制的发展必然导致土地国有制的削弱。因为私有土地是

---

[①] 四十多年版前，已故著名史学家张荫麟先生在他的《中国史纲》中指出，商人阶级此时已经产生。但不知何故，此说如空谷足音，迄无应者。难道在我国历史上，甚至近代，商人都没有形成一个阶级吗？我认为，张先生之说是不易之论，商人阶级至迟已在此时形成了。

从国有土地转化而成的，所以私有土地的增多就是国有土地的减少。此消彼长，反之亦然。转化的渠道是多条的：有赏赐，有授与，有借请，还有不合法的盗窃、侵占……虽然也有相反的转化，如没官、如户绝……但在这个时期中，从许多现象看来，大量的是国有向私有转化。最突出的是秦国。商鞅变法，不仅率先承认土地私有制为合法，而且利用它"地广人寡，草不尽垦"的有利条件，"诱三晋之人，利其田宅，复三代"①。所谓"利其田宅"，就是给三晋之民以田宅之利；"复"就是"复其身"，免除力役。追求小块私有土地和逃避力役是当时农民的最迫切要求，所以这两项新法能引诱邻国三晋的农民西入秦国。这样，转化成私有土地的为数当不在小，国有土地当然就相对减少了。其他国家虽然因循守旧，没有采取这样的变法措施，但它们的国有土地也由于同样的原因日益减少。因为商品经济和土地私有制的发展，在那些国家里也使许多土地从国有转化为私有。黄河下游的齐、梁诸国，当孟子往游之时，还在施行"为民制产"的国有土地配给旧制。但是数量太少了。孟子对齐宣王指出："今也制民之产，仰不足以事父母，俯不足以畜妻子，乐岁终身苦，凶年不免于死亡。"因此他建议"反其本"，配给每家农民以五亩之宅、百亩之田的"恒产"。齐宣王不能用。为什么？因为没有那么多的国有土地。齐、梁等国的商品经济和土地私有制比秦国发达得更早更高，其国有土地之减少是必然的。

综上所述，战国时期商品经济的长足进步导致大量国有土地转化为私有土地。不过，在秦以外，这种转化一般是潜移默化，不合法的。因此之故，土地所有权呈现紊乱状态。这不利于全国新秩序的建立和国家租税的征敛，所以秦统一以后，"使黔首自实田"，给以全面的确认和整理。汉兴，对秦的关于商品经济和土地制度的诸种措施，循而未改。商品经济和土地私有制遂得保持其势头，继续向前发展。在长期和平而统一的条件下，商品流通更加活泼。长途贩运贸易不仅遍及国内各大都会，而且远至外邦异域。商品流通领域是商人资

---

① 《通典·食货典》。

## 再论我国的封建的土地国有制

本生长繁茂的园地。到汉文帝之时，商人资本已很发达；商人阶级已是令人侧目的社会力量了。晁错向汉文帝大声疾呼说："商贾大者积贮倍息，小者坐列贩卖。操其奇赢，日游都市。乘上之急，所卖必倍。故其男不耕耘，女不蚕织，衣必文采，食必粱肉。亡农夫之苦，有仟佰之得。因其富厚，交通王侯，力过吏势，以利相倾。千里游敖，冠盖相望。乘坚策肥，履丝曳缟。此商人所以兼并农人，农人所以流亡者也。今法律贱商人，商人已富贵矣；尊农夫，农夫已贫贱矣。"[1] 晁错的呼吁说明商人阶级的力量已强大到何等程度，统治集团中的敏感之士已感到它的威胁了。但这番呼吁没有引起文帝的留意。过了三十多年，汉因数征匈奴，"县官大空，而富商大贾或财役贫，转毂百数，废居居邑，封君皆低首仰给。冶铸煮盐，财或累万金，而不佐国家之急，黎民重困"[2]。汉廷和商人阶级之间的矛盾激化了，一场尖锐的斗争于是展开。武帝从商人阶级中选拔一些"言利事析秋毫"的能人，如桑弘羊、东郭咸阳、孔仅等，为他理财；除许多故盐铁家富贾为盐铁官府吏。他借助于这些人，采取若干措施，给商人阶级以沉重的打击。汉武帝正是这样。他的最重要的措施是两项：一、厉行"告缗令"；二、实施莞榷之法。告缗的结果，"得民财物以亿计，奴婢以千万数；田，大县数百顷，小县百余顷，宅亦如之。于是商贾中家以上大率破"[3]。莞榷之法是，莞盐铁、榷酒酤，置均输、平准，"尽笼天下之货物"，使"富商大贾无所牟大利"[4]。这项措施，在武帝和桑弘羊的坚持下，也得以实施。从所要达到的目的而言，武帝是成功了。

这两项措施在历史上所起的作用和影响很是深远。告缗把商人阶级占有的社会财富、商人资本夺归国有。《史记·平准书》说："乃分缗钱诸官；而水衡、少府、大农、太仆各置农官，往往即郡县比没入田田之；其没入奴婢，分诸苑养狗马禽兽，及与诸官。"没入的大

---

[1] 《汉书·食货志》。
[2] 《史记·平准书》。
[3] 《史记·平准书》。
[4] 《史记·平准书》。

7

量农田统由农官经营管理,成了国有土地。于是公田突然增多,使衰落的土地国有制又复振起。莞榷更进一步,把大宗商品的生产和流通国有化,使商人资本重新兴起的主要条件都消失了。封建的国家所有制,包括土地国有制在内,迎来了它的中兴时代,而汉武帝便是它的中兴之主。(附带说一下,历来谈论古史的人都喜欢把秦皇汉武相提并称。其实从经济史的角度看去,他们是大异其趣的。在对待商品经济、土地所有制、商人阶级等重大问题上,他们都起了很大作用,但两人的作用适相反)

商品经济的发展势头被遏止;它的第一个高峰时期结束。这以后,自然经济的统治相对地增强,土地所有权的运动相对地放慢。因之,国有土地向私有土地的转化,虽然未曾停止,但不似此前的急遽。这时期的土地问题主要是地主大土地所有制的强化。延至汉魏之际和以后的分裂时期,不断的军阀混战破坏了社会生产力,打乱了封建秩序。商品经济降落到最低点,铸币甚至退出了流通。人人只有自给自足才能生存下去,自然经济几乎成为唯一的经济形式。在这种情况下,贵族、官僚、豪强乘机侵占土地和依附农民,建立起一个个自然经济的共同体——封建庄园。尔后继起的诸王朝则把兵燹后的大量无主荒地收归国有,配给农民耕种,借以征收租税,并制止这些土地和农民落入庄园主手中。从曹操的屯田到北朝隋唐的均田都是在这样的条件和目标下施行的。屯田、均田等形式的土地国有制和庄园制是当时农业生产中使劳动者和生产资料相结合的最有效方式。二者都是因商品经济衰落、自然经济占绝对统治地位而产生的。可以说,屯田、均田……就是封建国家的大庄园。这两种土地所有制,像并行的双轨,贯彻于汉唐之间。

进入唐代,商品经济否极泰来,又向前发展了。这次发展的势头是那样强而有力,甚至唐末五代的军阀混战也未能使之逆转。到宋代,它的第二个高峰出现了。这个高峰,比第一个高峰更高。因此,有的史学家(如束世澂先生)断言:这时已产生了资本主义萌芽。范文澜先生也有近似的看法。他认为:"宋朝生产力的胜利进展,很可能产生资本主义的萌芽。"① 萌芽之说未必能得到史学界的一致赞同，但对宋代商品经济水平的估计则是大家共同的。这只要信手翻开任何一种有关宋代经济的近人论著便可以看到。因此之故，我们这里可不必复述那些论著中所见略同的农工商业状况，单谈一下异乎往代的重要特征就行了。

所谓异乎往代的重要特征是，广大农民以过去所未有的规模和程度从事商品生产。以前，农民投入市场的商品主要是他们的剩余产品粟米布帛。专门为市场而生产的商品可以说是绝无仅有。在第一个高峰时期，执商品界牛耳的是盐铁酒酤，都是手工业者生产的。到了唐代，情况发生了很大变化。最大宗的商品是绢、茶和盐。盐的市场在国内；绢、茶的市场，除了国内，还远及域外。绢、茶都出自农村；桑榆茶树都是农民栽培的经济作物。在绢、茶二者中，绢的生产还不全是生产交换价值，茶则几乎纯粹是商品生产。此外，漆、蔗、药材、果木等经济作物，也是为市场而栽培的。从唐代起，这些经济作物在农业中的比重越来越大，卷入市场关系的农业生产者也越来越多。因之，商品经济不仅在城市，在农村中也有所发展。

商品经济在农村的发展必然引起农村经济的变化，特别是土地所有制的变化。不言而喻，在农业生产中，土地是主要的生产资料。没有土地，便不可能生产。因此，生产者对自己所耕种的土地享有什么权利是极为关切的。当然，在土地可以私有的时代，他们最希望的是得到完全的土地所有权。对种植经济作物的土地，这种愿望和要求就更为强烈。因为经济作物的生长周期长，必须能长期保有种植的土地，方能保证生产者的收益。不这样，谁愿意从事这种生产呢？均田制下的桑田、永业田可以长期受而不还，正是出于这样的原因。五代时，北方战祸频仍，大片土地成了"系官庄田"、营田，佃给客户、营田户耕种。郭威毅然下诏，"悉以分赐见佃户为永业"。佃户们得到凭由后，"比户欣然，是营屋植树，敢致功力"②。可见农民对土地

---

① 《中国通史简编》第一编《绪言》。
② 《旧五代史·周太祖纪》。

所有权的要求是何等强烈,也可见种植经济作物与土地所有权的关系。此外,由于精耕细作的需要,生产者对农田的改良要投入较多的人力物力,因此他们对种植粮食作物的土地也同样要求获得牢固的所有权。上引郭威诏令"分赐"给农民的土地就兼有园宅地和耕地。这件事实说明:在普遍要求土地私有权的形势下,尚存的国有土地不能不继续向私有土地转化。国有制的衰落和私有制的发展已成为不可阻挡的历史趋势了。

谈到这里,让我们离题谈一下另一个问题,即唐宋时期与上述土地所有制演变同时出现的又一严重的社会现象——贫富差别。当然,贫富差别早已有之,但从来没有此时突出。请看下列几件大事吧:

1. 唐德宗时施行两税法,明令宣布两税法的首要原则是"以贫富为差"。

2. 唐僖宗时王仙芝、黄巢起义,以"天补平均"为口号。

3. 宋太宗时王小波起义,公开宣告要均贫富。

4. 高宗时钟相起义,又宣告要均贫富。

显然可见,在这三百数十年中,贫富差别问题一直是阶级斗争的焦点。统治者承认这个差别,贫穷农民反对这个差别,针锋相对。为什么贫富差别问题如此严重呢?论者多以为是统治阶级残酷剥削所致。但以前统治阶级的剥削不是也很残酷吗?为什么那时的农民起义未曾提出这一口号?要回答这个疑问,恐非求之于时代的特殊原因不可。这时代的特殊原因不是别的,就是商品经济的迅猛发展。由于商品经济的迅猛发展,它在第一高峰时期所产生的种种后果,善的和恶的,现在又都重复出现了。不过是在更高基础上的重复,因而具有更强大得多的力量。最引人注目的是货币。唐宋的情况正是这样。它随着商贩的囊橐,无远弗届,从城市流入农村,从中原流至域外。因此,自唐中叶起,钱荒问题便长期折磨着唐宋的理财者们。宋初,信用货币破天荒地出现了。后来,白银也渐渐取得了货币职能⋯⋯这种种现象说明,这时期货币有很大发展。货币是财富的化身,在阶级社会中还是剥削阶级用以剥削劳动人民的有力工具。唐代开天以后,许多贵族、官僚、军阀、商人⋯⋯大量积聚货币。商人资本、高利贷资

## 再论我国的封建的土地国有制

本越来越发达。他们利用货币，无孔不入地、细大不捐地剥削广大劳动人民。这种剥削的特点是：一、速度快；二、面广；三、不问等级。其结果是，在较短的时间内，贫富差别的深度和广度都有所扩大，升降的速度也加快了。原来身份相若，贫富差别不大的人，现在分属于不同的阵营，判若天壤。尤其是农村中，人们看到那些商品生产者、弃农经商者、高利贷者……并不需要几代人的积累便富了起来，而广大劳动者却纷纷穷下去。这现象，从传统的停滞观念看去，是极不合理的。在重门第重等级的封建社会里，即使是没有门第的人也对"暴发户"有一种天然的憎恶。而贫富差别的扩大和自然经济的分配原则（"不患寡而患不均"），冰炭般地不能相容。这样，陷入贫困的人民群众从现实中认识到，贫富不均是自己苦难的原因，于是均贫富便成为大众的共同愿望和斗争目标，第一次作为革命口号提了出来。

这问题和土地制度的演变有什么关系呢？关系是显而易见的。简言之，社会贫富差别的扩大，对土地国有制而言是厄运，对土地私有制（主要是大土地所有制）而言，则是福音，是发展的有利条件。因为贫困农民不堪租税、高利贷的榨取，不得已出卖或抛弃自己的土地。他们不仅出卖自己所有的小块土地，而且出卖均田所受的永业田、口分田。因为永业田、口分田在一定的条件下，也是可以出卖的。《唐律疏义》明确规定：永业田可卖以供葬；口分田可卖充宅及碾硙、邸店之类；从狭乡迁往宽乡的也可以卖；赐田及五品以上官和勋官的永业田则欲卖便卖，不加禁限①。这是国有制给私有制开的一些豁口。通过这些豁口，国有土地便可以合法地转化为私有土地。值得注意的是，有一个豁口是专一通向商品经济的，即允许出卖口分田以充"碾硙、邸店之类"。这说明唐初的统治者对于商品经济已不能采取完全漠视的政策，不能不在国有土地上给商人资本留一席之地。当然，商人资本不会只凭这一个豁口去攫取国有土地，它还会利用其他豁口的。只要土地的所有者愿意出卖，商人资本便可以去获致它。

---

① 《唐律疏义》卷一二《户婚律》。

我国自商鞅变法以后,"民得卖买"土地,商人资本、高利贷资本无不以土地作为尾闾。商人阶级总是遵循"以末致财,用本守之"的原则,完全地或部分地转化为地主。汉武帝打击商人阶级,没收商贾中家以上的财物,其中便有大量土地,足证那些商贾多兼地主,后世的商人也莫不如此。这里应当指出的是,商人之获取土地有两点和贵族官僚不同。一是商人阶级的等级地位很低,没有特权,不能用经济外强制的方式去掠夺土地,而只能通过买卖(因此他们只能转变为庶民地主)。二是商人阶级分布很广,各州县无不有之,所以他们对土地的猎取是全面的(不似达官贵族之麇集都市)。这样,就使土地买卖日益加多加快,土地占有状况呈现混乱状态。史载唐玄宗之时已经是"田亩移换,非旧额矣;贫富升降,非旧第矣"[①]。到德宗时,混乱更加严重。杨炎只好屈从现实,变法改制去适应它。这所谓混乱,就是土地所有权转手运动的加快。加快的动力是商品经济。加快的主流则是土地私有制。商品经济愈后而愈加发展,所以土地所有权的转手运动也愈后而愈加剧烈。宋朝始终弄不清楚全国垦田之数究竟有多少,其主要原因就在于此。南宋爱国词人辛稼轩有句词:"千年田换八百主"[②],可见土地所有权的转手运动已快到何等程度!这一句话,宋以后一直流传下来,竟成了社会上的一句口头禅。这说明土地私有制继续在发展,土地所有权转手运动的速度远未减弱。在这种情况下,土地国有制自然不可能再有中兴的机运,而屡遭破坏又屡次重建的均田制也永不能重建了。

依据上文所述可见,土地国有制是与自然经济共进退,而与商品经济背道而驰的。商品经济方兴未艾,有着远大前程,显然优于自然经济。自然经济赖社会生产力水平的低下而存在,是落后的经济形式。土地国有制与之相联系,当然也是没有前途的。如此说来,旧作肯定土地国有制是封建国家强大的重要因素,在历史上曾起过很大的作用,还对不对呢?我认为还是对的,其理由如次。

---

① 《旧唐书·杨炎传》。
② 《稼轩词·最高楼》中语。

## 再论我国的封建的土地国有制

旧作之所以如此肯定，主要是着眼于自耕农问题。从历史上看，不论中外，自耕农的多寡和景况的好坏确乎是封建国家强弱兴衰的关键。显著的例证是战国。那时的国君们无不图谋争取民众。上面提到的，梁惠王对孟子说的一番话最能反映这种愿望了，无妨再多引录几句。他说："寡人之于国也，尽心焉耳矣！河内凶则移其民于河东，移其粟于河内。河东凶亦然。察邻国之政，无如寡人之用心者。邻国之民不加少，寡人之民不加多，何也？"① 孟子建议他为民制产。方案是："五亩之宅，树之以桑，五十者，可以衣帛矣。鸡豚狗彘之畜，无失其时，七十者可以食肉矣。百亩之田，勿夺其时，数口之家，可以无饥矣。谨庠序之教，申之以孝悌之义，颁白者不负戴于道路矣。七十衣帛食肉，黎民不饥不寒，然而不王者未之有也。"② 这个方案的主旨就是要使农民成为自耕农。孟子坚信，假若能实施他的方案，让农民过上自耕农的温饱生活，那就"可使制挺以挞秦楚之坚甲利兵"，无敌于天下。史实证明，他的这个方案并非全属空言，在一定的条件下是可以实施的。例如千载之后的均田制，授农民以桑田露田，不就是"五亩之宅，树墙下以桑，匹妇蚕之；百亩之田，匹夫耕之"的修订版吗？其所以未获齐梁之君的采纳，原因是孟子不承认已经存在的私有制，而国有土地（公田）又不足以分配，这就不可能实施了。与他并世的商鞅在秦国变法，一则承认土地私有制，明令"民得卖买"；一则以国有土地，授予农民，因而获得成功。后世的公田制、均田制……祖述其法，所以也收到效果。特别是天灾或兵燹之后，国家利用国有土地，使大量的流亡农民和土地结合起来，成为自耕农，迅速恢复和发展生产，缓和阶级矛盾，安定社会秩序，增强国力，效果就更为显著。唐朝建国之初，人口锐减，社会凋敝，但在很短的时间内就出现所谓的"贞观之治"，其契机就在这里。旧作说，可以把土地国有制当作预测国家强弱兴衰的气压计，便是就这个意义而言的。

---

① 《孟子·梁惠王上》。
② 《孟子·梁惠王上》。

复次，土地国有制因其能增多自耕农，还从另一个方面发生作用，那就是为商品经济的发展创造有利条件。自耕农，在农村中，是生产力的主力军。他们的经济是可以自给自足的自然经济。一般说来，农民的自然经济是以温饱为边缘的。一旦超越这个边缘，就要进入商品经济了。或者换句话说，一旦他们的生产能自给温饱而有余，他们就要把所余的部分投入市场进行商品交换。自耕农可以自给，他们中不少人还可以兼营多种生产。这是一个幅度颇宽的阶层。早在战国之时，孟子就说过："耕者之所获，一夫百亩。百亩之粪，上农夫食九人，上次食八人，中食七人，中次食六人，下食五人。"[1] 可见他们之间虽然所耕都是百亩，但所获却有不小差别，单位面积产量可因自然条件和所致功力之不同而不同。这样，这个阶层便不可避免地出现较富和较贫的区分。较富的人们可以多致粟帛，兼营其他商品生产。较贫的人呢，贫得不能存活时，便丧失自耕农的地位，有的为人佣耕，有的"舍本逐末"，投入城市手工商业的活动中。《史记·货殖列传》说："夫用贫求富，农不如工，工不如商，刺绣文不如倚市门。此言末业，贫者之资也。"就是这种现象的概括。当然，这要在工农业分工和交换有所发展的条件下才是可能的。在这个条件之下，自耕农的贫富分化更加扩大，而扩大的结果，又促进商品的生产和交换，使商品经济进一步发展。

在这个辩证发展的过程中，土地国有制起了间接的、颇为重要的作用。它在社会凋敝之余使许多流离失所的贫苦农民转变成为自耕农，迅速恢复农业生产，复苏农村经济。在此基础上，加上其他有利条件（如统一和平，社会安定，吏治良好，赋敛不苛……），生产就能更加发展。这时，自耕农们不仅解决自己的温饱问题，还要为市场而生产了。农业生产的这样发展，又给家庭和城市的手工业创设了发展前提，因之，手工业也发展起来。紧接而来的，不言而喻，就是商品流通和市场关系的扩大，商品经济日益发达。唐代前期，从"贞观之治"到"开元之治"的历史进程就是这样的。

---

[1] 《孟子·万章下》。

如前所述，在私有制的社会里，商品经济的发达必然导致贫富差别的扩大、土地私有制的发展和土地国有制的衰落。土地国有制赖自然经济的强化而产生，而延续。但它却为自然经济的对立面商品经济尽推毁之功。因此，当商品经济的历史车轮向前滚动时，它却被遗弃在后边，功成身退了。

本文发端中提出的三个问题，作者的管见略陈如上。很显然，管见中贯串着一条商品经济曲线。这条曲线不惟是封建土地国有制存亡盛衰的关键，也是一切古老制度和传统能够延续与否的根本原因。古老的制度和传统是非常顽固的。除了商品经济，没有别的任何力量可以摧毁它。我国古代，由于商品经济发展迟滞，所以许多古老制度和传统延续下来，成为"活生生的残余"。"死的抓住活的"，至今仍是我们精神上的极大负担。唐均田制破坏后，封建土地国有制式微了。自宋迄清，商品经济虽然发展缓慢，但没有逆转倒退，所以均田制那样大规模的土地国有制便一去不复返了。这是中国封建经济的阶段性变化，值得我们深入研究。本文仍属大辂的椎轮，不可能详及。进一步的商榷只好俟诸异日了。

原载云南大学历史系编《史学论丛》第2辑，
云南人民出版社1986年版

# 三论中国封建土地国有制

李 埏

1954年,马克思主义史学家侯外庐先生在《历史研究》创刊号上,刊登了他的著名论文《中国封建社会土地所有制形式的问题》。这篇论文,为我国土地制度史的研究,树立了一块重要的里程碑。它标志着一个新阶段的展开。在这以前,这项研究一直没有得到应有的重视。只是一些断代史专家研究某一朝代的典章制度时,对那时的土地制度(如均田制)加以考述。至于通贯的、系统的研究是阙如的。作为社会经济史的基本问题,从所有制形式方面加以系统考察,则更是未之前闻。在这以后,史家们群起探索,竞相讨论商榷。几乎各个朝代和各种所有制形式都有人研究,特别是土地国有制最受注意,争论最多。我于1956年在《历史研究》第1期发表了《论我国的"封建的土地国有制"》一文,后于1987年在《中国封建经济史研究》论文集(云南人民出版社出版)中又发表了《再论我国的封建的土地国有制》一文。现在再提几点看法,名之曰"三论"。

## 一 国有土地的所有权、占有权和使用权

"国有土地""土地国有制"或"国家土地所有制"等称谓已经揭示出这种土地的所有权属于国家了,为什么还要说明呢?因为犹有异议。例如西周的井田制,井田归谁所有便有好几种说法。有谓为王所有的,有谓为贵族所有的,有谓为村社所有的……我们认为王有就

## 三论中国封建土地国有制

是国有;贵族和村社等等都只是占有。为什么这样说呢?理由如次。

《诗》云:"溥天之下,莫非王土;率土之滨,莫非王臣。"① 孔子云:"天无二日,土无二王。"② 这就说明周王是唯一的所有者。当时的社会是分为等级的阶级社会。等级像阶梯一样,为数不少。每个人都属一定的等级。每个等级包括多寡不一的身份相同的人。唯有一个等级,即最高等级,只有一人,那就是王。由上引孔子"天无二日,土无二王"之语可见,其排他性是绝对不许更有一人与之同在这一等级的,甚至他的父母也不可能③。他是天子(上天的元子)。他之君临天下是"天与之"(即神授的)。他一个人独占最高等级,所以他自称"予一人"。他确乎是个"特殊东西"。国家的土地人民都为他所有。可以说,他就是国家的人格化,国家的代表;他就是国家。我们说王有就是国有,谁曰不宜?

那么,既然王有和国有等同,为什么一定要称国有而不称王有呢?这是因为国有能更确切地表达所有者的实质。上面说过,王是国家的代表,称国有不是更确切吗?再则,土地国有制像一条源远流长的江河,在不同地段,有不同景观和不同称谓。我国历史上,井田制之后还有授田制、屯田制、均田制……这些田制并非各不相涉,有一条线把它们贯串起来,这条线就是土地国有制④。当然对这些田制是

---

① 《诗经·小雅·北山》。
② 《礼记·曾子问》。又见于《礼记·坊记》,《孟子·万章上》作"民无二王"。
③ 这里举个例子。《孟子·万章上》载,孟子门人咸丘蒙问曰:"……《诗》云:普天之下,莫非王土;率土之滨,莫非王臣。而舜既为天子矣,敢问瞽瞍之非臣如何?"孟子认为以孝子尊亲之义而言,是不会的。可是孟子卒后百年,他认为不会发生的事发生了。《史记·高祖本纪》载:"高祖(即帝位后)五日一朝太公,如家人父子礼。太公家令说太公曰:'天无二日,土无二王。今高祖虽子,人主也;太公虽父,人臣也。奈何令人主拜人臣?如此,则威重不行。'后高祖朝,太公拥彗,迎门却行。高祖大惊,下扶太公。太公曰:'帝,人主也,奈何以我乱天下法!'于是高祖乃尊太公为太上皇。心善家令言,赐金五百斤。"
④ 这条线是侯外庐先生首先提出的。这是他的一大贡献。不过他把这条线断自秦汉,我则把它上伸到西周,乃至西周之前,因认为井田制在夏商周是存在的。郭沫若先生说,商已有井田,而且"是土地国有制的骨干"。金景芳、徐喜辰两先生有专论井田制的著作,都肯定井田制夏已有之,我从其说。但因夏商尚有待商榷,所以本文也只谈西周。至于夏商,我将另为文论列,兹不赘。关于汉以后,侯文以及拙作《论我国的"封建的土地国有制"》均有所论说。

17

不是国有制也不是没有争议的，不过不似对井田制分歧之多罢了。

意见分歧的一个原因是如何看待占有权问题。再以西周为说。前面说过，西周的土地所有权属于周王；贵族、村社都只有占有权。现在要特加申述的是，这两种占有权的性质是完全不同的。贵族的占有权是特权，而村社的占有权则是负担。贵族的占有权是依照等级的高低，由上而下一级授一级的。但不论哪一级，其占有权都是由村社的占有权实现的。村社（即农村公社）的名称叫作"邑"①。它的土地占有权是由原来的所有权演变而来的。它成了贵族的采邑。它须向它所属的贵族贡纳剩余劳动或剩余产品。（所属贵族又要向其上面授予他特权的贵族奉献部分所得）村社的土地以井田的形式分配给成员庶民耕种，换句话说，即把使用权授予直接生产者。

随着等级地位的高低，等级特权有大小多寡之别。大诸侯的等级地位高，所以他的特权也多而大。在他的侯国之内，他俨然是一个专制君主，几乎与周天子埒。卿大夫在采邑之内，也是很有权势的。加之，他们都是世袭的占有者。这就无怪乎有的史家把他们看成是土地所有者，因而有贵族所有制之称。村社也是世袭的占有者。村社的庶民生斯长斯，不知多少代了。村社的土地看起来也好像是村社所有的。但是村社并没有处置土地之权。整个村社可以被领主用来赏赐、转让……实际是领主的庄园②。当然也不是所有者，只是他有更高的占有权罢了。

由西周的情况可见，只有把井田的所有权、占有权、使用权区别清楚，土地国有制形式方能了解。所有权归属问题是决定所有制性质的关键。占有权在等级社会中，是错综复杂的。使用权较简单，但有时也会与占有权相混。这就要求我们细加分析。西周时期是全面施行土地国有制的。西周以后，土地私有制潜滋暗长；到战国，便正式登上历史舞台。它鲸吞蚕食国有土地，逐渐凌驾国有制之上。它是历史前进的趋向，但它的前程并不是平坦的。它和国有制此进彼退，此消

---

① 人们都说井田是农村公社。徐喜辰先生在其《井田制度研究》中则说"邑"是农村公社，今从徐说。按有的地方也把邑叫作里、书社……但称邑者最多见。

② 张荫麟：《中国史纲》。

彼长；二者的矛盾和斗争构成秦汉以降土地制度史的重要内容。

现在要问：产生这种状况的原因是什么？

## 二　土地国有制与商品经济的关系

上述问题的答案可能有多种，但我认为，最主要的是商品经济与自然经济二者的作用及其影响；二者中又以商品经济为主导。下面略作论述。

自然经济和商品经济是两种相对立的经济形式。自然经济是自给自足的经济形式，是适应生产水平低下和社会分工不发达的状况而形成的。商品经济是直接以交换为目的，以社会分工为基础的经济形式。它包括商品生产和商品交换①。这两种经济形式，从历史发展的全过程看，自然经济是逐渐减退，以至消失；商品经济则是逐渐进展，以至统治整个社会。但是在历史发展的各阶段中，这种趋势却不是一往直前的。二者有时是此进彼退，有时是彼盛此衰。经济曲线经过多次升降，最后乃呈现自然经济消失，商品经济全面统治的局面。统观我国古代的经济发展正是这样，虽然直到近代，它尚未达到它的终点。

《新中国的考古发现和研究》指出：郑州出土的商代前期（即盘庚迁都以前）遗存中有青铜器、陶器、骨器，以及铸铜和制陶的作坊。"陶器和骨器的使用范围要广泛得多，一般平民都需使用。制陶作坊以泥质的盆、甑类器为主，制骨遗址中主要是镞、簪一类产品，这些产品可能具有商品生产的性质。"② 这一推断是正确的。据此，可以说，商代前期已有商品经济了。当然，这样的商品经济还很幼稚。商品的种类很少，说明供求范围不大。这些商品又都是耐用品，消耗数量有限。这种状况直到西周犹然。《诗》三百篇中提到商品交换的只有"氓之蚩蚩，抱布贸丝"③一语，可见一斑。

但是，到了东周，时势突变。"在历史上起过革命作用的各种原

---

① 许涤新：《政治经济学辞典》上册。
② 《新中国的考古发现和研究》，第221页。
③ 《诗经·卫风·氓》。

料中最后的和最重要的一种原料"——铁,被发现而且被冶炼出来了。这就开启了中国的"铁犁和铁斧的时代"。铁犁和铁斧披荆斩棘,深耕易耨,大大提高了农业生产力。手工业和农业的分工——第二次大分工——虽然早已开始,但是,只是到了此时才大为加深加广。二者间日益频繁的交换驯致引发第三次大分工。商品经济遭逢它有史以来的最佳时节,它的代表人物第一次名垂青史。

商品经济是进取的。它冲击旧制度,为自己开辟道路。古代世界,农业是决定性的生产部门,是最宝贵的生产资料。因此,古老的井田制不能不受到冲击。静止的土地所有权开始运动了。土地私有制成长起来并日益侵蚀国有土地。土地国有制再不能继续维持它全面统治的传统了。

商品经济是怎样破坏土地国有制的?它以商品交换的方式把人们越来越多地卷入市场关系之中,扩大了贫富差别,发展了私有经济。这是铁犁和铁斧的时代,井田畎亩中的农人们纷纷"以粟易械器",刀、布之类的工具成为人人愿意接受的商品。于是刀、布成了"商品的商品",具有"可以任意变为任何随心所欲的东西的魔法手段"。这就是我国最早的金属货币即铸币。战国后期,刀币变得越来越小,好像是我们今天的儿童玩具。这说明交易的迅速发展,令货币越来越符号化(当然,刀、布铸造者减重以谋利也是一个原因,但只是次要的原因),随着货币流通,商人资本和高利贷也日益繁荣起来。这二者,一向受人诟病,但正如马克思所指出的,它们在历史上也曾起过革命的作用。因为对于摧毁旧制度它与有力焉。在这种状况下,有权有势的封君们鲸吞国有土地,一般的富有者和暴发的商贾们则蚕食国有土地。国有土地渐转化为私有土地。土地国有制削弱了,土地私有制发展了。

但是,这两种土地所有制的消长之间是存在矛盾和斗争的。农人们不到山穷水尽是不肯失去他占有的小块土地的。封建国家也不愿意减少它耕战所资的土地和人手。"有人此有土,有土此有财。"[①] 农人

---

① 《礼记·大学》。

们被迫抛弃土地，离乡流亡，对统治者也是大不利的。因此，当战国时期农村公社解体，井田制废弃的过程中，统治者便把国有土地原来由村社分配使用的传统改为由官府授田的新制，还设立代表朝廷直接管理国有土地的郡县。但是这并不能止绝土地私有制向国有土地的胜利进军。秦及汉初对商品经济采行放任政策。富商巨贾之流更为活跃。伟大的良史司马迁在《史记》里特为其代表人物立传，名之曰《货殖列传》。传中最早的货殖者为陶朱与子贡，时值春秋季年（公元5世纪末叶）；最后止于汉武帝时。前后覆盖的年代共约三百年。这是中国古代商品经济发展的第一个高峰，也是商品经济和自然经济、土地国有制和土地私有制矛盾斗争的第一次激化。汉文帝前十二年，目光如炬的"智囊"晁错上了一封著名的奏疏——《论贵粟疏》，强调指出农夫的苦况和各项苛重的负担。农夫不得已时只好半价出卖自己的粮食，没有粮食则只得借高利贷。"于是有卖田宅，鬻子孙，以偿债者矣。……此商人所以兼并农人，农人所以流亡者也。"晁错为什么特别提出"商人"？因为商人是当时最大量货币的持有者，是最强有力的土地购买者和高利贷者。可以说他是商品经济的化身，从他的活动可以看出商品经济的动向。晁错对他的描述并不夸张，大致反映了当时的实际情况。但似乎并未引起汉文帝的深切同感。到汉武帝时，问题更严重了。《汉书·食货志》说：武帝以勤远略，"县官大空。而富商大贾或财役贫，转毂百数，废居居邑。封君皆低首仰给焉。冶铸鬻盐，财或累万金，而不佐公家之急，黎民重困"。于是，一场严重的斗争展开了。

武帝是一个铁腕人物。他从商人阶级中选拔出一批杰出人物为他理财，与商人争利。武帝用郑当时之言，重用洛阳贾人子桑弘羊、齐之大鬻盐东郭咸阳、南阳大冶孔仅。"三人言利事析秋豪"，先后为大农令丞，领盐铁事；收铸铁煮盐归国有，禁私营。又"除故盐铁家富者为吏，吏益多贾人矣"。接着颁布"算缗令"，命杨可主持告缗。"杨可告缗遍天下，中家以上大抵皆遇告。……得民财物以亿计，奴婢以千万数，田，大县数百顷，小县百余顷，宅亦如之。于是商贾中家以上大率破。"① 商人阶级受到极为沉重的打击，他们丧失了已被他们私有的土地。这些土地转化为国有土地。土地国有制又重振了。贺昌群先生指出："缗钱令没收的中家以上富商大贾、地主豪强的土地，……都大批地陆续入于天子之手，而称为'公田'。……公田既为封建国家所有，所以又称'官田'。"又说："公田、官田、草田这些名称，在武帝以前是没有的，亦不见以公田假贷贫民的记载，这说明武帝以前汉天子直接掌握的土地很少。"② 其所以少，我以为就是三百年来商品经济的发展使得商人阶级侵蚀国有土地的结果。但经过这场斗争，商品经济发展的势头被遏止了；土地国有制在一定程度上被强化。这说明商品经济尚未具有不可摇撼的地位，年轻的商人阶级还很幼弱。

封建土地国有制是建立在自然经济的基础之上的。汉武帝虽然能以雷霆万钧之力打击商品经济，但只能遏止它的发展势头，却不能消灭它。到东汉末年，爆发了规模空前的黄巾大起义，继之是军阀们长时间的鏖战。中原的社会经济遭到深重破坏。农民们四出逃亡，土地荒芜，无人耕种。在这种状况下，怎样使生产者和生产资料结合起来，成了急迫的问题。曹操的办法是"屯田"。这办法实非新创，乃是前代授田制的改订和大规模运用，纯属土地国有制。

在这期间，商品经济衰竭到了几乎止绝的程度。即使在伊壁鸠鲁的空隙里也很难邂逅到一个商人。《南史·孔琳之传》说："到魏明帝太和元年之际，钱废谷用，四十年矣。"这是自流通刀、布铸币以来所未曾有过的现象。更不幸的是短暂的西晋统一尚未恢复社会元气，却又遭到另一场严重的破坏。这样，商品经济自然只能仍停顿于经济曲线的低谷中。广大农民企求稳定地占有小块土地，过一种仅能糊口的自然经济生活而不可得。伟大的诗人陶渊明反映了农民的愿望，写下脍炙人口的《桃花源记》这一不朽名作。然而那样美妙的境界只可能存在于诗人的幻想中。现实的情况仍然是，若不堕入世族

---

① 《史记·平准书》，《汉书·食货志》。
② 《汉唐间封建土地所有制形式研究》，第158页。

庄园中为奴婢、为部曲、为佃户，那就只能在无主荒地上过一种朝不保夕的生涯。锐意改革的北魏孝文帝采用均田制。这一制度远挑井田制，近继屯田制，但更加完备，更能适应当时的实际状况（至少是北方的状况）。因此，后来虽屡有起伏，却一直延续到唐代中叶。唐代中叶，以茶叶等经济作物为资源的商业贸易异军突起，不惟占领了内地的市场，而且远及塞外和周边地区。于是，商品经济迎来了它的第二个高峰。

这个高峰比之第一个高峰是更高更大的。第一个高峰的大宗商品是盐铁，其次是酒酤。盐铁，甚至酒酤，其主要消费者是农民，但却不是农民所能生产的。它产地一定，生产集中，非冶铁家、煮盐家不能办。这就使汉武帝桑弘羊辈能够把生产和销售夺取过来加以垄断。茶叶等经济作物的生产与此不同。它像蚕桑一样，是由一家一户的小农生产，由小商小贩收购，再由富商巨贾集中而运销各地。这个产销过程使统治者难于垄断。唐宋君臣对于垄断，非不为也，是不能也。他们主要采取的措施是插手这类商品的流通过程，分割商人的利润。由唐至宋所形成的钞引之制便是这种措施的体现。这些措施当然不利于商品经济的发展，但也不能阻止其发展。商品经济发展的趋势已不可逆转了。

唐代商品经济的发展自然不能不冲击旧制度。它加剧农村的贫富分化，使穷者离乡背井，成为"逃户"，而富者以及有特权的贵族官僚则乘机掠夺土地。早在武则天时，问题已引起朝廷的关注。武则天曾命宇文融"括田括户"，所获为数颇不少，但不能止绝。到唐代中叶，"客户"已经遍布各州。杨炎相德宗，行两税法，索性承认现实，宣布"户无主客，以现居为簿"。而且不再"以人丁为本"，而是"人无丁中，以贫富为差"。这就敲响了均田、租庸调等旧制的丧钟。宋初君臣还制"均田图"，意欲复行均田制，结果当然是徒劳画饼而已。《宋史》称：宋"田制不立"，"不抑兼并"。这是事实。那么应如何评介这种事实呢？我认为这是古代社会的一大进步，是土地私有制发展的必然结果。很显然，唐代以前，土地所有权的运动是呆滞的；唐代以后则活泼起来了。辛稼轩词有"千年田换八百主"① 之句。这是谚语，但若弃其夸张，则确是宋代土地所有权运动的写照。在这种情况下，土地国有制的日益式微是不可避免了。明初，曾大规模实行卫所屯田，可是为时不久便私有化，可以说那是土地国有制的回光返照。后来北方边陲一带的屯田竟有所谓"商屯"，可见商品经济已渗入全属国有的土地上。土地国有制已近尾声了。

由以上所述可见，我们要叙述封建土地国有制的历史，若不留意商品经济和自然经济二者消长关系是不能阐明土地国有制的兴衰原因的。

## 三　土地国有制的历史作用要辩证地观察

照以上所说，土地国有制植根于自然经济，和商品经济背道而驰；而在封建社会中，无疑商品经济是进步的，自然经济是落后的。那么，土地国有制不也是落后的东西，还能使国家强大吗？以前我说过，土地国有制能使封建国家强大，现在还能如此说吗？我想，还是可以说的。理由如下。

土地国有制的首要原则是平均分配土地给农民耕种，把农民提高到自耕农的状况。井田制如此，均田制也如此。孟子对齐宣王说："……若民，则无恒产，因无恒心。苟无恒心，放辟邪侈，无不为已。"因此必须为民制产。他接着说："是故明君制民之产，必使仰足以事父母，俯足以畜妻子；乐岁终身饱，凶年免于死亡。然后驱而之善，故民之从之也轻。今也制民之产，仰不足以事父母，俯不足以畜妻子；乐岁终身苦，凶年不免于死亡。此惟救死而恐不赡，奚暇治礼义哉！"那么怎么办呢？于是他提出："五亩之宅，树之以桑，五十者可以衣帛矣。鸡豚狗彘之畜，无失其时，七十者可以食肉矣。百亩之田，勿夺其时，八口之家可以无饥矣。……黎民不饥不寒，然而不王者未之有也。"他认为西伯为民"制其田里"就是这个方案。这

---

① 辛弃疾词《最高楼》中语。

样说来，这不就是他说过的"八家皆私百亩，同养公田"的井田制吗？孟子是最能认识自耕农的巨大潜力的。他对梁惠王说："王如施仁政于民"，就"可使制梃以挞秦楚之坚甲利兵"，"夫谁与王敌"！[①]所谓仁政就是使农民能够温饱，方法就是实施井田。应该承认，孟子对自耕农民力量的认识是正确的，但方法是不合时宜的。固然，殷周盛时井田制确也起过那样的作用，但到他之时，井田制已经解体，必须改变土地国有制的形式，而且承认新起的农民小土地所有制，这样方能达到"王天下"的目的。

后世的均田制正是这样办的。例如唐代的均田，它授的田是国有土地，并不没收私有土地。授田的原则是"先贫后富，先无后少"。这就意味着承认私人的土地所有权，以国有土地授予无地少地的贫苦农民，使之成为自耕农。唐朝统治者并不能完全做到这一点，但也不能说均田令全属空文。至少在贞观永徽那段朝政效率最高之时，基本上是能执行的。唐代初期社会之安定，国威之强盛不能说不是奠基于是。

这个道理，除昏庸者外，一切统治者都是懂得的。因为只有众多的自耕农才能使国家足食足兵，强大兴盛。我国自古以来，帝王们无不希望据有"广土众民"，其故就在于此。

但是，自耕农的作用还有另一方面——经济的方面。他们的生产积极性最高，总是盼望能多致粟帛，从事副业生产。他们消费之余的粟帛和副业产品投向哪里呢？只有一条路子，就是拿到集市上去出售。一户农民所能投入集市的也许极为有限，不过一匹绢或一斤茶而已。但是拳石成山，经商贩收集到大都会便成为大宗商品。长安城中东西市堆积如山的绢帛、茶叶，以及若干消费品和手工业原料就是这么来的。自耕农对商业的繁荣、商品经济的发展，做出了不小的贡献。均田制下受田的农户在全国自耕农中为数甚多。他们的贡献当然也很大。

可是商品经济自来是唯利是图，不知感谢的。它给自耕农的回报

---

[①] 《孟子·梁惠王上》。

是加速其贫富分化，把许多贫困了的农民从土地上抛掷出来，成为逃户、客户；让官僚、地主、商人以及高利贷者们巧取豪夺贫困农民自有的土地和依均田令接受的土地。均田制在商品经济的侵蚀下毁坏了。

这个过程在历史上是反复出现过的。它是历史的辩证法。

原载《思想战线》1996年第1期

# 中国封建社会的土地市场

## 方 行

土地是封建社会最重要的生产要素。土地买卖是中国地主制经济的重要特征。土地买卖形成的土地市场是传统市场中对社会经济影响甚为深远的市场。土地具有不可移动性,在物质形态上是不能流通的。以土地所有权为核心,以及与之相关的财产权利,如收益权、支配权和经营权等权利形成产权,产权是可以交易的。我们所说的土地市场,就是指土地产权交易所形成的市场。

土地市场的形成,需要具备一定的条件。首先是土地私有制的确立。土地买卖双方必须是能处置其所有土地的私有者,才能自愿并参与买卖。战国时期,土地私有制发展,封建国家逐渐赋予土地占有以法律规定,实际占有遂成为合法占有,开始具有私有财产的性质。秦国商鞅变法,"废井田,民得买卖",耕地卷入流通。秦统一六国后,"令黔首自实田",标志着土地私有制在全国范围内的确立,有利于土地买卖的流行。其次,由于土地私有,他人要取得土地,就必须支付一定的代价来进行交换。土地也只有具备用货币表示的价格,交换才能较广泛地展开,这就需要商品货币经济有一定程度的发展。西汉时,有关中原以至西域土地价格的文献记载渐多,说明了当时商品货币经济的发展。再次,土地买卖必须达到一定的数量,也就是要有一定的规模,才能形成土地市场。战国时期,土地买卖只是稀疏出现,不能形成土地市场。西汉文帝时,土地兼并开始盛行,至汉武帝时大盛。中国封建社会的土地市场至西汉前期始告形成。

随着农业生产和地主制经济的发展,土地市场的发展经历了初级阶段、外延扩大阶段和内涵扩大阶段,呈现出明显的阶段性。

一

自汉代至唐代中叶,为土地市场发展的初级阶段。其主要特征是,人们可能通过多种渠道占有土地,土地买卖受到各种制度性因素的制约,还未成为人们占有土地的主要途径。其情况如下:

首先是,当时封建等级制度、封建特权严重存在,具有强大买田能量的贵族和官吏,可以凭借特权,通过多种多样的渠道合法或非法占有土地,对土地市场的依赖程度很低。

有帝王赐田。历代帝王对贵族、功臣、宠臣常赐予土地。汉初,汉高祖"以有功劳行田宅",对"七大夫公乘以上","数诏吏先予田宅"[1]。汉武帝曾赐卜式、东方朔乳母田,其姊修成公主即赐有"公田百顷"[2]。特别是汉哀帝赐董贤田多达二千余顷。就是在实行均田制时,赐田之事仍多。如北魏,原来分给官吏的"职分公田,不问贵贱,一人一顷,以供刍秣。自宣武出猎以来,始以永赐,得听买卖"[3]。又如唐代,通过均田制对官吏授田的同时,仍有赐田,裴寂得赐田千顷,徐世勣得赐田五十顷。

有假、借、请、射公田。当时仍处于人少地多时期,特别是战乱之后,无主荒田大量存在。勋贵官吏遂用各种名义,向国家申请占有公田。汉代有"公田转假"之制,《盐铁论》说,"今县官之多张苑囿、公田、池泽,公家有鄣假之名,而利归权家"。晋永嘉之乱后,王公贵戚豪门相率渡江,擅自在江南"抢占田土""封略山湖",攫取幅员数十里以至数百里的大地产。北齐时,"河渚山泽,有司耕垦。肥饶之地,悉是豪势或借或请,编户之人,不得一垄"[4]。直至唐代仍然不少,《唐律疏义》中即有"官田宅私人借得,令人佃食"的记

---

[1] 《汉书·高帝纪》。
[2] 《汉书·食货志》。
[3] 《通典·田制下》。
[4] 宋孝王:《关东风俗传》。

载。唐玄宗天宝十一载曾下诏禁止，指出"借荒者皆有熟田，因之侵夺；置牧者唯指山谷，不限多少"，甚至"无马妄请牧田"①。

有国家授田。封建国家建立田制，干预土地分配，向官吏和农民授田。北魏实行均田制时，并没有专门关于官吏受桑田（永业田）的规定，当时官吏本身受桑田数额与农民一样，每人二十亩。但可通过"奴婢依良"之制，占有大量土地。男夫"受露田四十亩，妇人二十亩，奴婢依良"。男夫一人给桑田二十亩，"奴各依良"。官吏遂可按占有奴婢多少而占有土地。北齐、北周均实行北魏制度。随着社会经济的发展，奴婢数量减少，影响官吏受田，奴婢受田之制废止，隋唐均改行官吏按品级受永业田的政策，隋代是多者一百顷，少者四十亩。唐代是多者一百顷，少者二十顷。大大超过农民受田。

有凭庇荫特权占地。晋代占田制、荫客制规定，贵族、官吏"各以品之高卑荫其亲属，多者及九族，少者三室"。又具体规定了"得荫人以为衣食客及佃客"②的具体人数。这就难以避免产生"既荫其人，又占其地"的情况。贵族、官吏还可凭借优免徭役特权，接受投献，影占田亩。北魏在实行均田制前，"强宗豪族肆其侵凌，远认魏晋之家，近引亲旧之验"③。这类情况至唐犹然。如《册府元龟·赦宥》说："富户田畴多投形势影占，州县不敢科役，贫下者更代征徭，转致凋残，最为蠹弊。"

有强占强市民田。贵族官吏又多依仗权势，侵夺或强市民田。汉代有淮南王"侵夺民田宅"、衡山王"数侵夺人田"、相国萧何"强贱买民田宅"的著名事件。这类事实无代无之，唐代成安公主"夺民田，不酬直"，勋贵褚遂良"贱市中书译语人地"④。

其次是，封建国家限制广占田地，限制土地买卖。据传汉代有均田之制，"自公卿以下至于吏民名曰均田，皆有顷数，于品制中令均

---

① 《全唐文》卷二三。
② 《晋书·食货志》。
③ 《魏书·李孝伯附兄子安世传》。
④ 《新唐书·李朝隐传》、《旧唐书·韦思谦传》。

29

等"①。汉武帝置刺史周行郡国，首先就是查问"强宗豪右田宅逾制"②。又禁止商人买地，"贾人有市籍及其家属皆无得名田，以便农。敢违令，没入其田货"③。晋代的占田制具体规定各级官吏占田数额和荫佃客人数，实际是限制他们占田过多。封建国家实行均田制时，对土地买卖的限制更为严格。北魏对露田不准买卖，桑田允许"盈者得卖其盈，不足者得买所不足，不得卖其分，亦不得买过所足"④。这就是土地买卖只能在"有盈者"和"不足者"之间进行，并且买卖严格限制在授田数额之内。唐代对土地买卖的规定有所放宽，永业田和口分田均允许有限制地买卖。据《唐律疏之义》载，"即应合卖者，谓永业田家贫卖供葬，及口分田卖充宅及碾、邸店之类，狭乡乐迁就宽者，准令，并许卖之。其赐田欲卖者，亦不在禁限。其五品以上勋官，永业地亦听卖"。但是，土地买卖数量仍受国家严格控制，"买地者不得过本制"，即买地不能超过本人应受田数额。

　　土地买卖的权利，从属于土地私有权。秦汉以来，土地私有制虽已确立，但始终处于一种合法而又不完整不自由的状态之中。主要原因是封建国家通过建立各种规章、制度以干预土地分配和土地买卖。汉代的徙陵与告缗，实际是任意没收"豪杰兼并之家"和商人的土地，王莽"更名天下田曰王田"⑤，更是将私人田亩一律收归国有。此后，晋代的占田制和北魏以至隋唐的均田制，都长期地在全国范围内干预土地分配和土地买卖。许多具体事例也都反映了封建国家通过政治权力对土地的予取予求。如梁朝中书令王骞是梁高祖萧衍的儿女姻亲，萧衍造大爱敬寺，宣旨求市王骞田八十顷施寺。王说："此田不卖，若是敕取，所不敢言。"因此激怒萧衍，"遂付市评田价，以

---

① 《汉书·王嘉传》。
② 《汉书·百官公卿表》。
③ 《汉书·食货志》。
④ 《魏书·食货志》。
⑤ 《汉书·王莽传》。

直逼还之"①。这个例子典型地说明了贵族和大吏也没有自由而完整的土地私有权，土地私有权始终是处于一种不稳定的状态。

由于上述原因，本来可买卖的土地，大量被排除在买卖范围之外，并使有些允许买卖的土地，也不具有真正的商品性质。如唐代的口分田，农民身死，"则收入官，更以给人"②。这时土地所有权属于国家，农民只有占有权和经营权，虽允许有条件地买卖，其商品性质无疑是不完全的。

当时广大农民由于农业生产力低下，又为繁重的赋役和依附农制所困扰，只能主要靠垦荒和国家授田获得土地，买田自耕的情况很少。庶民地主既无权势可与贵族、官吏竞争，又为封建国家的田制所限制，买田的余地甚小，如实行均田制，就是要使"豪右靡余地之盈"③，意在限制庶民地主的发展。由于前述种种限制，土地因买卖而发生的地权转移，在地权转移总量中为数不大，土地买卖还未成为人们占有土地的主要途径。土地市场还处在发展微弱的初级阶段。

## 二

唐代中叶至明代中叶为土地市场发展的外延扩大阶段。唐代中叶，均田制破坏，封建国家实行两税法，"兼并者不复追正，贫弱者不复田业"④，实即后来所谓"田制不立"，"不抑兼并"。国家既不向官吏和农民配置田土，又"田畴邸宅，莫为限量"⑤。中国封建社会比较完全、比较自由的土地私有制，至此才开始确立，土地也从此才成为比较完全的商品。这就打开了土地买卖的闸门，兼并洪流不可遏止，土地买卖遂成为人们占有土地的主要途径，土地市场的范围与规模急剧扩大。

---

① 《梁书·太宗王皇后传》。
② 《旧唐书·食货志》。
③ 《魏书·李孝伯传附兄子安世传》。
④ 《通典·田制下》。
⑤ 《淮海集》卷一五。

贵族、官吏具有封建特权，特别是优免特权，仍然是兼并土地的主要力量。宋真宗时，有人警示：人户"稍有田产，典卖形势之家，以避徭役"。"若不禁止，则天下田畴半为形势所占"[1]。至南宋高宗时，果是"今郡县之间，官户田居其半"[2]。不但贵族、官吏兼并土地，庶族富豪也日益成为土地兼并的重要力量。宋人说，"里中二三豪"，"意气凌乡曲，锥刀剥微利，舞智欺茕独，锦囊收地券"[3]。商人也是"累千金之得，以求田问舍"[4]。人们遂多把显贵与富豪兼并相提并论，孙梦观说，"迩来乘富贵之资力者，或夺人田，以为己物。阡陌绳联，弥望千里。囷仓星列，奚啻万斯"[5]。

不但地主买田，农民也买田。唐宋以后，社会经济的发展，使社会下层的某些阶级与阶层也获得了一定经济地位上升的机遇。农民以至佃农买田的记载渐多。唐代宗宝应二年九月敕说："客户若住经一年以上，自贴买得田地有农桑者，无问于庄荫家住及自造屋舍，勒一切编附为百姓"[6]，其中就可能包括农民以至佃农。宋代记载更为明确，北宋湖湘一带，有些佃农"或丁口蓄多，衣食有余，稍能买田宅三五亩，出立户名，便欲脱离主户而去"[7]。南宋吴泳也说，"向也僦屋赁田，不免以身佣于人；今则竞相求问，而世业可长有也"[8]。不但有佃农买民田的记载，也有佃农买官田的记载。宋代对国有田地的经营，开始以募民承佃为主，后来越来越多地实行鬻卖。出卖官田时，对原有佃农给予优惠，如治平年间规定，"有租佃户及五十年者，如自收买，与于十分价钱内减三分"[9]。租佃官田的虽混有豪强大户，但也应有名实相符的佃农。所以宋人说，许多佃农是"己田自种乐为

---

[1] 《宋会要辑稿》食货六三之一六九。
[2] 《建炎以来系年版要录》卷五一。
[3] 刘子：《屏山集》卷一二。
[4] 李新：《跨鳌集》卷二〇。
[5] 《雪窗集》卷二。
[6] 《唐会要》卷八五。
[7] 胡宏：《五峰集》卷二。
[8] 《鹤林集》卷三九。
[9] 《宋会要辑稿》食货六三之一八二。

农，不肯勤耕事主翁"①。袁采嘱咐儿孙，对佃农"不可见其自有田园，辄起贪图之意"②。吕大钧甚至将"招诱客户使之置田以为主户"，列为"保民之要"③。这些都说明佃农买田已非偶发现象。

不但私田买卖盛行，公田买卖也一度大盛。宋以前公田一般不能买卖，只是在某些特殊条件下有过买卖的记载。由国家主持、长时间、大面积地买卖公田，实自宋始。最早出现于宋真宗景德天禧间，以后仁宗天圣年间，神宗熙宁年间，徽宗政和年间，先后多次出卖公田，除政和间数量稍多之外，其他各朝数量均不大。南宋高宗建炎、绍兴年间至孝宗淳熙年间，又多次出卖公田，数量也较多，共约"在二三百万亩之间"④。

南宋理宗景定年间，贾似道为相，实行《公田法》，在浙西平江、江阴、安吉、嘉兴、常州、镇江六郡，强买民田为官田，以出租牟利。原计划买一千万亩，因侵害官僚地主以至中小地主利益，受到各方反对，实际只买到三百五十余万亩即作罢。

不但个人私有田地交易盛行，集体所有的田地也进入买卖。学田、廪田之类的田地兴于宋，义田、养济院田之类的慈善事业田亦兴于宋。当时学田多由地方士绅集资购买，或官府拨款购买。北宋颖州万寿县，"邑之士买田十有二顷"，作为学田⑤。潮州韩山书院廪田，经官员郑良臣手，由私人捐款"拨钱九百贯足，买周公吴等大和保田一十一石"，又由官府拨款"钱四百贯足，买赵崇霆翳溪田八石"⑥。义田、义庄多由私人购置，如范仲淹在"里中买负郭常稔之田千亩"⑦以为义田。吴奎以钱二百万在潍州北海"买田为义庄，以周族党朋友"⑧。南宋开禧年间，临安令章伯奋置养济院，为田五十亩。

---

① 《嘉定赤城志》卷三七。
② 《袁氏世范》卷三。
③ 《宋文鉴》卷一〇六。
④ 漆侠：《中国经济通史·宋代经济卷》上，第366页。
⑤ 《张右史文集》卷五〇。
⑥ 《永乐大典》卷五三四三《三阳图志》。
⑦ 《金石萃编》卷一三六。
⑧ 《宋史·吴奎传》。

33

嘉定年间，常平使程珌以"筮仕此邑，拨钱置居养院，田一十七亩"①。

不但农民卖田，地主卖田的也日见增多。唐宋以前，在门阀制度和均田制度之下，贵族、官吏的地权是比较稳固的，卖田的多为农民。唐宋以后，富贵之家卖田开始成为突出的社会现象。唐末有人说，"不肖子有三变，第一变为蝗虫，谓鬻庄而食也"。以后又"鬻书而食""卖奴婢而食"，此种"三食之辈，何代无之"②。到宋代，"历观前世名公巨卿，辛勤立门户，不旋踵而败坏蔑有闻者多矣"③，"贫富无定势，田宅无定主"④，"庄田置后频移主"⑤、"古田千年八百主，如今一年换一家"⑥，等等，都是富贵之家大量加入卖田行列的写照。

随着社会经济的发展，土地买卖形式呈现多样化的发展趋势。从土地买卖中最早分化出来的是典质，或称典贴。它是将土地作为一种有息借贷的抵押品，在一定时期内允许原业主回赎的产权转让形式。它出现甚早，北齐时即已合法化。当时封建政权规定，"贴卖者，贴荒田七年，熟田五年，钱还地还，依令听许"⑦。唐代均田令规定"诸田不得贴赁及质"，实际上它已成为一种突破土地买卖禁令的形式，在民间盛行。唐代中叶后土地买卖发展，从典质中又分化出倚当形式。这是一种比典当更带有临时性的非正式的土地抵押。它在后周广顺年间即已出现，并随之合法化。当时封建政权规定，"其有典质、倚当物业，官牙人、业主及四邻同署文契"⑧。但直至南宋，倚当才完成自己的规范化过程。如与典质相比较，倚当可以"不批支书"，

---

① 《咸淳临安志》卷八八。
② 《北梦琐言》卷三。
③ 胡宏：《五峰集》卷三。
④ 《袁氏世范》卷三。
⑤ 《后村先生大全集》卷一。
⑥ 《涧谷遗集》卷一。
⑦ 《通典·田制下》引宋孝王《关东风俗传》。
⑧ 《五代会要》卷二六。

"不过税","不过业","不离业退佃"①。这就是不必在由国家验证的分家财产登记文本上记录，业主不离开原有土地，并继续负担缴纳土地税，不必更换佃户。它可说是一种业主保持原有土地的一种临时抵押。

任何一种土地买卖新形式的出现，都必然有自己的经济根源。地主家庭如倚当田地既可应付急需，又可延缓破产，就不会轻言典卖田产。特别是出卖土地的大多是贫苦农民，土地是他们的命根子，更不会轻易典卖田土。南宋人说，"贫民下户，尺地寸土皆汗血之所致，一旦典卖与人，其一家长幼痛心疾首，不言可知。日夜夫耕妇蚕，一勺之粟不敢以自饱，一缕之丝不敢以为衣，忍饥受寒，铢积寸累，以为取赎故业之计，其情亦甚可怜矣"②。从这段文字中我们也可以体会出农民尽可能宁取倚当，不敢典卖，以延缓破产的心理。

在土地买卖限制松弛的大趋势下，却出现了给土地买卖带来一定限制的亲邻优先购买权。此事在北魏均田令中初见端倪。"诸远流配谪，无子孙及户绝者，墟宅、桑榆尽为公田，以供授受，授受之次，给其所亲；未给之间，亦借其所亲。"③ 在当时宗族制度盛行，人民聚族而居，而封建国家又严格控制人口流动的条件下，这种规定是很自然的。到了唐代，因土地买卖和人户流动均有所发展，逃户田土就出现了"先己亲邻买卖"，于亲之外，又有了邻。唐玄宗天宝十四载敕说，"天下诸郡逃户有田宅产业妄被人破除，并缘欠负租庸，先己亲邻买卖，及其归复，无所依投。永言此流，须加安辑，应有复业者，宜并却还"④。

唐代前期，实行均田制，不提倡土地买卖，所以《唐律疏议》中不见土地亲邻优先购买权的立法。实行两税法后，唐宪宗元和六年后始有规定。五代后周即明文规定："如有典卖庄宅，准例房亲邻人合

---

① 郦家驹：《两宋时期土地所有权的转移》，《中国史研究》1988年第4期；王曾瑜：《宋朝阶级结构》，第176页。
② 《名公书判清明集·典主迁延入务》。
③ 《魏书·食货志》。
④ 《唐会要》卷八五。

得承当；若是亲邻不要及著价不及，方得别处商量，和合交易。"①《宋刑统》沿袭唐代杂令，"酌详归条"，立法如下："应典卖倚当物业，先问房亲；房亲不要，次问四邻；四邻不要，他人并得交易。房亲着价不尽，亦任就得价高处交易。如业主、牙人等欺罔邻、亲，契贴内虚抬价钱，及邻、亲妄有遮吝者，并据所欺钱数，与情状轻重，酌量科断。"以后，对何等亲及四邻先后次序均有烦琐规定。至南宋宁宗时，始加以简化，"所谓应问亲邻者，止问本宗有服纪亲之有邻至者，如有亲而无邻，与有邻无亲，均不在问限"②。

元代的《元典章》又斟酌宋代规定，有所修改补充："诸典卖田宅，及已典就卖，先须立限取问有服房亲（先亲后疏）、次及邻人（亲从等及诸邻处分典卖者听），次见典主。若不愿者，限三日内批退，愿者限五日批价。若酬价不平，并违限者，任便交易。"于亲邻之外，加上了原业主。

基于宗族制度的土地亲邻优先购买权，从封建政权的法律规定看，虽有先问亲邻的限制，但实际上却是以价格优先否定了亲邻优先，对土地买卖的障碍实属有限，不宜过于强调，从《宋刑统》的规定，"房亲着价不尽，亦任就得价高处交易"；《元典章》的规定，"若酬价不平，并违限者，任便交易"，即可说明。五代晋石敬瑭的一个判例，即属实证。"常山属邑曰九门，有人鬻地与异居兄，议价不定，乃移于他人。他人须兄立券，兄固抑之，因诉于令。令以兄弟俱不义，送府。帝览之曰，人之不义，由牧长新至，教化所未能及，吾甚愧焉。若以至理言之，兄利良田，弟求善价，顺之则是，沮之则非，其兄不义之甚也，宜重笞焉。市田以高价者取之。"③ 在亲邻优先掩盖下的价格优先，仍然使我们闻到了土地买卖发展的气息。

总之，唐代中叶之后，封建国家对土地买卖的限制松弛，土地买卖日益增多。但多种多样的土地买卖都是地权的买卖，都是土地所有权买卖在原有基础上的重复，所以说这个时期土地市场的发展是一种

---

① 《册府元龟》卷六一三《定律令》。
② 《名公书判清明集·亲邻之法》。
③ 《旧五代史·晋书·高帝纪》。

外延的扩大。

## 三

明代中叶至清代前期，为土地市场发展的内涵扩大阶段。其主要特征是，除地权买卖继续扩大之外，土地经营权进入市场，形成大规模交易，土地市场进一步壮大。

明清时期，随着贵族、官僚地主的封建特权日益削弱；随着农业生产发展，取得地主经济身分所需土地最低必要量降低；随着人口增加，多子均分财产继承制度推动土地分散的力度加大；非经济因素对土地买卖的限制也日益松弛。如土地买卖的亲邻优先权，在明清两代已无法律规定，只是在许多地区仍然作为民间习俗存在。清代乾隆间，清政府正式立法加以禁止，规定"凡执产动归原先尽亲邻之说，借端撞勒，希图短价者，俱照不应重律治罪"[1]。这些习俗在商品货币关系的侵蚀下，又演化为"脱业钱""画字根""喜礼银""挂红银"等陋规。乾隆间，河南固始县"乡规俗例，凡卖产业，都要给原业主赏贺银两"。湖南武陵县，"俗例，凡遇卖产，亲房子侄均有画押钱文"[2]。对这些陋规，地方督抚也"严行禁止"[2]。社会经济为中小地主的发展，为农民"力农致富"成为自耕农和地主，提供了较为宽松的条件，土地买卖日益频繁。如在四川，清代前期，四川"丁赋较南北各省均轻，有田业者除纳正加各赋外，所得亦较其他各省优"，到清代中叶，农业生产恢复之后，"凡有余资者，几无不求田问舍为安置之法，缘是买田者亦视他省为多"[3]。对佃农买地成为自耕农和地主的情况，我在《清代农民经济扩大再生产的形式》[4]一文中，曾有所讨论，在此不拟赘述。除此之外，还有许多农民典当地亩自耕。《清代乾嘉道巴县档案选编》中录有典当地亩契约和典地纠

---

[1] 《大清律例》卷九。
[2] 《清代土地占有关系与佃农抗租斗争》，第345、515、432页。
[3] 周洵：《蜀海丛谈》卷上。
[4] 《中国经济史研究》1996年第1期。

纷案例一百余宗,其中少数有任凭"招佃耕种""招佃自种居住""耕管"等文字,当进土地的可能是地主,也可能是农民,难以判断。大多数记录的是当与某某"上庄耕种""在上耕种""耕种居住""名下耕种""姓下耕种""上庄改田耕种""耕种"等等,这些都应当是农民当地自耕。下面选择记载较为确凿的十一宗示例如下:

表1　　　　　　　清代四川巴县农民当田耕种示例

| 时间 | 农民 | 田土 | 当价 | 耕种情况 | 备注 |
| --- | --- | --- | --- | --- | --- |
| 乾隆十六年 | 徐彰彩 | 田地一份 | 银70两铜钱48千文 | 其弟"负犁耕"田 | 已耕种十七年 |
| 二十二年 | 彭才美 | 田业一份 | 铜钱197千8百文 | 彭"在田栽秧" | 加价二次 |
| 三十六年 | 曾荣光 | 田 | 铜钱2百千文 | "耕种两载" | |
| 三十七年 | 杨光林 | 田 | 铜钱25千文 | "耕种两载" | |
| 四十年 | 王德周 | 山土一段 | 铜钱10千文 | "自耕一半""余下招佃" | |
| 四十二年 | 胡鹏珍 | 田地一份 | 铜钱128千文 | "田地都是小的耕种" | 加价一次 |
| 五十三年 | 石含富 | 田业一份 | 铜钱1100千文 | 其田"自耕" | 先后加价六次 |
| 五十八年 | 杨永臣 | 田 | | 因"屡次加当……不愿耕种" | |
| 嘉庆八年 | 牟思元 | 三处田业全份 | 银930两 | "已耕过数载" | 先后加价三次 |
| 十四年 | 何朝榜 | 田业 | 银80两 | 因旱"无费耕种" | |
| 十六年 | 李新华 | 田业一份 | 银125两 | "上庄自耕" | |

当田价一般为买田价的60—80%,当田比买田要便宜得多。当田自耕也是佃农或无地少地农民成为自耕农乃至成为经营地主的另一种选择。

明代以来,定额租制发展,到清代前期已在全国范围内占主导地位,在定额租制下,地主的土地所有权与经营权分离。随着社会经济的发展,土地经营权商品化,具体化为多种形式进入土地市场。

首先土地经营权以押租形式进入市场。押租制在明代发展，清代在全国普遍流行。这是一种佃农交纳押金才能佃种地主土地的制度，也就是地主以收取押金转让土地经营权的制度，它标志着土地经营权的商品化、货币化，湖南有人说，"楚南俗例，凡招佃耕种，必须进庄银两，少则十余金，多则四五十金，虽宗族戚友未有无佃银而能承耕者"[①]。正如江西民谚所说，"佃户之出银买耕，犹夫田主之出银买田"[②]。押租制的普遍发展，也就是土地经营权商品化的普遍发展。

祭田一类的土地，自宋代以来，或由政府规定，或由宗族规定，一般是"永禁买卖"。到了清代押租制流行后，这类不能买卖的土地，其经营权也以收取押租形式进入市场。乾隆间，浙江常山县江姓祀田是佃农"须先拿出顶钱存祠，方许佃种"。有些地方祭田是由族人轮流值年耕作。轮值的人也可将田地经营权出佃，收取押租。乾隆间，江西上饶县王姓祀田即由轮值人出佃，"取收脱肩钱"。有的祭田甚至可由佃户自由顶批，乾隆间，广东潮阳县林姓族内祭田三易佃户，均系自行转抵，"并未经由田主批佃"。

其次，土地经营权以佃权顶当形式进入市场，佃农向地主支付押租取得的土地经营权，也可以叫作佃权，佃农的佃权既是有偿取得，当然可以有偿转让，既可由别的农民顶耕，也可以典押银两。这种佃权有偿转让，清代也在全国普遍流行。如在浙江海盐县的"乡间俗例"，佃农从其他佃农手中佃种土地，"要出顶佃银两，给与前佃户"。瑞安县的乡间"俗例，佃户有顶佃银子，故可将田顶当与人"。该县乾隆间，佃农"李世圣将佃种尹姓租田三亩，向钟应元押当银五两二钱"，只是"暂时押当"，并不是顶给他耕种，至期无银取赎，遂"将田二亩，转顶与朱阿宝，得五两银子，拿去送还钟应元"[③]。

第三，田面权进入土地市场。清代永佃制流行于东南诸省。在这种租佃制度下，地主的土地所有权发生分解，分割成田底与田面。由

---

① 《湖南省例成案》刑律卷九。
② 《民商事习惯调查报告录·宁都仁义乡横塘塍茶亭内碑记》。
③ 《清代地租剥削形态》，第461、389、610、620、621、622页。

于佃农投入工本垦辟、改良土地，或出资购买，地主遂用田面权形式，将土地的经营权和部分土地所有权授予或转让予佃农。地主对于田底，佃农对于田面，分别享有占有、收益和处置的权利，主要是可以分别让渡、分别出佃并收取地租。清代东南各省，田面权交易频繁，绝卖、活卖、加找、典当之类的交易形式应有尽有，

与通常的土地地权买卖如出一辙。我在《清代佃农的中农化》[①]一文中有所论述，在此不拟赘引。

第四，在押租制盛行的四川、湖南诸省，地主与佃农之间，以加押减租形式，将佃权买卖关系，演化为地权买卖关系，经过多次加押减租，押金增加，地租减少，甚至只是象征性的存在，实际上成了分期付款式的土地地权买卖。这种名义上的土地经营权转让，实际上的土地所有权转让，在四川最为流行。魏金玉教授在《中国经济通史·清代经济卷·地主经济篇》中，我在《清代佃农的中农化》一文中均有论述，请参阅，不赘引。

上述四种土地产权进入市场，必然会使土地市场的土地交易量成倍地增长，特别值得指出的是，上述四种土地产权交易，都可以使佃农以比较低的交易成本获得耕地，比买田自耕便宜得多。首先从租佃土地来看，魏金玉教授在《中国经济通史·清代经济卷》中曾经指出，押租相对于地价而言，数量不小，只有具有一定经济力量的佃农才能付得起押金[②]。在这里我们可以用他提供的资料，从另一个角度逆向地看，农民佃地比买地耕种要便宜得多。请阅下表。

表2　　　　　　　　　　清代地价与押租比值示例

| 年代 | 地区 | 地价 | 押租 | 押租/地价 |
| --- | --- | --- | --- | --- |
| 康熙年间 | 广东大埔 | 95.5两 | 5两 | 0.05（1/20） |
| 雍正十三年 | 江苏奉贤 | 18两 | 3两 | 0.16（约1/6－） |

---

① 《中国学术》2000年第2辑。
② 该书第1857—1848页。

续表

| 年代 | 地区 | 地价 | 押租 | 押租/地价 |
|---|---|---|---|---|
| 十三年 | 广东博罗 | 13两 | 8.6两 | 0.6  3/5 |
| 乾隆六年 | 湖南新化 | 320两 | 4.5两 | 0.014（约1/71） |
| 十四年 | 广东清远 | 183两 | 52两 | 0.28（约1/4＋） |
| 十六年 | 福建宁化 | 47.5两 | 24.5两 | 0.51（约1/2＋） |
| 十八年 | 福建瓯宁 | 88两 | 3.6千文（折银4两） | 0.04（1/25） |
| 十九年 | 福建清流 | 20两 | 米1石（折银1两） | 0.05（1/20） |
| 二十五年 | 江苏上海 | 49两 | 4两 | 0.08（约1/12—） |
| 二十九年 | 湖北蕲水 | 210两 | 34两 | 0.16（约1/6—） |
| 三十三年 | 四川宜宾 | 当前160千文 | 22千文 | 0.13（约1/8＋） |
| 三十六年 | 湖南衡山 | 850两 | 230两 | 0.27（约1/4＋） |
| 三十六年 | 湖南衡山 | 350两 | 180两 | 0.51（约1/2＋） |
| 三十六年 | 湖南邵阳 | 28两 | 26两 | 0.09（约1/10＋） |
| 四十三年 | 江苏丹阳 | 50两 | 16.2两 | 0.32（约1/3—） |
| 四十六年 | 湖南华容 | 120千文 | 14千400文 | 0.12（约1/8—） |
| 四十六年 | 江西玉山 | 75两 | 105千文（折银13.1两） | 0.17（约1/6＋） |
| 五十四年 | 四川巴县 | 330千文 | 50千文 | 0.15（约1/7＋） |
| 五十四年 | 四川巴县 | 当价590千文 | 50千文 | 0.085（约1/12＋） |
| 乾隆年间 | 四川罗江 | 十亩地价当百亩押租 | | 0.1（1/10） |
| 乾隆年间 | 河北永清 | "鬻十亩资可五十亩赁值" | | 0.2（1/5） |
| 嘉庆十年 | 湖南浏阳 | 660两 | 250两 | 0.38（约1/3＋） |
| 十二年 | 四川泸州 | 当价560千文 | 120千文 | 0.21（约1/5＋） |
| 十五年 | 四川巴县 | 424两 | 100两 | 0.24（约1/4＋） |
| 十八年 | 湖北郧县 | 34千文 | 22千文 | 0.65（约2/3＋） |
| 二十年 | ？ | 915千文 | 400千文 | 0.44（约2/5＋） |
| 道光二年 | 四川巴县 | 920两 | 300两 | 0.33（约1/3） |
| 七年 | 四川巴县 | 当价541两 | 350两 | 0.65（约2/3—） |

续表

| 年代 | 地区 | 地价 | 押租 | 押租/地价 |
|---|---|---|---|---|
| 十八年 | 四川巴县 | 1400两 | 100两 | 0.07（约1/14—） |
| 十九年 | 四川巴县 | 当价350两 | 30两 | 0.086（约1/12+） |
| 二十九年 | 四川巴县 | 460两 | 200两 | 0.43（约2/5+） |
| 九年 | 四川巴县 | 200两 | 200两 | 1 |

资料来源：《清代地租剥削形态》；《清代乾嘉道巴县档案选编》；李调元《童山文集》卷一一一；乾隆《永清县志》列传第八，清代刑部抄档。

从上面的示例来看，押租约为地价3/5的一例，约为2/3的二例，约为1/2的四例，其余二十四例押租与地价的比值在1/3以下。少者只有1/20、1/25以至于只有1/71。押租与地价相当的仅一例，可能是属于四川文献记载所说的"明佃暗当"之类了。佃田便宜于买田自耕于此可见。佃权的转让价亦应与此差不多，甚至还会更便宜一些。在当时农业生产力和社会经济制度之下，农民经济力量有限，大都买不起土地，这就为他们获得耕地提供了一个巨大的回旋余地。

其次，从加押减租的产权转让来看，加押的极限是"侔于田价"，或"与买价相去无几"。佃农实际上总是利用地主急需用钱的机会，压低押金。通常是所加押金低于买价，甚至大大低于买价。如宣统年间，四川永川县有一宗地主肖卫封佃田与尤照临的案卷说，"肖卫封此田出谷百二十挑，约值价钱千一百串。尤照临以稳钱（即押租）三百串佃耕，每年租谷二十三石。随后加成稳钱五百八十串，年租两斗，与贱价出卖无异"。这是佃农以一半左右的地价买了这块土地，地租已成了一种象征性的装饰物。又如在巴县，有的佃农多次加押至银一百七十两，就只剩下"租钱一串"。有的加押至三百六十两银子，只剩下"租六升"。有的甚至加押后"土无租"[①]。许多地主由于家道衰败，无力还押退佃，加押减租就成了名义上的土地经营权转让，实际上的土地所有权转让，其交易成本比通常的土地买卖要低

---

① 方行：《清代佃农的中农化》。

得多。

再次，从田面交易来看，田面价通常由田地肥瘠和当地耕作习惯决定，如以江苏为例，姜皋在《浦泖农咨》中说，松江府"田又有田面之说，是佃户前后授受之价也，亦视其田之高下广狭肥瘠以为差等。向来上者一亩可值十余千，递降至一二千钱不等。若村落稠密，人口殷繁，进出水便当，即下田亦如上田之值。惟田亩窄狭者，虽田脚膏腴，而农人多恶之而不愿承种"。该省金匮县、无锡县一带，田面价则"较田价相上下"，与田底价差不多。而青浦县的有些地方，"地高而港阔，水旱无虞"，田面价"较昂于底"[②]。值得指出的是，耕种自己田面的佃农，经营稳定，乐意作长期打算，向土地投入工本，兴修水利，改良土壤，往往能获取级差地租，即所谓"田垦熟，成了肥地"。因此购买这类田地，地价虽高，而收益也高，并不吃亏。

以上四种土地产权的交易（部分田面交易除外），农民都可以用低于地权买卖的交易成本获得耕地，这就有利于土地在实际生产者之间合理流动，从而有利于土地资源配置的优化。

在封建社会中，优化土地资源配置的首选是，耕地掌握在具有比较充裕劳动力和资金而又没有地租负担的农民手中，即自耕农手中。到了清代，佃农通过垦荒和"力穑积财置田"等历史上原有途径实现自耕农化的情况均有所发展。但值得注意的是，由于租佃制度发展，永佃制下田面权的流行，押租制下加押减租的流行，却又为佃农自耕农化开辟了新的途径。这两类佃农，对耕地具有部分所有权，具有比较完全的经营独立性，可以自主选择资金和劳动力的投入方向，或扩大生产规模，获取规模效益；或从事机会成本低的经济作物种植和家庭手工生产，获取比较利益。特别是由于经营稳定，佃农乐意作长期打算，向土地投入工本，兴修水利，改良土地，获取级差地租。如乾隆间，江西安远县有的佃农，买得田面权后，耕种二十多年，连续追加工本，"顶耕年久，田成膏腴"[①]。嘉庆《增城县志》也说，由于佃田"以永远为期，硗瘠之土，一经承佃，辄不惜工费以渔利，而

---

① 《清代地租剥削形态》，第494页。

田主莫能取盈"。这都说明自耕农化的佃农能使土地潜力得到比较充分地发挥。

但是,在当时社会经济制度之下,佃农自耕农化终究是有限的,一般意义的佃农仍然占有大多数。押租制和押租制下佃农转佃的流行,又为优化土地资源配置提供了另一种机制。魏金玉教授曾经指出,押租制是一种"筛选",它把许多农民因付不出押金而被摒除在押租佃户行列之外,而使另一批经济实力比较强的农民成为押租佃户①。我们还可以说,佃农转佃耕地也是一种"筛选",是一种"吐故纳新"的再筛选,这从佃农转佃耕地的原因即可说明。从《清代地租剥削形态》一书所列事例可以看出,佃农将耕地出顶,主要原因是缺少劳动力、生产工具与生产资金。如"欠债无偿"、"人少难于耕管"、"欠租耕不起"、"患病不能照管田务"、父死"不会种田"、"因贫乏用"、"有病不能多耕"、"自己种植不完"、"没有工本"、"因牲口倒了两头,不能照数佃种"等等。经过转佃,耕地就转到了劳动力较强和资金较多的佃农手中。"筛选""再筛选"的循环往复,就可以使土地资源配置经常处于一种相对优化的状态之中。

江苏、浙江、福建、广东、湖南、四川、江西等省都是永佃制和押租制比较流行的地区,也是当时粮食生产和经济作物生产比较发达的地区,这与这些新的租佃关系所具有的优化资源配置的作用,应当是分不开的。中国地主制经济为适应生产力发展所具有的调整经济关系的灵活性,诚令人叹为观止。我在《中国封建经济发展阶段述略》②一文中曾经指出,到明清时期,经过赋役制度和租佃制度的改进,农民这个实际生产经营群体在资源配置中已占居主导地位,这就为优化资源配置开辟了相对广阔的道路。本文的论述,也可作为对上述论点的一点补充。

明清时期,土地买卖又分化出一种活卖形式。历来的土地买卖,都是一次性买断,完成土地所有权的转移。而活卖是卖主保留日后可

---

① 魏金玉前引书。
② 《中国经济史研究》2000年第4期。

以回赎的权利，契约上通常写明"回赎""银到契还""不拘年月远近，银到归赎"等一类文字。甚至不论田土已数易其主，都可以回赎，归原业主管业。它与典当不同之处，主要在于是土地经营权收益权的转移，还是所有权的转移。传统的一次性买断的买卖，就以绝卖、杜卖、断卖等名称与活卖相区别。

值得注意的是土地买卖中出现的找价（或称加找等）。它是指土地出卖后，卖主可以向买主要求增加田价。据陈铿教授考证，找价出现于明代中叶弘治年间，嘉靖、特别是万历后流行，并成为民间"俗例""俗风"。万历时许多土地买卖契约中已注有"自卖之后，不敢言尽"①字样，就是说田价未尽。浙江海宁人许敦俅的《敬所笔记》可资佐证。这部约在万历三十八年前后所撰写的笔记中说，"卖田一契交还，永无异言。止有典戤之产，则加价过册，今则祖父所卖之田，已历数十年者，一加不已，以二加至于三加，犹为未已。挈妻孥老弱持强操戈，索诈百出。成交时，则奴颜谄谀，后日则为寇仇，反面无耻。是风方起于十年之内，未甚远也"。到清代前期，找价之风，已遍及各省。

找价兴起后，卖主可以多次找价，历时久远也可找价。明代谢肇淛在《五杂俎》中说，"俗卖产业与人，数年后辄求足其值，谓之尽价，至再至三，形之词讼，此最薄恶之风，而闽中尤盛"。冯梦龙说，"鬻产者再三加找，尚告白占，百年前古契，犹怀为至宝"②。由于找价有利可图，渐向各不同阶级中延伸。谢肇淛在前引书中说，"找价争论之家，贫富不甚相远"。范濂也说，"找价初犹无赖小人为之，近年则士类效尤，腆然不顾名义矣"③。上述这些说法，对贫苦卖地农民虽有诬蔑不实之词，然所述事实确是这样。

找价之风至清代变本加厉，次数加多，时间延长，绝卖土地也有找价，《福建省例》说，"不论业已断绝，强凑强尽"。"竟有一田凑尽数次至数十次者，仍不满足。"《湖南省例成案》说，"有数十年卖

---

① 《中国不动产交易的找价问题》（未刊稿），本文还采用了他的其他观点与资料。
② 崇祯《寿宁待志》卷上。
③ 《云间据目抄》卷二。

出之产而子孙告找者，有转相授受之产而隔手告找者"。绝卖的田产，不但可要求找价，并且形成"俗例"。安徽怀宁县有土地"杜卖加找一次"的"乡间俗例"。湖北京山县有"凡出卖产业，许原业加找一次"的俗例①。福建建阳县也"有一卖一增之例"②。有的甚至多次找价，安徽怀宁县，乾隆间，杨延荣绝卖土地后四次向买主找价，加添银八十二两。③。

找价还由卖地漫延至典地。乾隆间，广东普宁县、陕西长武县均有典地后"索讨找价"的事例。甚至找价总额已超过土地时价，仍然告找，如福建闽清县陈焕彩家于乾隆二十年将田典与谢家，价银170两。乾隆二十八年找价40两，三十四年又找钱6千文，三十八年再找钱6千文，四十三年又找钱4千文。"先后典凑借共得过价银二百三十两纹纩，钱一十六千文，时价已经浮过，本无可凑"，后因陈家有人去世，"葬柩无资"，又"凑断出制钱14千文"，才订立断契④。

找价产生的经济原因，大多是由于地主特别是农民因家有急需，被迫贱价出卖土地，但心有不甘，遂活卖以保留回赎的权利。后因回赎无资，只得找价以求补偿。所以文献记载的找价理由，多是"原价轻浅""价值太轻""田多价少""卖价不敷""其田原价未足""当日未得契价足讫"，等等。清代前期，田价持续上涨，更加重了卖主心理的不平衡，找价之风，遂愈演愈烈。如在湖南，"楚俗从前卖产间有卖主不甘即弃，亦有以卖产为耻，故于卖契之后，混注不拘年月远近、银到归赎字样者。迩年田地物色加昂，奚啻十倍，刁徒控找赎，讼庭殆无宁日"⑤。

活卖找价，卖主"失之东隅，收之桑榆"，未始不是一种补偿。对买主也有利：一是乘人之急，贱价得地。二是田产可暂不契税过割

---

① 《清代土地占有关系与佃农抗租斗争》，第561、574页。
② 陈铿文，《中国经济史研究》1990年第3期。
③ 《清代土地占有关系与佃农抗租斗争》，第436、250、252页。
④ 周玉英文，《中国史研究》1999年第2期。
⑤ 《湖南省例成案》户律卷八。

缓交田赋，如咸丰《邵武县志》说，"邑多控丢粮之案，其弊皆由买田时不即收粮，一图钱粮减轻，二图暂收帮贴银钱，且应一时之用。及至差催，非逃避不见，即丢粮控找，以至索找相习成风，讼案山积"。

找价风起，实得了封建官府的一定支持，谢肇淛说，对找价事实，"官府不知，动以为卖者贫而买者富，每讼辄为断给"①。冯梦龙也说，官府往往"怜贫量断，亦从俗云尔"②。后来封建政权谋图禁止，但积重难返，只得在立法中留存余地。雍正八年，清政府规定，"卖产亦有绝卖文契，并未注有找贴字样者，概不准贴赎。如契未载绝卖字样，或注明年限回赎者，并听回赎。若卖主无力回赎，许凭中公估找贴一次，另立绝卖契纸"。乾隆十八年，又规定，"嗣后民间买置产业，如系典契，务于契内注明回赎字样。如系卖契，亦于契内注明永不回赎字样。其自乾隆十八年定例以前典卖契载不明之产，如在三十年内，契无绝卖字样者，听其照例分别找赎。若远在三十年以外，契内虽无绝卖字样，但未注明回赎者，即以绝产论，概不许找赎。如有混行告争者，均不应重律治罪"③。

宗族势力对找价也推波助澜，如许多文契中注明"四亲力劝受业者亏"、"托亲劝谕得业者亏"、"时价过浮，前已立断"，但"藉在族间，……再三劝谕"等等。福建霞浦县一带，"霞俗产业买卖，如在五服之内，只典不断，俗称同族无断业。他如写明永断葛藤不敢言贴之业，尚待找价一二三次"④。该省建阳县、漳平县一带，"五服以内亲属，如有将田地房屋买卖，概不能作为断绝，俗谚所谓至亲无断业"⑤。

找价陋习相承，难于遏止，遂迫使买主尽量压低田价，以应付找价。福建松溪县、连城县一带的"风俗，凡民间置买田房产业，必须

---

① 《五杂俎》卷四。
② 崇祯《寿宁待志》卷上。
③ 光绪：《大清会典事例》卷七五五。
④ 《民事习惯大全》第二编。
⑤ 《民商事习惯调查报告录》，第551页。

预留日后卖主找贴地步，并图短纳契税，每令减价立契，以至买后告找告贴，一再不休"①。如此恶性循环。直至民国年间仍无休止。

总之，由于土地买卖增多，特别是由于土地经营权的进入市场，明清时期土地市场的发展，不仅是外延的扩大，更是内涵的扩大。找价虽为土地商品化发展的产物，却又体现了封建经济制度下小农经济对土地买卖日益发展的一种抑制，成为不利于土地商品化发展的新的"传统附属物"，使土地商品化呈现为既发展又停缓的矛盾态势。这说明了土地市场虽然比较发达，而其发育程度却是比较低的。

## 四

前面我们主要对土地市场量的扩大作了一些分析，当然其中也包括了一些质的变化的分析，如封建国家不立田制、土地经营权进入土地市场等等。下面我们将对后者再作点补充。

首先，在土地市场中，土地作为一种买卖的客体，任何时候都是生产要素，但这并不是决定土地市场性质的充足条件。土地市场的性质更大程度上决定于市场主体，即土地购买者和出卖者的需求、使用方向以及其经济行为在社会再生产中的作用。在中国封建社会的一个很长时期内，购买土地的主要是贵族、官吏、地主和商人。他们买进土地，是一种投资，以求财富增值。从另一个角度看，也是一种积累，一种储蓄，最后大都是用于生活消费的需要，特别是享受性消费和发展性消费的需要，如用于楼宇园林、珍宝奇玩、佳肴美酒、声色犬马、字画书籍之类。买土地用于生产的究竟为数不多。而出卖土地的大多是农民，他们出卖土地主要是用于生老病死、婚丧嫁娶、清偿债务、缴纳租赋等等。当土地所有者需要支付上述种种消费需要，而又手头拮据的时候，他们就会出卖土地，将这些积累与储蓄转化为社会消费基金，以补充社会消费基金的不足，维持社会再生产的顺利运行。因此，土地买卖是当时社会平衡社会再生产中积累与消费基金比

---

① 沈圭：《赞政集》。

例关系的一种手段与机制，土地市场是当时社会平衡积累与消费供求的调节器①。宋代以后，农民和地主买田自耕的情况虽有增加，但任何事物的性质都以一定的量作为必要条件，都有其数量界限。农民和地主买地自耕的数量，在土地交易总量中的比例并不大，难以改变土地市场的上述性质。

明代中叶以后，自耕农和佃农购买土地的增加，大量发展的中小地主购进的土地通常也自己耕种一部分，特别是押租制和永佃制流行之后，土地经营权、田面权进入市场，生产者因生产需求而购买和租赁土地大增。地主买卖土地虽然大量存在，但土地在生产者之间流动的比重大大增加了，从此土地市场作为生产资料市场，也就是作为生产要素市场的性质开始突出了。这无疑是土地市场的一个重大变化。

其次是土地价格形成的发展。根据历史文献记载，有多种因素影响土地供求关系，从而导致地价的波动。这些因素有年成好坏、地租轻重、赋役轻重、人口多少、治安好坏（包括战争）、货币供应量大小、买卖双方社会地位高低、卖主需求缓急程度等等。如江南苏松地区，"崇祯末年，盗贼四起，年谷屡荒，咸以无田为幸，每亩只值一二两，或田之稍下，送人亦无有受诺者"②。这些因素大都只是在特定条件下影响和决定地价。而在通常条件下，决定地价的根本因素则是与土地质量相联系的土地收益率，即投入与产出的比值③。土地收益率高，则地价高；土地收益率低，则地价低。随着社会经济的发展，土地收益率决定地价，呈现出不同的表现形式。

在秦汉以至唐代中叶，农业生产力和社会经济还不够发展，农民改造自然条件的技术与经验相对不足，影响地价的经济因素也比较单纯，土地收益率对地价的决定，遂朴素地简单地以土地自然丰度表现出来。如汉代的地价记载，"丰镐之间，号为土膏，其贾一金"④。至

---

① 张忠民：《中国经济史研究》1989年第2期。
② 钱泳：《履园丛话》卷一。
③ 此处采用高聪明博士的意见。
④ 《汉书·东方朔传》。

东汉初，关中地价仍是"厥土之膏，亩价一金"①。《九章算术》也说，"善田一亩价三百，恶田七亩价五百"。有些地理位置优越的土地，如灌溉便利，邻近城市的负郭田之类，其土地收益率也高，地价也高。如在都江堰地区，"地居水侧者，顷直千金，富强之家，争相侵夺"②。

唐代中叶以后的唐宋时期，是地主制经济发展的一个高峰期，买地的人多是官僚和庶族豪强地主，他们最关心的是作为土地所有权经济实现的地租。加以当时农业生产力发展，亩产量提高，而且比较稳定，特别是定额租开始发展，"岁收租自有常入"，"利害较然"③。在此条件下，地租遂成为决定地价的重要因素，所以宋人说，"民间买田之初，必计租知定价"④。贾似道实行公田法时，也"不以亩为价，而随租以为价"⑤。实际上决定地价的仍然是与土地质量相联系的土地收益。对此，当时人也是很清楚的，他们说，"地有肥瘠之异，故租之多寡，赋之轻重，价之低昂系焉"⑥。

明代中叶以后的明清时期，商品经济发展，商品性农作物发展，农产品价格遂成为决定地价的重要因素。首先是粮价。在江南地区，"田价随米价为低昂"⑦。在湖南，田"价视田之肥硗及谷之贵贱为低昂"⑧。在湖北，"户口渐增，谷价日昂，危岩峻岭，价等膏腴"⑨。其次是棉价。在江南地区，康熙间，"钱粮连邀蠲免，花价复昂，每田一亩，遂增至数金"⑩。"沙田最宜棉花，草少易治，故田价亦昂。"⑪在河南，"种花之田，平川少而山岭多，凡山地种至数岁，即称老花

---

① 《后汉书·杜笃传》。
② 《旧唐书·高士廉传》。
③ 《宋会要辑稿》食货六一之一。
④ 《宋会要辑稿》食货六九之一三。
⑤ 黄震：《黄氏日抄》卷八四。
⑥ 《宋会要辑稿》食货六九之一二。
⑦ 光绪《金山县志》卷一七。
⑧ 同治《醴陵县志》卷一。
⑨ 同治《建始县志》卷三。
⑩ 咸丰《紫堤村志》卷二。
⑪ 郑光祖：《一斑录》卷二。

地，收获必倍，且竟耐旱涝，故其价贵于平田，惟久故也"①。在四川"涪江两岸之地，棉土一亩，需钱三百余钏，不产棉者，仅需二百余钏，或不及二百钏"②。其他如桑田、菜田也是如此。在江南地区，"吾吴西郊，山地亩值钱数百，桑园亩值钱三十千"③。在山西，五台县泉岩河的"西畔在上游，得水易，可种蔬菜瓜壶，每亩值七八十千；东畔田在下游，得水难，仅可种五谷及萝卜，每亩价仅值四五十千"④。粮价增昂，影响地价，棉、桑、菜价高于粮价，所以种这些经济作物的土地价格高于粮地，其实质仍然是土地收益决定地价。只是土地肥硗的概念发生变异。历来田地肥硗以粮食生产为准绳。沙地与山地不宜种粮，属于硗瘠土地一类，如江南嘉定县，"嘉土沙瘠，不宜于禾，外冈地势高阜，尤不宜于禾，往者皆种木棉"⑤。而高地与沙地宜于种植桑棉，桑棉比较利益高于粮食，所以其地价也高于粮地。

消费者对农产品的需求，也促进了生产者对土地的需求。时代中叶以后，商品货币经济发展，推动了人们购买田地，就土所宜，种植各种农作物，以追逐市场利益。浙江吴兴一带，"为东南沃野，山居林木材章，水居菱芡芰荷，田畴粳秫，陆地桑麻菽荍蔬果，此利皆可致千金，故富民率好为兼并。爱地重于金玉，虽尺土不以假人。其为卉木花草，芬葩艳丽，可以娱耳目而妨地者，悉弃不好"⑥。到了清代，农产品的商品生产进一步发展，种植经济作物大都需要肥沃田地，押租高，地租亦高，而佃农却是"膏腴之地，争相佃种"。如四川郫县，清代前期盛产高质量烟草，"烟田一亩，佃课十金"，而包括佃农在内的农民，以"大约终岁获利过稻麦三倍，人争趋焉"⑦。又如湖南郴县一带，乾隆嘉庆间，因"迩者粤东麻价颇高，素有心计

---

① 《湖南省例成案》兵律卷二。
② 民国《遂宁县志》卷七。
③ 冯桂芬：《皇朝经世文续编》卷四二。
④ 光绪《五台县新志》卷二。
⑤ 《张来仪文集·芙蓉庄记》
⑥ 乾隆《续外冈志》卷一。
⑦ 嘉庆《郴县志》卷终。

者，谓田中一年之所收，不敌一年三刈之麻，乃略施其智于瘠薄之产，而麻之获价果倍于谷，效之者遂群然起矣。于是有争佃富室之田，且甘愿倍租以偿之者"①。就是安徽徽州一带的荒山，"荒山百亩，所值无多。而棚民可以出千金、数百金租种"，由于种植苞芦、杂粮，可"获利倍蓰"②。这都说明由于消费者对农产品的需求增加，促使地主买田从事商品生产，甚至促使佃农租种高地租的田地从事商品生产。这都是商品经济发展对土地市场带来的重要变化。

---

① 嘉庆《四川通志》卷七五。
② 道光《徽州府志》卷四之二。

# 论北朝隋唐的土地法规与土地制度

杨际平

北朝隋唐土地制度是社会经济史研究的重要内容。20世纪初，随着一些敦煌户籍资料的面世，中日学者对该问题产生极大兴趣，逐渐掀起研究北朝隋唐所谓"均田制"的热潮。参加讨论者甚众，研究成果也颇丰。[①]

其中研究的重点是北朝隋唐《地令》或《田令》的实施状况，对此，学者们讨论得很热烈，意见分歧也很大。争论的焦点是北朝隋唐《地令》或《田令》规定的土地还受是否切实实行过。相关学术争论大体经历三个阶段：第一阶段是20世纪20年代至50年代初。争论主要在日本学者间进行，形成以铃木俊为代表的土地还受否定说与以仁井田陞为代表的土地还受肯定说两种对立观点。[②] 由于铃木俊等的研究，论据很坚实，所以得到多数学者的认同。

---

① 韩国磐：《隋唐的均田制度》，上海人民出版社1957年版，后修改扩充为《北朝隋唐的均田制度》，上海人民出版社1984年版；贺昌群：《汉唐间封建的国有土地制与均田制》，上海人民出版社1958年版；宋家钰：《唐朝户籍法与均田制研究》，中州古籍出版社1988年版；杨际平：《均田制新探》，厦门大学出版社1991年版；后修改扩充为《北朝隋唐均田制新探》，岳麓书社2003年版；武建国：《均田制研究》，云南人民出版社1992年版；［日］曾我部静雄：《均田法及其税役制度》，講談社1953年版；［日］铃木俊：《均田、租庸調制的研究》，刀水書房1980年版；［日］西村元佑：《中国經濟史研究》，東洋史研究会1968年版。

② ［日］铃木俊：《敦煌発現的唐代户籍和均田制》，《史学雜志》第47篇7号，后收入《均田、租庸調制度的研究》，刀水書房1978年版，第108—119页；［日］仁井田陞：《唐宋法律文書的研究》，東方文化学院東京研究所1937年版。

第二阶段是20世纪50年代末至70年代。日本学者西村元佑、西嶋定生系统整理并研究了大谷退田文书、欠田文书、给田文书，认为这些文书就是唐代西州实行土地还受的确证，从而大大加强了土地还受肯定说。[①] 由于唐令《田令》全文与《户部式》皆不存，《吐鲁番出土文书》（1—10册）亦尚未出版，人们尚难对西村元佑、西嶋定生的诸多假设提出强有力的驳论，所以一时几成定论。

第三阶段是《吐鲁番出土文书》（1—10册）出版与戴建国等据宋《天圣令》所附《唐令》完整复原《唐令·田令》以来。《吐鲁番出土文书》（1—10册）的出版为弄清大谷欠田、给田诸文书的来历与令制提供了依据，唐《田令》的完整复原，证明铃木俊描述的敦煌户籍的登籍规律原来都有令制依据，而西村元佑、西嶋定生等关于受田基准额的猜测全无根据。

完整复原的《唐令·田令》显示，它既有国家授田与土地还受的规定，又有无田可授时户内帐面调整的规定。今后研究唐《田令》的实施，就要具体研究其时绝大多数地区、绝大多数人户是按《田令》的实际授田条款实施，还是按户内帐面调整实施？实施的结果，秦汉以来地主土地私有制和自耕农、半自耕农土地私有制占绝大多数，国有土地只占很小比例的格局是否发生根本性变化？

## 一 北朝的土地法规与土地制度

太和九年（485）十月，北魏孝文帝颁《地令》诏称："朕承乾在位，十有五年。每览先王之典，经纶百氏，储畜既积，黎元永安。爰暨季叶，斯道陵替，富强者并兼山泽，贫弱者望绝一廛，致令地有遗利，民无余财，或争亩畔以亡身，或因饥馑以弃业，而欲天下太平，百姓丰足，安可得哉？今遣使者，循行州郡，与牧守均给天下之

---

[①] ［日］西村元佑：《唐代吐鲁番推行均田制的意义——大谷探险队将来欠田文书為中心》，原载《敦煌吐鲁番社會經濟資料（上）》，《西域文化研究》（二），1959年版，又收入《中国经济史研究》，東洋史研究会1968年版。

田，还受以生死为断，劝课农桑，兴富民之本。"① 此诏体现了孝文帝土地国有的理想。其土地国有理想自有深受我国井田说传统思想影响的一面，但更主要的还是源于鲜卑拓跋族农村公社传统。因为我国历代的井田说，包括孟子的井田说与周礼的井田说都没有土地还受内容，唯独孝文帝诏不仅说到"均给天下民田"，而且还规定"土地还受以生死为断"。

颁行《地令》的建议是赵郡士族李安世提出的。其建议称"臣闻量地画野，经国大式；邑地相参，致治之本。井税之兴，其来日久"，似乎很有复井田，由国家普遍授田的意思。但他话锋一转，就把落脚点放在"田莱之数，制之以限"上。② 与董仲舒、师丹、孔光、王莽、荀悦、仲长统等所主张的"古井田法虽难卒行，宜少近古，限民名田"③ 如出一辙。接着，李安世又将重点放在长期未决的土地产权纠纷上，建议"所争之田，宜限年断，事久难明，悉属今主"④。颁行《地令》前，先解决久拖未决的土地产权纠纷，预示着即将颁行的土地法规不会触动原有的土地私有制。面对土地国有理想与土地私有社会现实的冲突，李安世偏重于后者。李安世的这一思想对随后颁布的《地令》有很大影响。对比孝文帝的诏令与李安世的建议，不难发现，两者还是有很大的差别。如果不是魏收说"后均田之制起于此矣"，我们很难将李安世上疏与随后颁布的《地令》联系起来。

随之颁行的北魏太和九年《地令》载于《魏书·食货志》。⑤ 文长，不具引。北魏太和九年《地令》共15条。《地令》第1条前部，第2、4、5、7、8、9、10、13、14诸条款，都有关国家授田与土地还受，体现了立法者的土地国有理想。《地令》第3条后款《各户原有桑田"不在还受之限"》、第6条"诸桑田皆为世业，身终不还，

---

① 《魏书》卷七上《高祖纪》，中华书局1974年版，第156页。
② 《魏书》卷五三《李孝伯附李安世传》，第1176页。
③ 《汉书》卷二四上《食货志上》引董仲舒语，中华书局1962年版，第1137页。
④ 《魏书》卷五三《李孝伯附李安世传》，第1176页。
⑤ 参见《魏书》卷一一〇《食货志》，第2853—2855页。

恒从见口。……盈者得卖其盈，不足者得买所不足"、第11条"诸地狭之处，有进丁受田而不乐迁者……家内人别减分"，则体现了对土地私有传统的充分尊重。前者在《地令》中占有很大的分量并处于显要地位，后者在《地令》中似乎只是处于从属地位。同一部法令中，本不该有如此矛盾对立的条款，但北朝隋唐土地法规就是如此。这当然不是立法者的疏忽，而是土地国有理想与土地私有制已经根深蒂固的社会现实之间矛盾冲突的必然结果。

北魏太和《地令》既有体现土地国有理想的国家授田与土地还受条款，又有适应土地私有社会现实要求的不触动民户原有土地，土地还受之际只做户内帐面调整，实际无还无受的条款，那么，具体实施时，绝大多数地区或人群，究竟是按哪些条款执行的呢？

进入讨论之前，必须先澄清几个概念。其一，北朝隋唐《地令》或《田令》可否概称为"均田制"？李安世提出颁行《地令》建议后，《魏书》作者魏收说"后均田制起于此矣"。汉魏至唐宋士大夫说的"均田"有二义，一是限田，一是均税。鲜卑拓跋族的孝文帝则有"均给天下民田"之说。魏收所说的"均田"似乎也是取"均给天下民田"之意。但此又不合北魏太和《地令》的实施状况。今人也习称北魏《地令》为均田制，其首倡者就是日本学者内藤湖南。20世纪20年代内藤湖南在《中国近世史》中提出："从六朝中期到唐太宗时期实施的班田制，都不承认土地的私有权，只允许永业田为私有。"[1] 此后的日本学者与20世纪50年代以后的多数中国学者也习惯上将北朝隋唐《地令》或《田令》称为"均田令"或"均田制"。然北朝时人从不称北魏《地令》为均田令或均田制，而称之为《地令》、[2]《地制》[3] 或"垦田授受之制"[4]。唐五代时人更习称《地令》或《田令》所设计的田制为"井田事"。如《唐六典》即称："户部

---

[1] ［日］内藤湖南：《中国近世史》，夏应元选编：《中国史通论——内藤湖南博士中国史学著作选译》，社会科学文献出版社2004年版，第342页。
[2] 《魏书》卷四一《源贺附源怀传》，第926页。
[3] 《魏书》卷五七《崔挺附崔孝芬传》，第1266页。
[4] 《魏书》卷一九中《任城王传》，第477页。

尚书、侍郎之职,掌天下户口井田之政令。"①《旧唐书·职官志》亦称"(尚书户部)郎中、员外郎之职,掌分理户口、井田之事"②。笔者以为,未对北朝隋唐《地令》或《田令》的实施状况进行论证之前,径称《地令》或《田令》设计的田制为"均田制"容易给人"均分田土"的先入之见;径称《地令》或《田令》设计的田制为"井田事",也容易给人必不可行的印象,都不合适,还是称之为《地令》或《田令》设计的那种田制为宜。③

其二,北朝隋唐《地令》或《田令》究竟是土地制度,还是土地法规?是经济基础,还是上层建筑?根据历史唯物主义基本原理,北朝隋唐现实的土地制度应该就是当时现实的土地所有制,其主要内涵应该是哪些阶级、阶层实际占有当时最基本的生产资料——土地,及其如何组织生产、管理生产,如何进行产品分配。

春秋战国以降,历代常有《田令》《田律》,此类律令显然属于土地法规范畴。其对土地制度的设计,属于意识形态范畴,自然也是属于上层建筑领域。虽然从广义上讲,土地法规也是土地制度的一部分,但它毕竟只是土地制度中次要的、派生的部分,土地制度的核心内容是土地所有制。

《地令》或《田令》设计的田制,本身就有是否切合实际,是否可行的问题,因而都还不是现实的土地制度,都不属经济基础范畴。将北朝隋唐《地令》或《田令》所设计的井田事或所谓的"均田制"看作现实的土地制度,实际上就是未经检验就主观地认定北朝隋唐《地令》或《田令》的有关授田与土地还受规定都被切实实行,其立法者的理想都已变成现实。而这显然是不符合历史实际的。

北魏《地令》的具体实施,简单地说,就是双轨制:不同的地区、不同的族群适用不同的条款。

---

① 《大唐六典》卷三《尚书户部》,三秦出版社1991年版,第52页。
② 《旧唐书》卷四三《职官志》,中华书局1975年版,第1825页。
③ 郑学檬:《关于"均田制"的名称、含义及其和"请田"关系之探讨》,《点涛斋史论集:以唐五代经济史为中心》,厦门大学出版社2016年版,第454页;耿元骊:《唐代"均田制"再研究——实存制度还是研究体系》,《社会科学战线》2011年第11期。

鲜卑拓跋部兴起于大兴安岭一带，"统幽都之北，广漠之野，畜牧迁徙，射猎为业"①，以后逐步向西南发展到代北。鲜卑拓跋部初到代北时，仍以游牧为主，虽有一些农业，但不占主要地位，仍实行氏族部落制，土地私有观念还很淡薄。4世纪末，亦即拓跋珪复国后，开始"离散诸部，分土定居，不听迁徙，其君长大人，皆同编户"②，逐步由氏族部落社会向阶级社会转变。其获取财富的方式也逐渐从畜牧和军事掠夺为主转到发展农业。拓跋珪登国元年（386），便在当时的京城盛乐（治所在今内蒙古呼和浩特市和林格尔县）"息众课农"③。登国九年，又"使东平公元仪屯田于河北五原，至于棝杨塞外"④。拓跋鲜卑族的京城从盛乐迁至平城（治所在今山西大同）后，便以"东至代郡（今山西忻州市代县），西及善无（今山西朔州市右玉县南），南极阴馆（今山西忻州市代县西北），北尽参合（今内蒙古乌兰察布市凉城县），为畿内之田；其外四方四维置八部帅以监之"⑤。

定都平城后，北魏政权经常强制迁徙各地新民以充实京师。这些新民到了京城需要政府安置，政府便在京畿及其附近对他们进行计口授田。如天兴元年（398）正月克邺后，"分徙（山东六州）吏民及徙何种人、工伎巧十万余家以充京都，各给耕牛，计口授田"⑥。永兴五年（413）七月，"破越勤倍泥部落于跋那山西……徙二万余家于大宁，计口授田……（八月）置新民于大宁川，给农器，计口受田"⑦。

包括京城平城在内的代北地区位于农牧分界线的北侧，属以牧为主的半农半牧区，年均降水量很少，位于半干旱气候区，无霜期短，多为草原植被。因为自然条件比较差，所以地广人稀。但这些地方，

---

① 《魏书》卷一《序纪》，第1页。
② 《北史》卷八〇《贺讷传》，中华书局1974年版，第2672页。
③ 《魏书》卷二《太祖纪》，第20页。
④ 《魏书》卷二《太祖纪》，第26页。
⑤ 《魏书》卷一一〇《食货志》，第2850页。
⑥ 《魏书》卷一一〇《食货志》，第2849—2850页。
⑦ 《魏书》卷三《太宗纪》，第53页。

地势比较平坦，只要有水源，比较容易垦辟为农田。

北魏在这一地区实行计口授田的同时，又常在这一地区实行带有明显强制性的课田措施。如太平真君五年（444）恭宗监国时，曾令"有司课畿内之民，使无牛家以人牛力相贸，垦殖锄耨。其有牛家与无牛家一人种田二十二亩，偿以私锄功七亩，如是为差，至与小、老无牛家种田七亩，小、老者偿以锄功二亩，皆以五口下贫家为率。各列家别口数，所劝种顷亩，明立簿目。所种者于地首标题姓名，以辨播殖之功。又禁饮酒、杂戏、弃本沽贩者。垦田大为增辟"①。

以上记载表明，当时平城一带实行的是土地国有制，新民从"计口授田"中得到的田土完全来自官府，所以官府可以在此强力推行人牛力相贸等措施。类似的课田规定，汉唐间在中原地区是不曾见到的。

北魏政权既然可以在代北地区实行计口授田，太和九年《地令》颁布后，自然也可以在代北地区按《地令》规定分配土地。

太和十四年，中书监高闾说："陛下……惧蒸民之奸宄，置邻党以穆之；究庶官之勤剧，班俸禄以优之；知劳逸之难均，分民土以齐之。"②时高闾在京城平城任职，其所说的"知劳逸之难均，分民土以齐之"，应该反映的是京城一带情况。表明平城一带确实曾经有"分民土以齐之"之举。

除了包括京师在内的代北地区，比代北更北的，以鲜卑拓跋族为主体的边镇地区也按《地令》规定进行过实际授田。景明年间（501—503），源怀巡行北边六镇，上表说："景明以来，北蕃连年灾旱，高原陆野，不任营殖，唯有水田，少可菑亩。然主将参僚，专擅腴美，瘠土荒畴给百姓，因此困弊，日月滋甚。诸镇水田，请依地令分给细民，先贫后富，若分付不平，令一人怨讼者，镇将已下连署之官，各夺一时之禄，四人已上夺禄一周。"③六镇的治所都在各军镇的南端，靠近农牧分界线，而其辖境则很辽阔，基本上都在今内蒙古

---

① 《魏书》卷四下《世祖纪》，第109页。
② 《魏书》卷五四《高闾传》，第1205页。
③ 《魏书》卷四一《源贺附源怀传》，第926页。

59

自治区，甚至到达今蒙古国的草原或沙漠地区。六镇地区自然条件比代北更差，可耕地很少，除少数水源比较充足的地区外，土地都很贫瘠，不宜农耕。百姓通常得到的多是"瘠土荒畴"，实乃情理中事。源怀所言证明了北魏政权曾在六镇地区实际授田。

除此之外，北魏政权还将部分苑囿赐代迁户。如北魏太和十一年八月，孝文帝诏"罢山北苑，以其地赐贫民"①。正始元年（504）十二月，宣武帝"以苑牧公田分赐代迁之户"。至延昌元年（512）闰二月，再次诏令"以苑牧之地赐代迁民无田者"②。秦汉以来，常有罢苑囿赐贫民之事。如果北魏这几次的以苑囿地赐代迁户，是按太和九年《地令》的规定实行，那就是太和《地令》的具体实施。否则，就只是一般的罢苑囿赐贫民。

至于这一地区实际授田的数额，估计不可能达到《地令》规定的一夫一妇应授田140亩。因为该定额不仅成倍超出两汉以来的户均垦田数，也远远超出当时每户的耕作能力。代北与北方边镇可耕地本来就少，每户分到的田土自然不可能很多。但这并不影响我们对这一地区有过实际授田的认定。这一地区的田土原来都是国家授给的，因此也就不存在不触动各户原有土地的问题。至于初授田后如何实行土地还受，因缺乏相关实证资料，目前还不得而知。

以汉人为主的中原地区，则未见按《地令》实际授田的实例。赐苑囿地给贫民倒有两例：太和八年，司马跃代兄为云中镇将、朔州刺史，"跃表罢河西苑封，与民垦殖"③；世宗朝，定州刺史元澄曾"表减公园之地，以给无业贫口"④。此两例以苑囿地给贫民，如果是按太和《地令》规定给贫民，那就是太和《地令》的实施。如果不是，那就是两汉以来习见的以苑囿地赐贫民。

太和九年《地令》颁布后，太和十一年，齐州刺史韩麒麟提出

---

① 《魏书》卷七下《高祖纪下》，第162页。
② 《魏书》卷八《世宗纪》，第198、213页。
③ 《魏书》卷三七《司马楚之附司马跃传》，第859页。
④ 《魏书》卷一九中《任城王传》，第473页。

"制天下男女，计口授田"①的建议，说明当时齐州尚无国家授田计划。太和十二年，秘书丞李彪又于《地令》之外另搞一套，建议"别立农官，取州郡户十分之一以为屯民……一夫之田，岁责六十斛，蠲其正课并征戍杂役"②。史载，李彪的建议，"帝览而善之，寻施行焉。自此公私丰赡，虽时有水旱，不为灾也"③。可见汉人聚居区的许多地区，实行的不是《地令》，而是李彪建议的民屯制。

以汉人为主体的聚居区之所以未能普遍实际授田与实际土地还受，原因有二。原因之一是官府手中没有足够多的可供授田的官田或无主荒地。两汉以来，历代政府都有一些官田，但数量都很有限，在全国垦田总数中都只是零头小数。论者常认为，北魏承大乱之后，"政府手中掌握了大量无主荒地"④，有条件给民户普遍授田。实际情况恐非如此。首先，大乱之后，诚然会出现许多荒田，但这些荒田很多是有主的。太和九年李安世《地令》建议就谈道："州郡之民，或因年俭流移，弃卖田宅，漂居异乡，事涉数世。三长既立，始返旧墟"，虽"庐井荒毁，桑榆改植"，还会要求讨回祖业，使土地产权争讼久拖不决。绝非如东汉末仲长统所说："其地有草者，尽曰官田。"⑤或如司马朗所说："大乱之后，民人分散，土业无主，皆为公田。"⑥其次，政府即使掌握一定数量的无主荒地，也很难满足国家普遍授田的需要。如北魏正光年间（520—525）全国约有500万户，其中以汉人为主体的聚居区应该不少于400多万户，如果每户平均实际授田10亩，就得有40万顷，当时官府手中掌握的无主荒地，有没有如此之多，实在很难说。最后，官府掌握的无主荒地在地域分布上通常是宽乡多，狭乡少，国家授田的实际需求则相反：越是人多地少的狭乡对土地的需求就越大。如果是普遍授田，每个州郡县乡（至少

---

① 《魏书》卷六〇《韩麒麟传》，第1333页。
② 《魏书》卷六二《李彪传》，第1386页。
③ 《魏书》卷一一〇《食货志》，第2857页。
④ 朱绍侯、齐涛、王育济：《中国古代史》上册，福建人民出版社2010年版，第362页。
⑤ 《后汉书》卷四九《仲长统传》，中华书局1965年版，第1656页。
⑥ 《三国志》卷一五《司马朗传》，中华书局1982年版，第467—468页。

说绝大多数州郡县乡）都得有足够的可供授田的无主荒地才行。论者常说，无田可授的地方可以"乐迁"至宽乡。此话说起来很轻巧，做起来很难。在无机动车船的年代，如果没有官府的组织安排和大量的财政支持是办不成的。北朝隋唐每谈到百姓无田或少田时，常有乐迁之议，但每次都没有下文。更何况北魏太和九年距北魏道武帝统一北方，已近半个世纪，即约两代人的时间，很难说是"承大乱之后"。

原因之二是，秦汉以来，中原地区土地私有制早已确立，土地私有观念根深蒂固。这就决定了民户的"累世之业，难中夺之"①。

以汉人为主体的聚居区，没有实际授田还可以从当时民户逃亡严重中得到证实。如果《地令》实施时，民户都能得到十亩、八亩田土，民户自然会竞相附籍，以取得受田实惠。虽然附籍也就意味着要缴纳租调，但传统的农业社会，土地毕竟是农民最主要的生产资料，是农民安身立命的基础。实际受田并纳租调，对农民来说显然利大于弊。但我们从传世文献中看到的却是相反的情景。如北魏世宗朝（500—515），元晖任冀州刺史，"晖检括丁户，听其归首，出调绢五万匹"。时一夫一妇纳调绢一匹，出调绢五万匹，约新得户五万户。肃宗朝（516—528），元晖又上疏称："国之资储，唯藉河北。饥馑积年，户口逃散，生长奸诈，因生隐藏，出缩老小，妄注死失。……自非更立权制，善加检括，损耗之来，方在未已。"②可见其时《地令》未能吸引民户附籍。

北魏一分为二后，东魏、北齐的治域是今山西、河南、河北、山东一带。政治中心先是洛阳，后迁至邺（治所在今河北邯郸市临漳县西南邺城镇）。东魏、北齐对《地令》的实施，基本上还是沿袭北魏成规实行双轨制，但有许多变化。

变化之一是体现土地国有理想实施国家实际授田的地域比北魏大为缩小。北魏实行国家授田制地域很辽阔，包括整个代北与北方诸边

---

① 《三国志》卷一五《司马朗传》，第467页。
② 《魏书》卷一五《昭成子孙传》，第380页。

镇。东魏、北齐时，官府对代北与北方边镇已经不能长期有效控制。国家实际授田的范围缩小到邺城皇畿一带。

变化之二是河清三年（564）令本身就直接体现了双轨制。河清三年令明确规定："京城四面，诸坊之外三十里内为公田。受公田者，三县代迁户执事官一品已下，逮于羽林武贲，各有差。"其外畿郡则是授给汉人官等。"其方百里外及州人"，则是"职事及百姓请垦田者，名为永业田"①。前一地区，土地名为公田，受田对象主要是三县代迁户，实行的明显是土地国有制。后一地区的田土，不叫"公田"。吏民获得土地的途径也不是请受田，而是请垦田。吏民所垦之田，名曰世业田。② 自然就不在还受之列，其土地私有性质十分明显。

变化之三是给代迁户授田的预期目的与实际效果发生变化。北魏给代北与北方边镇鲜卑拓跋族人实际授田，目的是要改变鲜卑拓跋族人的生产方式，由游牧转为定居农业。由于北魏迁洛后曾于太和二十年，诏令"以代迁之士皆为羽林、虎贲"③，由政府廪给。这些人迁邺后，仍受政府廪给，其受田主要目的是补贴家用。由于农耕不是鲜卑拓跋部人的主要生活来源，所以这些代迁户常不安其居，国家授田的实际效果很差。即如《通典·田制》引宋孝王《关东风俗传》曰："其时强弱相凌，恃势侵夺，富有连畛亘陌，贫无立锥之地。昔汉氏募人徙田，恐遗垦课，令就良美。而齐氏全无斟酌，虽有当年权格，时暂施行，争地文案有三十年不了者，此由授受无法者也。……迁邺之始，滥职众多，所得公田，悉从货易。……露田虽复不听卖买，卖买亦无重责。贫户因王课不济，率多货卖田业，至春困急，轻致藏走。亦有懒惰之人，虽存田地，不肯肆力，在外浮游。三正卖其口田，以供租课。比来频有还人之格，欲以招慰逃散。假使暂还，即卖所得之地，地尽还走，虽有还名，终不肯住，正由县听其卖帖田园

---

① 《隋书》卷二四《食货志》，中华书局1972年版，第677页。
② 《隋书》作者为避唐太宗李世民之讳，改世业田为永业田。
③ 《魏书》卷七下《高祖纪下》，第180页。

故也。"①

尽管如此，对代迁户还是有过实际授田的。《北齐书·高隆之传》即载："天平初，（高隆之）丁母艰解任，寻诏起为并州刺史，入为尚书右仆射。时初给民田，贵势皆占良美，贫弱咸受瘠薄。隆之启高祖，悉更反易，乃得均平。"②东魏北齐在这一地区的授田虽然问题甚多，但毕竟还是实施过实际授田。

东魏北齐邺城以外，以汉人为主体的地区，则未见任何实际授田与土地还受的记载。推定也只能是将各户原有土地，按《地令》要求的格式、名目，在帐面上登记为各户的已受田。土地还受之际，亦按《地令》要求进行户内帐面调整，实际上有名无实。因此，户籍不实现象极为严重。史载：东魏孝庄帝（528—530）时，"殿中侍御史宋世良，诣河北括户，大获浮惰……还，孝庄劳之曰：'知卿所括得丁倍于本帐，若官人皆如此用心，便是更出一天下也。'"③几年之后，东魏天平元年（534）六月，孝静帝又谈到"今天下户减半"④。至武定二年（544），高欢又命大司徒高隆之、太保孙腾为括户大使，分别到河北、青州一带"分括无籍之户，得六十余万"⑤。东魏北齐逃户问题如此突出，证明其时以汉人为主的聚居区并未实际授田与实行土地还受。

西魏、北周相关资料殊少，幸敦煌出土有西魏大统十三年（547）瓜州效谷郡计帐户籍文书残卷，可以借此对当时敦煌地区《地令》的实施状况进行实证研究。西魏大统十三年瓜州效谷郡籍，丁年为18岁起。应授田额为丁男麻田10亩，正田20亩，丁妻为麻田5亩，正田10亩，既不同于北魏太和九年制，也不同于北周制。其令制依据是否是元澄所奏的垦田收授之法，尚难断定。

敦煌所出西魏大统十三年计帐户籍文书显示，各户的"正田"

---

① 《通典》卷二《田制》引宋孝王《关东风俗传》，中华书局1984年版，第15页。
② 《北齐书》卷一八《高隆之传》，中华书局1972年版，第238页。
③ 《北齐书》卷四六《宋世良传》，第639页。
④ 《北齐书》卷二《神武纪》孝静帝语，第15页。
⑤ 《隋书》卷二四《食货志》，第676页。

（相当于北魏的露田）、"麻田"（其作用相当于北魏的桑田）都落实到户内应受田口，并都在各户住宅的周围。每人的麻田、正田，不论足额或者不足额，都是一段，完全符合北魏太和九年令所规定的"诸一人之分，正从正，倍从倍，不得隔越他畔"的原则。各户这样的田土布局，不可能出于各户原有土地的重新登记，而很可能是重新分配所致。推测此前敦煌曾有过实际授田之举。时河西一带地广人稀，曾有河西苑封与河西牧场，也可能有一些可耕地用来授田。

土地还受的前提是民户入老或身死时有田可退，使进丁者有田可受。北魏太和《地令》规定，各户所受的桑田"皆为世业，身终不还，恒从见口"，这么一来，民丁若初受田百亩，到他入老时就只退口分田80亩，比先前少了20亩。循此以往，四五代人之后，民户都将无田可退。如果一户二丁，已受田160亩，若其中一丁身死，留下不应退桑田20亩，还有140亩，按太和《地令》第11条"有进丁受田而不乐迁者……家内人别减分"规定，此140亩正好够该户另一丁男的应受田额，该户当年就无田可退。北魏太和《地令》第14条还规定"诸远流配谪无子孙及户绝者，墟宅、桑榆尽为公田，以供授受"。但此类户绝田、没官田毕竟有限。靠各地有限的户绝田、没官田维持土地还受，也不可能。应受田口减少时既无田可退，新增应受田口的授田自然无从谈起，剩下的就只能按《地令》规定在各相关户户内进行帐面调整。西魏大统十三年籍的登籍规律是先户主（通常为丁男），然后是户主妻，再后是息男、女、奴婢、牛。田土的登籍次第是先麻田（依次仍是先尽户主，然后户主妻……），麻田无或不足者悉无正田。麻田足额外若尚有余田，再按以上顺序登记为各应受田口的正田。

西魏大统十三年籍中此类户内帐面调整的痕迹清晰可见。说明该地区近期未见经常性的土地还受。如该籍白丑奴户，该户有3丁男（其中白显受为当年刚刚进丁），2丁妻，是该残卷应受田口最多之户，但其已受田却只有30亩麻田（为户主白丑奴、户主妻，户主弟与弟媳的份额），正田全无。新进丁的白显受应受的麻、正田都是并未授。再如同籍的某户主不明户，该户原有二丁（户主白丁，户主妻为丁妻），大统十三年造籍时，该户有息男众僧承前籍为乙卯年生，年13岁，造籍年经貌增就实，订正为"实年十八"，该户有婢来花，承前籍为"己未生年究（玖）"，造籍时貌增就实，订正为"实年十八进丁"。此两人也就成为当年进丁应受田口。上例的白显受，承前籍，年龄无误，从前籍即可预见到，大统十三年白显受应进丁受田。结果是白显受应受田并未授。而息男众僧与婢来花所在户，因年龄诈小了好几年，完全不可能预计到此两人造籍当年会进丁受田，① 然据该籍帐，此两人应受的麻田，造籍当年在帐面上就"受了"。由此足见，西魏大统十三年籍明确显示，其新近的进丁受田都只是帐面上的，实际上无还无受。从西魏大统十三年籍残卷总体看，该残卷中各户无论按丁计，或是按应受田口应受田先后时间计，都极为不均，许多应受田户，应受田口多，应受田的时间早，而其实际占有的土地反而少于应受田口少、应受田晚的，说明当地相当长一段时间以来，所谓的土地还受，都是户内帐面调整，有名无实。

如前所述，北朝《地令》的实施，最大的特点就是双轨制：在鲜卑拓跋族为主体的聚居区，实行的是普遍授田制，有实际的授田与土地还受；在土地私有制已经充分发展，土地私有观念根深蒂固的以汉人为主体的地区，基本上未见实际授田与土地还受。各户的原有土地（包括地主土地所有制与农民土地所有制）也都没有被触动，因而只是限田制，同时也是一种户籍登记制度。因为代北与北边诸镇，面积虽然不小，但其户口数与垦田数在全国总数中都只占很小比重，这就决定了就总体而言，北朝《地令》的成立，没有使我国长期以来的封建土地私有制占绝对优势的格局发生根本性的变化。李亚农先生说："在北魏孝文帝太和九年以后，不论贫富，都不得私有耕地，一般农民固然没有私有耕地，即身为奴隶主的富人亦不得私有耕地。他们所耕种的田地，都是由国家机关来授予的。"② 其所论如果仅就代北与六镇地区而言，无疑是正确的，但他以点代面，以很小的局部代

---

① 《魏书》卷一一〇《食货志》，第2854页。
② 李亚农：《周族的氏族制与拓跋族的前封建制》，华东人民出版社1954年版，第116页。

替全局，就只能是以偏概全了。

## 二　隋唐的土地法规与土地制度

隋唐也都颁布过《田令》这一土地法规。《隋书·食货志》只记载了隋开皇《田令》些许内容。官吏永业田怎么给，是官府主动给，还是官吏有请才给？官吏永业田有没有地域限制？民户原有土地如何处置？府兵的坊府如何授田？功臣如何授田？都不详。加之隋祚短促，传世文献不多，隋户籍更未见，所以难以对《隋令·田令》如何实施做出清晰地描述。只能说目前尚未见按《隋令·田令》给吏民实际授田或土地还受的任何实例。隋文帝对农民的无地少地还是很在意的。开皇十二年（592），鉴于"时天下户口岁增，京辅及三河，地少而人众，衣食不给。议者咸欲徙就宽乡。其年冬，帝命诸州考使议之。又令尚书，以其事策问四方贡士，竟无长算"，说明当时朝野对京辅、三河等狭乡的缺地尽管费尽心机，还是束手无策。随后隋文帝的"乃发使四出，均天下之田。其狭乡，每丁才至二十亩，老小又少焉"①，说的应该还是该地区的丁均垦田约20亩，而不是说每丁都实授田土20亩。如果京辅及三河每丁都实授20亩，那就太了不起了，可以说很大程度上解决了农民的土地问题。

唐国祚近三百年，遗留下来的典籍远比北朝及隋丰富。又有大量的敦煌吐鲁番籍帐文书出土，为研究有唐一代土地法规与土地制度创造了有利条件。

完整复原的唐《田令》不含屯田部分共有44条3001字，为目前所见历代《田律》《田令》中内容最为丰富者。与北魏太和《地令》一样，它也是既有体现土地国有理想的国家授田与土地还受条款，又有承认土地私有既成事实而不予触动，土地还受之际进行户内帐面调

---

① 《隋书》卷二四《食货志》，第682页。

整的条款。①

那么,《唐令·田令》具体实施时,又是基本上按哪些条款操作的呢?②

下面将依次讨论唐《田令》颁行后,僧尼、官、民的所谓"受田"是实授田土,抑或只是户内帐面调整?唐代《田令》初颁于武德九年(626)。③武德、贞观年间的几件嵩山少林寺碑恰好反映了少林寺原有的柏谷坞庄40顷地的经历:武德四年,李唐与王世充战事犹酣之时,少林寺柏谷坞庄寺僧"翻城归国,有大殊勋,据格合得良田一百顷……未蒙酬赉之间,至五年,以寺居伪地,总被废省"。后少林寺僧上表申诉,"(武德)八年二月又蒙别敕少林寺,赐地四十顷"。至武德九年,河南一带实施"田令","妄注赐地为口分田"。后来少林寺提出申诉,至贞观年间,这40顷地才又改回"赐田"。④究其实,这40顷地就是少林寺原有的常住田柏谷坞庄,其由常住庄田→没官田→赐田→口分田→赐田,乃是特例。⑤多数寺院都是将常住庄田"注"为口分田。少林寺因有大殊勋,而且事涉李唐政权的最高层,几年之后,终于将"口分田"改回"赐田"(但始终没改回寺院的常住庄田)。其他寺院的常住僧田当然仍旧照注为"口分田"不误。

---

① 《旧唐书·食货志》《新唐书·食货志》《资治通鉴》《唐会要》对唐《田令》都有简单介绍,但都不是引《田令》原文,而是以己意概述田令大意,语言表述上常不合田令原意。《唐六典》《通典》引《田令》原文,存留字数较多(前者有958字,后者约1900字),文字表述亦较准确。故唐《田令》完整复原前,学者引唐《田令》常引《唐六典》而以《通典》补充之。但上述传世文献介绍唐《田令》都有一个致命缺陷,那就是只介绍《田令》中体现立法者土地国有理想的国家授田与土地还受的条款,除《通典》外,对各户原有田土如何处理,都只字不提;土地还受之际,有关户内帐面调整的条款,包括《通典》在内,也都全部被遗落。从而严重影响后人对唐《田令》性质的认识与对唐《田令》实施状况的研究。

② 这里说"基本上",不是说目前已知有许多例外。而是说,目前虽未见相反的实例,但我国国土广袤,人口众多,不能完全排除有出现某些相反情况的可能性。下同。

③ 《田令》在唐代从来不是单行法规,总是作为《唐令》二三十篇之一,与《唐律》等一起颁布。有唐一代的《田令》颁行过多次。最早的一次是武德九年版,其后有贞观年版间、永徽年版间、开元七年版、开元二十五年版等。

④ 《金石萃编》卷七四《少林寺碑》,中国书店1985年版。

⑤ 《金石萃编》卷七四《少林寺碑》,中国书店1985年版。

## 论北朝隋唐的土地法规与土地制度

有唐一代政治家、思想家抨击寺院广占田宅的很多，如圣历三年（700），内史狄仁杰上疏说佛寺"膏腴美业，倍取其多；水碾庄园，数亦非少。逃丁避罪，并集法门，无名之僧，凡有几万"[1]，中宗景龙（707—710）年间，左拾遗辛替否上疏说"是十分天下之财而佛有七八"[2]，等等。如果寺院的田宅多数受自于官，狄仁杰、辛替否等就不会如此抨击。

不仅如此，迄今我们不仅没有见到寺院依《田令》实际授田的任何实例，相反，却见到政府时或检括寺院田土。如唐隆元年（710）七月十九日敕："寺观广占田地及水碾硙，侵损百姓，宜令本州长官检括；依令式以外，及官人百姓将庄田宅舍布施者，在京并令司农即收，外州给贫下课户。"[3] 开元十年（722）正月又敕令："天下寺观田，宜准法据僧尼道士合给数外，一切管收，给贫下欠田丁，其寺观常住田，听以僧尼道士女冠退田充，一百人以上，不得过十顷。五十人已上，不得过七顷，五十人以下，不得过五顷。"[4] 从上述诏敕不难看出，寺院的田产，不论是被检括走的，还是继续保留的，都是寺院自己的土地（包括吏民施舍的土地与赐田），不是来自政府的依《田令》实际授田。

再谈唐代官吏的请授永业田问题。唐《田令》第9条规定："诸五品以上永业田皆不得于狭乡受，任于宽乡隔越射无主荒地充。其六品以下永业田，即听本乡取还公田充。"第14条规定："诸请永业者，并于本贯陈牒，勘检告身，并检籍知欠，然后录牒管地州检勘给讫，具录顷亩四至，报本贯上籍，仍各申省计会附簿。其有先于宽乡借得无主荒地者，亦听回给。"[5] 说明唐代五品以上职事官永业田不是官府主动给授的，五品以上官得事先于宽乡（通常既不是在自己的本贯，也不是在自己的任所）物色好想要的无主荒地，这在当时并非易

---

[1]《旧唐书》卷八九《狄仁杰传》，第2893页。
[2]《旧唐书》卷一〇一《辛替否传》，第3158页。
[3]《唐大诏令集》卷一一〇《诫励风俗敕》，学林出版社1992年版，第523页。
[4]《唐会要》卷五九《祠部员外郎》，中华书局1955年版，第1028页。
[5] "诸请永业者……回给"为唐代传世文献所失载。

事。官吏应请授永业田额随官爵的变动而动态变动。由于隔越请射宽乡无主荒地存在诸多实际困难，非机动车船的交通条件与商品货币经济尚不充分发达，又都必然使远在他乡经营大地产成本高、收益低，所以迄今为止我们都未见五品以上官隔越请射宽乡无主荒地的任何实例。相反，三品以上的公卿大臣，乃至当朝宰相，依然"不立田园"、①"家不树产"、②"尚少田园"、③"不营产业"、④"产利空空"⑤者却并不少见。

按唐《田令》规定，六品以下官可以于本乡取还公田充。但敦煌出土的户籍文书又显示，时六品以下职事官、卫官，不仅未曾实授田土，甚至连"应受田额"中都完全不算其按官品应受之额。由此看来，唐《田令》关于官吏应可请授永业田的规定，实际上只是一种限田额，完全有名无实。论者常想当然地认为，在唐代所谓"均田制"下，地主官僚得到大量土地，并由此形成庄园制，这与实际情况相差甚远！

关于唐初民户依《田令》的所谓"受田"，20世纪六七十年代吐鲁番出土的安苦延等户手实最能说明问题。现录安苦延手实于下：

（前缺）
女善面年陆□
女苦旦睦年叁□
合受田八十亩　六亩半已受
七十三亩半未受
地一段肆亩捌拾步城西二□
桃二亩陆拾步
牒被责当户手实，〔具〕□

---

① 《旧唐书》卷九九《张嘉贞传》，第3092页。
② 《新唐书》卷九五《窦威传》，中华书局1975年版，第3845页。
③ 《旧唐书》卷七八《于志宁传》，第2099页。
④ 《旧唐书》卷九八《卢怀慎传》，第3075页。
⑤ 《新唐书》卷一一六《李日知传》，第4242页。

## 论北朝隋唐的土地法规与土地制度

贞观十四年九月　日安苦延牒

贞观十四年（640）九月是唐征服高昌国第二个月。对吐鲁番地区而言，也就相当于新颁《田令》之初。新征服一个国家，有许多接管、安抚、重建政权工作要做，不可能立马清查户口、垦田，造籍分配土地。但我们看到的却是各户"合受田"多少亩，多少亩"已受"，多少亩"未受"，完全符合唐制。这显然是将各户原有的土地（包括葡萄园），按唐《田令》第2条后款"先有永业者通充口分之数"[①] 规定在帐面上登记为各户的"已受田"。因各户原有田土或多或少，或有或无，所以他们手实上的"已受"数，也是既有"合应受田叁拾伍亩，五亩已受"的，也有"合受田八十亩，一亩半已受的"，甚至还有"合受田八十亩并未受"的。其做法与前述武德九年少林寺将其原有的柏谷坞庄"注"为口分田如出一辙。这种做法虽无授田之实，但却完全符合唐《田令》第2条后款的规定。

吐鲁番出土的贞观十四年九月以后的手实、户籍，也都是将各户原有田土按《田令》规定的名目、数额，在帐面上登记为各户的应受田、已受田，永业田、口分田。唐代西州是特狭乡，户均占田不足10亩，而其丁男应受田额却是60亩（唐《田令》第4条规定："若狭乡新授者，减宽乡口分之半"）。小男、小女当户者应受田35亩。因此土地还受时，根据唐《田令》第27条规定："其退田户内有合进受者，虽不课役，先听自取，有余收授。"[②] 因为所有各户，除非绝户，不仅都无田可退，而且都欠田甚多，因而也就不存在"有余收授"之事。

吐鲁番如此，敦煌亦然。唐天宝以前户籍所见的民户受田，也都是将各户原有田土登记为各户的已受田，帐面登记的顺序也是先永业，后口分。表现在具体地段的登籍上，也是按先永业后口分顺序登

---

[①] 完整复原后的唐《田令》第1条为关于亩制的名例条。第2条可视为《田令》的最主要条款。其后款"先有永业者通充口分之数"，虽仅寥寥11字，但至关重要，往往决定其时土地所有制的性质。

[②] "其退田……收授"为唐代传世文献所失载。

记，介于永业、口分之间的那段地就一分为二，先凑足该户的永业田，剩下的就登记为口分田，户内帐面调整的痕迹清晰可见。因而各户永业田常足，口分田常不足。永业田不足者悉无口分田。

敦煌算是宽乡，一丁应受田100亩，也远超当时户均占田水平与耕作能力。现存敦煌天宝以前户籍，占田最多的是郑恩养户（一丁一中男一寡已受田101亩）、程智意户（一丁已受田92亩）、程大忠户（一丁已受田84亩）。如果造籍当年郑恩养身死，该户无田可退。如果不幸郑恩养与其母同年身亡，该户还是无田可退。如果更不幸，郑恩养与其母、其子先后死殁，而由中女当户，只有在这种特殊情况下，该户才有8亩剩退。程智意、程大忠两户，家口虽多，但应受田口仅户主一人。若造籍当年，这两人身死，而由寡妻妾当户，则程智意户应剩退17亩，程大忠户应剩退10亩。但程智意户有一小男，年且十五；程大忠户也有一小男，年且十六。再过三两年，他们就要获得受田资格。换句话说，程智意、程大忠如果在造籍后三两年以后身死，这两户也就不仅无田可退，而且还欠田三四十亩。除此之外，其他各户也都是除非绝户皆无田可退。由此可见，唐《田令》第27条讲土地还受之际户内帐面调整时虽有"有余收授"一说，实际上是极少可能出现的。减丁时既无田可退，进丁受田自然无从谈起，剩下的就只能是户内帐面调整。

正因为唐代官吏、百姓、寺观等的所谓"受田"基本上都是帐面上将各户原有土地登记为授田，所以，皇甫湜元和三年（808）对策就直截了当地否定当时有授田之制。他说："我太宗、玄宗井田法非脩也，而天下大理。夫贞观、开元之际，不授田而均，不名田而赡。"①

也正因为当时绝大多数民户并没有从政府手中实受田土，所以政府律令就直接将民户的田土（包括已在帐面上登记为"已受田""永业田""口分田"者）称为"私田"。《唐律·户婚律》"诸盗耕种

---

① 皇甫湜：《对贤良方正直言极谏策》，李昉等：《文苑英华》卷四八九，中华书局1966年版，第2503页。

## 论北朝隋唐的土地法规与土地制度

公、私田"条、"诸妄认公、私田"条、"诸在官侵夺私田"条，都明确将百姓田界定为私田。唐开元十四年，宰相李元纮在反对利用官府废弃职田置屯时也明确说："今百官所退职田，散在诸县，不可聚也；百姓所有私田，皆力自耕垦，不可取也。若置屯田，即须公私相换。"① 唐《田令》第34条更明确规定，荒田亦有公、私之分。公荒田借耕，九年还官；私荒田借耕，三年还主。公荒田可以用于授田，私荒田不合。民户私荒田的私有产权都得到政府的明确承认与尊重，民户在耕之田的私有产权就更不必说了。凡此等等都表明，唐朝政府对百姓田私有产权的承认是非常清晰的，毋庸置疑。从北朝《地令》到隋唐《田令》，体现土地国有理想的条款渐趋淡化，体现土地私有现实的条款越来越清晰，这应该也是大势所趋。也正因为当时绝大多数民户并没有从政府手中实受田土，所以天下百姓全无田者不少。唐高宗初年的一份判题就谈道："奉判，雍州申称地狭，少地者三万三千户，全无地者五千五百人。每经申请，无地可给。即欲迁就宽乡，百姓情又不愿。其人并是白丁、卫士，身役不轻。"② 这里所说的三万三千户、五千五百人，都是虚拟之数，不可当真。但当时当地，白丁、卫士而无地少地者甚众，应无疑问。此后，武周时期的《置鸿宜鼎稷等州制》也有"百姓无田业者，任其所欲"之语。③ 唐睿宗唐隆元年七月敕更有"逃人田宅，不得辄容买卖，其地任依乡原价租充课役，有剩官收。若逃人三年内归者，还其剩物。其无田宅，逃经三年以上不还者，不得更令邻保代出租课"之语。④ 这些都说明北朝隋唐颁行《地令》或《田令》时期，其无田宅者一直不少。非如一些学者所说："均田制下，一般说来农民都能从政府手中获得一定数量的授田。"⑤ 更非如宋人郑樵等所言北朝隋唐"天下无无田之夫，无不

---

① 《旧唐书》卷九八《李元纮传》，第3074页；《通典》卷二《屯田》，第19页。
② 《敦煌社会经济文献真迹释录》第2辑，全国图书馆文献缩微复制中心1990年版，第601页。
③ 《全唐文》卷九五《置鸿宜鼎稷等州制》，中华书局1983年版，第982页。
④ 《敦煌社会经济文献真迹释录》第2辑，第572页。
⑤ 朱绍侯、齐涛、王育济：《中国古代史》上册，第433页。

耕之民"①。

隋唐时期隐丁漏口之多也证明其时民户没有得到普遍授田。隋朝文帝时期，唐朝的贞观年间与开元天宝年间，政治比较清明，社会比较安定，赋役负担较轻，但百姓隐丁漏口现象都非常严重。《隋书·食货志》载："是时山东尚承齐俗，机巧奸伪，避役惰游者十六七。四方疲人，或诈老诈小，规免租赋。高祖令州县大索貌阅。户口不实者，正长远配，而又开相纠之科。大功已下，兼令析籍，各为户头，以防容隐。于是计帐进四十四万三千丁，新附一百六十四万一千五百口。"② 贞观十六年正月，太宗下令"括浮游无籍者，限来年末附毕"③。唐玄宗开元九年搞了一次大括户，"诸道括得客户凡八十余万，田亦称是"。开元二十四年又来一次大规模括户。唐初以来，时有"天下浮逃人，不啻多一半"④，"今天下户口，亡逃过半"⑤ 之说。天宝十四载（755），全国户8914709，口52919309，为唐代极盛。但杜佑仍估计，其时隐户不下四五百万。⑥ 可见逃户与隐丁漏口问题之严重。逃户问题如此严重，说明唐《田令》规定的所谓授田徒具形式，绝大多数民户并未实际受田。

这里说一下唐代赋民公田事。唐朝廷确曾将一些官田授给贫民，规模最大的应是唐开元年间以关中、河北、河南的部分官营稻田给百姓，总规模可能达到三五千顷，这些官营稻田是否都按《田令》规定的名目、额度、办法给授，不详。如果是，也就算是唐《田令》的实施。据统计，天宝元年，濒近官营稻田屯垦区的京兆府、同州、华州，河北道的魏州、汴州，沧州，河南道豫、许、陈，与淮南道的寿州，共有民户982323，若户均实际授田1亩，就得有1万顷。换言之，三五千顷的废屯对这一地区来说，无异于杯水车薪。杜佑《通

---

① 《通志》卷六一《赋税》，中华书局1987年版，第739页。
② 《隋书》卷二四《食货志》，第681页。
③ 《资治通鉴》卷一九六，中华书局1956年版，第6175页。
④ 《王梵志诗校辑》卷六《天下浮逃人》，中华书局1983年版，第174页。
⑤ 《旧唐书》卷八八《韦嗣谦附韦嗣立传》，第2867页。
⑥ 《通典》卷七《丁中》，第42页。

典·赋税》曾据"天宝中天下计帐"等估计,时户均垦田数"不过七十亩"。① 上述这些地区多为狭乡,户均垦田若打七折,以50亩计,982323户的垦田总数就约达50万顷。政府的些许实际授田,实无改这一地区封建土地私有制占绝大多数的大局。

更早的官田给百姓,出现在唐太宗贞观十四年平高昌之后。数量虽不过数十顷,但近百年来所谓"均田制"下土地还受肯定说者皆以此为言,就不能不多说几句。贞观十六年,太宗颁《巡抚高昌诏》,明令"彼州所有官田,并分给旧官人首望及百姓等"②。于是西州当局便把一部分高昌时期的废屯按一丁常田四亩,三易部田六亩的标准(简称四·六制)分给原佃官田的佃农,多余的常田、部田继续交租。同时又把一些内迁户的田产也按上述标准分给民户。20世纪五六十年代,日本学者西嶋定生、西村元佑等即将此类文书视为唐代西州切实施行土地还受的明证。因为这些文书的授田标准明显不同于唐《田令》,西村元佑解释说"户籍所示的应受田额,是作为公示天下的大原则的令制的基准,在这个大原则范围之内,还存在着适应各地区实际情况的,作为因地而异的实施细则的'式'的基准。西州一丁10亩的基准额,恐怕就是西州地方行政细则中规定的"。西村元佑进而推论,"班田收授文书,不仅在西州,而且在内地,每年也是由乡里作成,着实进行班田收授"③。由于当时尚未见唐《田令》全文,吐鲁番文书基本上还只见大谷文书,所以西村元佑、西嶋定生所论几成定论。

但正当西村元佑与西嶋定生诸先生发表其上述宏文巨著之时,新疆博物馆文物考古队开始对吐鲁番县阿斯塔那村北、哈拉和卓村东进行系统发掘,共发掘清理晋—唐墓葬近四百座。所得出土汉文文书于20世纪八九十年代陆续以《吐鲁番出土文书》为名出版,共10册。

---

① 《通典》卷六《赋税》,第34页。
② 《文馆词林》卷六六四《贞观中巡抚高昌诏》,《续修四库全书》,上海古籍出版社2002年版,第492页。
③ [日]西村元佑:《唐代吐鲁番推行均田制的意义——大谷探险队将来欠田文书为中心》。

其中，贞观年间的阿斯塔那103号墓出土的"合应请地丁中"簿与唐侯菜园子等户给田簿揭示了大谷欠田、给田文书的源头，其令制依据就是贞观十六年《巡抚高昌诏》。当时西州当局遵诏将西州部分官田按一丁十亩（四亩常田，三易部田六亩）授给原佃官田的国家佃农。余下的常田与部田继续交租。联系相关资料得知这些官田即高昌时期的废屯。除了废屯，用来授田的还有内迁户的土地。由此得知，贞观十六年以后，西州有两种授田制度：一种是按唐《田令》规定的名目、数额进行帐面登记的授田制，一种是《巡抚高昌诏》规定的"彼州官田给百姓"制度。两者在授田对象、应授田额、编制相关文书手续、田土分布情况、相应的户籍形式等方面都不相同。①

随着唐《田令》的完整复原，原先铃木俊等关于敦煌户籍上的那些户内帐面调整的推断，被证明都有令制依据。而西村元佑、西嶋定生等所臆想的于田令之外，各地都有各自的受田基准额的说法，则遭到彻底否定。

西嶋定生说过："唐代均田制的研究，是以唐律令规定为主的唐代记载和敦煌发现的唐代户籍的记载为史料进行。然而，要将上述研究更向前推进，仅靠大家所熟知的这些资料，还是非常困难的。"②西村元佑上揭书也有类似说法。说明西村元佑与西嶋定生都承认，传世文献与敦煌文献都不能证成其说，他们的土地还受肯定说所依据的其实只是吐鲁番出土的大谷欠田、退田、给田诸文书。现既已证实，唐西州存在主要环节都互不相同的两种授田制度；吐鲁番出土的欠田、退田、给田诸文书的令制依据有别于唐《田令》的贞观十六年《巡抚高昌诏》，西村元佑等说的依据便彻底丧失。

史载：西州交河郡，"户一万一千一百九十三，口五万三百一十四"，"垦田九百顷"③。唐代西州户籍资料显示：当地像李石住、安

---

① 杨际平：《北朝隋唐均田制新探》，岳麓书社2003年版，第301—381页。
② ［日］西嶋定生：《从吐鲁番出土文书看均田制施行状态——以给田、退田文书為中心》，原载《敦煌吐鲁番社会经济资料（上）》，《西域文化研究》第2、3册（1959—1960年版），又收入其《中国經濟史研究》，東京大学出版会1966年版，第434页。
③ 《通典》卷一七四《州郡典》，第923页。

苦延那样，按《田令》规定的名目（应受田、已受田、未受田、永业田、口分田等）将其原有田土进行登记的户籍文书计有19件；按四·六制进行登籍的户籍类文书则仅见载初元年（689）西州高昌县宁和才籍[①]一件。可见，在唐代西州两种授田制中，以唐《田令》为令制依据的民户占绝大多数；以《巡抚高昌诏》为令制依据的授田户比例很小，估计不超过当地人口总数的10%。从田土面积看，应不超过50顷，[②] 不及西州垦田总数的1/10。如前所述，此项田土当时并不按《田令》规定的名目、标准进行授田，因而不算唐《田令》的实际实施。退一步说，即使此数十顷地都是按《田令》规定进行授田，又焉能证明"班田收授文书不仅在西州，而且在内地，每年也是由乡里作成，着实进行班田收授"。

## 三 唐后期《田令》废止说驳议

"唐宋变革论"的首倡者内藤湖南于1925年率先提出："以班田法为基础的租庸调制度，从唐朝中期开始已不能实行。于是代之，开始实行两税法。……过去曾用于防止贵族兼并的班田收授制废止。"[③] 内藤湖南此说在日本与中国的一些学者中影响甚广，几成定论。[④] 但北朝隋唐《地令》或《田令》设计的那种田制为租庸调制基础之说其实并无理论根据，也不合我国古代历史事实，是一个伪命题。北朝隋唐《地令》或《田令》不是现实的土地制度，而只是土地法规。这里再补充三点以证内藤湖南等说之伪。

---

[①] 《吐鲁番出土文书》第7册，文物出版社1987年版，第414—440页。

[②] 高昌与唐代西州，垦田九百顷，其中的官田应不超过200顷。唐代西州"天山屯营田五十顷""柳中屯营田卅顷"、其他镇该营田拾余顷，三项相加近百顷。西州出土的《开元十九年版正月—三月西州天山县接收符帖目》，其中有一项"今年版废屯税子粟麦四千石事"。贞观年间西州当局将高昌时期的部分废屯分给原佃农，超过定额的田土，继续交租，平均每亩田租约7.5斗，所谓废屯税子或即此。以此计之，此项官田为50多顷。则当年版授给原佃官田的佃农等的田土，以及内迁户的田土，也就是50顷左右。

[③] ［日］内藤湖南：《中国近世史》，夏应元编：《中国史通论——内藤湖南博士中国史学著作选译》，社会科学文献出版社2004年版，第342—343页。

[④] 朱绍侯、齐涛、王育济主编：《中国古代史》上册，第468—471页。

其一，众所周知，租调制起于东汉建安九年（204），《地令》起于北魏太和九年。也就是说，租调制的确立早于所谓"均田制"成立281年。试问，公元204—485年的租调制，其基础又是什么？笔者以为，秦汉的田租口赋制，公元204年开始的租调制，公元780年开始的两税法，其经济基础都是封建土地私有制。在中国，秦汉以降直到1949年，封建土地私有制的基本格局始终不变。到了20世纪50年代初，以封建土地私有制为主体的土地制度才发生翻天覆地的变化。

其二，前已述及，北朝隋唐颁行《地令》或《田令》期间，全无田者为数不少。试问：既然全无田者仍然照样要缴纳租庸调，又怎么能说北朝隋唐《地令》或《田令》设计的那种田制是租庸调制的基础？

其三，建中以后，唐《田令》废止说并无实据。相反，建中以后的传世文献仍常引用唐《田令》条款。如《白氏六帖事类集》："诸丁（田）[男]：给永业田二十亩，口分田八十亩。其中男年十八已上，亦依丁男给。老男、笃疾各给口分田四十亩，寡妻妾各给口分田三十亩。先有永业者则通其众口分数也。"又"《授田令》令曰：道士受《老子经》以上，道士给田三十亩，僧尼受具戒准此"。《白氏六帖事类集》证明其时唐《田令》并未被废止。[①]

还有贞元末进士杜元颖对策："制策曰：'均沃塉于原田，便工商于市肆'者。臣闻度土功，因地利，所以惠众人也；禁末作，绝奇货，所以惠工商也。其要在于申明田令，与不扰市人耳。"[②] 如果其时唐《田令》已被废止，杜元颖对策还会提出"其要在于申明田令"吗？

宋初窦仪等编撰的《宋刑统·户婚律》征引了《唐律》及其《疏议》中的诸占田过限条、诸妄认若盗贸卖公私田条、诸在官侵夺私田条、诸里正依令授人田，课农桑条等。[③] 这也都证明了其时唐

---

[①] 《白氏六帖事类集》，影印江安傅氏藏影宋绍兴刊本，第909、991页。
[②] 《全唐文》卷七二四，第7461页。
[③] 窦仪等撰：《宋刑统》，中华书局1984年版，第203—209页。

《田令》依然在行用。

现已确知，唐《田令》的多数条款被废止是在宋天圣令《田令》颁行之时。《宋会要辑稿·刑法·格令》载：天圣七年（1029）"五月十八日详定编敕所上删修令三十卷……凡取唐令为本，先举见行者，因其旧文参以新制定之。其令不行者，亦随存焉"[①]。宋《天圣令·田令》共56条，分两部分：第一部分共7条，据唐《田令》旧文参考宋制修定，故其结尾注云："右并因旧文以新制参定。"第二部分共49条，其结尾注云"右令不行"。在此之前，唐《田令》从未见被明令废止过。唐《田令》被明令废止，正是此时，而不是在此之前，更不是在建中元年。明确唐末以前《唐令·田令》并未被废止，不仅从根本上彻底否定了《唐令·田令》设计的那种田制是租庸调制基础的说法，同时也彻底否定了唐宋变革论者在经济制度方面的基本论据。

论者认为所谓的均田制止于建中元年，或与建中元年以后未见具载应受田、已受田、永业田、口分田的敦煌吐鲁番户籍有关。诚然，目前所见的唐代户籍止于大历四年（769）。这是因为，安史之乱起后，唐廷调西北藩镇兵平叛。吐蕃趁机围困、占领敦煌等地，致使唐朝户籍制度一度在西北地区中断。此期中原地区是否仍按《田令》规定登户籍，不详。既然是不详，就不能说它被废除，或崩溃。我们或可期待将来会有唐后期的户籍出现。

## 结　语

汉唐间不管土地法规与土地管理制度有过多大变化，但土地制度的基本态势一直无大变化，始终都是土地私有制占绝大多数，国有土地只占很小的一部分。在中国，秦汉以降直到1949年，封建土地私有制的基本格局始终不变。到了20世纪50年代初，以封建土地私有制为主体的土地制度才发生翻天覆地的变化。

---

① 《宋会要辑稿》刑法志卷一之四，中华书局1957年版，第6463页。

量变过程中的部分质变自然有，如北朝时期，除自耕农外，奴婢劳动在农业生产中占很大比重，隋唐以后，奴婢部曲在农业生产中的比重就大为降低。

　　还有，北魏、北齐时期，在鲜卑拓跋为主聚居区这一特定区域，土地国有制一度占主导地位，从而导致土地国有制在全国垦田总数中的比重略有上升，但上升幅度不大。就全国而言，土地私有制仍占绝大多数，土地国有制只占很小的一部分。

原载《中国社会科学》2021年第2期

# 隋唐土地制度变迁与时代分期

## 耿元骊

　　唯物史观是马克思主义的重要组成部分，是科学的历史观和方法论。自传入中国以来，首先就在历史学研究特别是中国古史分期的研究当中得以运用，并取得了丰硕成果。[①] 作为一种认识方法，唯物史观非常重视甚至特别加以强调的原则就是实事求是，具体问题要进行具体分析和研究。[②] 同时，唯物史观具有整体性和思辨性，力图从宏观上把握历史进程，认识历史本质规律。当然，对于唯物史观具体内核把握以及基本线索梳理，不同马克思主义学术流派有着不同认识，其中能取得最大共识的是"唯物史观强调的是生产力、物质利益、经济关系对于社会关系、社会历史的决定性关系"[③]。以生产力发展为基础，马克思、恩格斯对人类社会形态演进历史做出了重大概括判断，即由人的依赖关系、物的依赖关系、自由个性的个人全面发展三

---

[①] 罗新慧：《二十世纪中国古史分期问题论辩》，百花文艺出版社2004年版；王学典：《20世纪中国史学编年版（1950—2000）》，商务印书馆2014年版；瞿林东等：《唯物史观与中国历史学》，上海人民出版社2013版；张奎良：《唯物史观与历史唯物主义的分分合合》，孙麾等主编：《唯物史观与中国问题》，中国社会科学出版社2015年版，第39页。

[②] 王和：《实事求是是唯物史观的基本原则——以"五种社会形态理论"为中心的探讨》，《史学月刊》2008年第11期；曹典顺：《唯物史观理论演进的研究范式》，《中国社会科学》2019年第8期。

[③] 王学典、牛方玉：《唯物史观与伦理史观的冲突——阶级观点问题研究》，河南大学出版社2010年版，第8页。

个阶段依次递进。① 这提示我们，无论是"三大形态"还是"五种形态"，都是马克思主义史学对人类历史宏观演变过程思考分析的重要成果。②

在认真研读和思考马克思、恩格斯著作基础上，众多学者认为，人类社会发展主要由三个阶段构成，即前资本主义阶段、资本主义阶段和共产主义阶段三大社会形态的依次更替。③ 这是从人类历史发展顺序上所得出最宏观的理论观察结论，每一个阶段跨越都是一次制度跨越，从一种制度变迁到另外一种制度。制度之所以能形成跨越，是由生产力发展而推动，这也是推动历史前进最重要的力量。以生产力发展为基础，制度（政治制度、文化制度、经济制度）才有可能出现变迁，并在无数具体变迁的累积下形成跨越，才得以从一个历史阶段走向另外一个新的历史阶段。在每一个阶段里面，国家都是制度的主要初始提供者（确认自发秩序形成并维持规则可运行）。在某种因素推动下，国家或者其他组织（个人）对制度施加新的影响，试图改变原有制度，就代表着新的生产力已经出现并开始影响制度，在来自不同方向代表不同生产关系的社会合力共同作用下，制度变迁就从一种理论推演转变为实际运行。当制度变迁过程顺应生产力发展情况的时候，就推动了全社会向良性方向变迁；当国家主导的制度变迁不适应生产力发展的时候，就制约了社会向良性方向变迁，甚至有可能向恶劣化方向发展。

在全部的制度变迁当中，经济制度当中土地制度变迁相对最为重

---

① 《马克思恩格斯全集》第 2 版卷 30《政治经济学批判（1857—1858 年版手稿）》，人民出版社 1997 年版，第 107 页。下引马恩论断出于此者，不重复出注。关于"三形态"的学说演变，可参阅王耐《社会发展的"三形态"理论》，吉林出版集团有限责任公司 2014 年版；杨学功、楼俊超《如何理解马克思的三大社会形态理论——兼评学界的几种常见理解》，《教学与研究》2012 年第 8 期。

② 王彦辉、薛洪波：《古史体系的建构与重塑——古史分期与社会形态理论研究》，河南大学出版社 2010 年版，第 3 章。

③ 段忠桥：《重释历史唯物主义》，江苏人民出版社 2009 年版；颜虹：《应恢复"三大社会形态"理论在历史唯物主义体系中的地位》，《哲学动态》1983 年第 6 期；刘佑成：《社会发展三形态》，浙江人民出版社 1987 年版；赵轶峰：《学史丛录》，中华书局 2005 年版。

## 隋唐土地制度变迁与时代分期

要。因为土地制度由国家制定，反映社会关系变化，影响社会结构变动，是反作用于时代变迁的重要力量。土地是生产力发展中最重要的一种基础性财产，而"在资产阶级统治下和在其他一切时代一样，财产是和一定的条件，首先是同以生产力和交往的发展程度为转移的经济条件有联系的，而这种经济条件必然会在政治上和法律上表现出来"。[①] 在由"人的依赖关系"所主导前资本主义社会中，国家（以皇帝和官府为代表）力量更为重要。处于大工业生产之前的农业社会，人的生存更加严重依赖于土地，土地权利分配、管理原则也就是土地制度的相对重要性就更多凸显出来。以唯物史观"三大形态"为基本分析体系，通过讨论土地（耕地）权属性质、占有与经营情况，可以观察社会结构变化，了解以生产力发展为重要标志的时代变迁情况。隋唐时代处于中国历史发展的一个"十字路口"环节，观察土地制度变迁过程，[②] 对于把握隋唐时期社会基本面貌和基本社会关系具有重要学术价值，亦为判断"前资本主义社会"阶段内部各种具体时段变化过程提供了一个新的思考角度。

从总体上看，从秦汉到明清，土地制度都是以"百姓所有"为基本特征。当然，这与罗马法意义"所有"并不完全一致，更不是资本主义产生以后的"所有制"。[③] 如果用一个词概括土地权属关系，"民有"庶几更近于古代中国对"物"的权利规定基本特点。当然，受限于"语词"，一般仍使用"所有"表达私人占有（所有）的特点。土地权属民有（私人所有）状态，是隋唐时期土地制度鲜明特征之一。隋唐时期是中国古代百姓土地所有权保护越来越严密，权利分层越来越细致的一个重要中间期。通过这段时期过渡发展，得以最

---

① 《马克思恩格斯全集》第1版卷3《德意志意识形态》，人民出版社2016年版，第412页。《德意志意识形态》版本变化较大，可参考聂锦芳《文本的命运——〈德意志意识形态〉手稿保存、刊布与版本源流考》，《河北学刊》2007年第4、5期。可参阅［日］广松涉编注《文献学语境中的〈德意志意识形态〉》，彭曦译，南京大学出版社2005年版；林进平《〈德意志意识形态〉研究》，中央编译出版社2014年版。

② 胡戟等：《二十世纪唐研究》，中国社会科学出版社2002年版；耿元骊：《十年来唐宋土地制度史研究综述》，《中国史研究动态》2008年第1期。

③ 耿元骊：《唐宋土地制度与政策演变研究》，商务印书馆2012年版，第248页。

83

终确立了保护"私有产权"的路向。

在隋唐时期立法原则上，对土地所有权（财产权）严格加以保护，并不区分官府或私人所有。甚至可以说，当法律保护百姓财产所有权利，官府权利的保护已经顺理成章得以实现。《唐律疏议》规定，盗耕"公私田"者，"一亩以下笞三十，五亩加一等"，最高可以判处一年半徒刑。如果妄认或者盗卖"公私田"者，"一亩以下笞三十，五亩加一等"，最高可以判处两年徒刑。官员以官威官势侵夺百姓私田，则"一亩以下杖六十，三亩加一等"，最高可以判处两年半徒刑。① 即使是荒地，为了保证土地能有出产，"诸公私田荒废三年以上，有能借佃者，经官司申牒借之，……私田三年还主，公田九年还官"。虽允许"借佃"耕作，但是仍然要最大限度保证原主人权利。耕作期满之后，满足一定条件，官田可以转为私田，但是"私田不合"②，也就是即使借佃，亦不允许转为现耕作者所有。开元十八年（730），宣州刺史裴耀卿曾试图建立一种给田制度，其中特意说"丁别量给五十亩以上为私田，任其自营种"③，这与唐律规定的原则相一致。

隋代，土地遗产可以自由继承。韦世康官高位显，家族子弟多"位并隆贵"，只有韦世约"宦途不达"，所以把"父时田宅"，尽以与之。④ 这所谓父时田宅，就是继承遗产，本来应均分诸子，但是因为其他人都已经有较多财产，所以土地财产就交给了韦世约。唐初，大臣于志宁曾可以得皇帝赐地，但其表示："臣居关右，代袭箕裘，周魏以来，基址不坠"⑤，说明自家土地一直可以顺利保持继承。安乐公主"恃宠骄恣，求无不得"，想要强买韦嗣立骊山下别墅，但是

---

① 刘俊文笺解：《唐律疏议笺解》卷一三《户婚律》，中华书局1996年版，第970页。
② 天一阁博物馆、中国社会科学院历史所天圣令整理课题组：《天一阁藏明钞本天圣令校证（附唐令复原研究）》，中华书局2006年版，第258页。
③ 王溥：《唐会要》卷八五《逃户》，中华书局1998年版，第1563页。
④ 《隋书》卷四七《韦世康传》，中华书局2019年版，第1429页。
⑤ 《旧唐书》卷三三一《于志宁传》，中华书局1975年版，第2699页。

中宗未允,"大臣所置,宜传子孙,不可夺也"①。即使以"买"的名义来抢夺,也未被同意,足可见个人所购置田产,在皇帝看来也是应该传给子孙。无论是在法律上,还是一般人观念中,土地都是有明确可继承权的私有财产。大概在828年左右,沙州一份分家契中也很详明记载了土地分割情况,其中详细列举了土地所在不同位置,逐一标明了不同形态土地状况,特意说明"对诸亲立此文书"②,后面还有双方以及见证人的共同签名。908年,敦煌吴安君以家长身份,对自家土地财产进行分割,共有8人在遗书上签押。③这可以说明,隋唐五代时期的土地所有权继承更加严密得到了保护和执行。

《田令》中规定:"凡卖买皆须经所部官司申牒,年终彼此除附。若无文牒辄卖买者,财没不追,地还本主。"④买卖本身合法,但不得超额买卖,且必须要经过官府认可,并在籍帐上加以记录。在当时平民百姓心中,土地买卖是一件很平常之事。王梵志戏谑文字里也有提及,打油诗云:"多置庄田广修宅,四邻买尽犹嫌窄。"⑤咸亨年间(670—674),员半千到京城,卖掉了家中三十亩田,还在给皇帝上书中说明此事。⑥大体来说,隋唐土地买卖交易是一个平常行为,是秦汉以来土地流转的正常状态,得到了法律严格保护。一般多强调,在所谓"均田制"下土地买卖受到限制。但是古往今来,何时有过不受官府限制的交易?国家授田与土地私有可交易,其实并不矛盾。即使持有传统"均田制"观点的学者,也认为土地私有是千年传统。⑦隋唐时期土地交易,得到了更多法律保护,运行也更加具有规

---

① 《全唐文》卷六一三《王处士凿山引瀑记》,中华书局2016年版,第6186页。
② 唐耕耦等:《敦煌社会经济文献真迹释录》第2辑,全国图书馆文献缩微复制中心1990年版,第142页。
③ 陈丽萍:《杏雨书屋藏敦煌契约文书汇录》,《隋唐辽宋金元史论丛》第4辑,上海古籍出版社2014年版,第178页;马德:《敦煌本天复八年版吴安君分家遗书有关问题》,《中国古代法律文献研究》第12辑,社会科学文献出版社2018年版,第349页。
④ 天一阁博物馆、中国社会科学院历史所天圣令整理课题组:《天一阁藏明钞本天圣令校证(附唐令复原研究)》,第387页。
⑤ 王梵志:《王梵志诗校注》(增订本),上海古籍出版社2010年版,第641页。
⑥ 《新唐书》卷一一二《员半千传》,中华书局1975年版,第4161页。
⑦ 薛政超:《再论唐代均田制下的土地买卖》,《云南社会科学》2016年第1期。

范性。

要之，隋唐时期土地"所有权（民有权、财产权）"在法律保护、遗产继承、买卖交易等方面均有了新发展，是古代中国土地私有（民有）发展大趋势下一个重要而关键的环节。

唯物史观认为，前资本主义时代主要社会网络是由"人的依赖关系"构成，凸显了人与人之间社会关系重要性。土地占有和经营，是人与人社会关系的集中展现。而最有代表性展现人与人社会关系的环节，是百姓私田（民有）的占有与经营。在土地占有方式上，大体可以区分为官府土地占有、集体土地占有（寺观等）和私人土地占有（官员和百姓），而其中特别是百姓土地占有情况决定了对隋唐土地占有全局的基本判断。在土地经营方式上，隋唐时期官府、百姓基本是采用租佃方式。无论是租佃还是雇工或者自耕，更多出于一种经济理性的选择。

隋唐时期虽然流行"土地，王者之所有"一类观念，[1] 但是现实中官府土地占有和百姓土地占有区别还是很明显的。官府土地占有集中于职田、屯田、官庄、牧田、驿田等等可耕作之田，是所谓"有主"之财产。而那些"无主"荒地，无论是官府还是百姓都有自行耕垦的权利（受到一定限制）。职田等各类官府占有土地，从属于某项职务，在其位者可享受收益，但不可自行随意扩充。天授二年（691），西州有个主簿高元祯侵吞逃户田作为自己职田，亦被立案调查。[2] 其他各类官田，类似于职田性质，均从属于某个职务或者某项工作。并且从长期来看，这部分官有土地，也一直在向百姓土地转化。

隋唐时期，一般百姓占有的土地或来自继承，或来自垦荒。开皇十二年（592）就因京辅三河地少人多，试图鼓励百姓迁移到"宽

---

[1] 陆贽：《陆贽集》卷二二《均节赋税恤百姓六条》，中华书局2004年版，第715页。

[2] 陈国灿：《对唐西州都督府勘检天山县主簿高元祯职田案卷的考察》，唐长孺：《敦煌吐鲁番文书初探》，武汉大学出版社1983年版，第455页。

乡"。① 唐《田令》中规定，土地较多地方是"宽乡"，可以足额给授土地，土地较少地方"狭乡"，要减半授田。狭乡受不足者，可以到宽乡遥授，也就是鼓励开垦更多土地。同时给予官员土地，不得在狭乡授，可以去宽乡自行寻找无主荒地。本来规定永业口分出卖条件很多，但是愿意"乐迁宽乡者"，则可以随意出卖永业口分。② 同时，官府高度重视垦荒，尽力开发更多土地，还积极支持移民，"诸州客户有情愿属缘边州者，至彼给良沃田安置，仍给永年优复"③，会昌元年（841）继续要求开垦荒地，"百姓或力能垦辟耕种，州县不得辄问"④。随着垦荒扩展，百姓土地占有份额随之扩大，私有土地数量不断扩大，这也促成了自耕农、佃农总体数量不断增长。

从敦煌契约文书当中，也可以了解百姓土地小规模占有情况。如安环清卖地与武国子，"共柒畦拾亩"，交付给对方后，还要负责处理可能出现的其他人干预情况，且"官有政法，人从私契"，买卖双方、见证人，甚至卖主母亲都要画押为记。大中六年（852）僧张月光和吕智通两人因为官府允许按就近原则更换土地，两人交换，张月光25亩，换了吕智通11亩，"壹博已后，各自收地，入官措案为定，永为主己"，除了当事人外，还有13个人作为保人或者见人书姓名在契约当中。当地百姓非常认同土地一旦被交易，是可以"永为主"的。张义全卖宅地与令狐信通，以"伍拾硕"粮食作价，房、地"立契当日交相分付讫"，如果有其他人对此有异议并自称"主己者"，则由张义全负责解释赔偿。双方仍然是"对面平章"，然后"各各亲自押署，用后凭验"。安力子卖给令狐进通五亩，"自卖以后，其地永任进通男子孙息侄，世世为主记"⑤。百姓对土地契约的高度重视，来源于对"土地权利"的高度重视。百姓占有土地，其

---

① 《隋书》卷二四《食货志》，第757页。
② 天一阁博物馆、中国社会科学院历史所天圣令整理课题组：《天一阁藏明钞本天圣令校证（附唐令复原研究）》，第387页。
③ 《册府元龟》卷四八六《邦计部·迁徙》，中华书局2003年版，第5820页。
④ 《册府元龟》卷一〇六《帝王部·惠民二》，第1269页。
⑤ 唐耕耦等：《敦煌社会经济文献真迹释录》第2辑，第1—8页。

权属则归之于百姓。至于官府管理是理所当然之事，不可作为非"私有"的证明。

百姓所有（民有）小块土地，大体采用租佃方式（自耕、雇佣等模式也均有较大比例的存在），这是唐代合法土地经营模式。唐律中指出："官田宅，私家借得，令人佃食；或私田宅，有人借得，亦令人佃作。"① 而各种职田、公廨田也采用租佃方式交与农民耕作，"其田亦借民佃植，至秋冬受数而已"②。公私土地均可采用租佃方式，且纳入法律规定当中，则此种方式很可能是隋唐乡村社会通行的土地经营方式。贞观十七年（643），赵怀满向两名田主租佃了3块土地，立契为据。③ 877年，敦煌洪润乡百姓令狐安定雇工耕作，时限为一年，要求非常详细，规定"不得抛工"，对所使用农具、牲畜也有说明。龙勒乡百姓张纳鸡、赤心乡百姓安富通、洪池乡百姓唐丑丑等也分别雇乡民从事耕作，④ 文书内容基本类同，行为方式基本一致，形成了一个新兴的"平民群体"。⑤

要之，百姓"民有"土地占有和经营方式，是"人的依赖关系"集中体现，基本反映了社会结构状况和基层社会经济的运行方式。

自19世纪晚期以来，线性历史观成为一种重要甚至唯一的历史演进思考模式。⑥ 在对中国历史长期发展方向的判断中，得到了广泛而不假思索的应用。线性历史观要求寻找到不同"阶段"重大关键区别之处，这深刻影响了时代段落划分的思考历程。几乎所有参与土地制度和社会性质讨论的学者，无论秉持什么样史观，为确定历史进程，论证时代分期，所找到的关键性因素都是土地制度。一部分学者

---

① 刘俊文笺解：《唐律疏义笺解》卷二七《得宿藏物隐而不送》，第1938页。
② 杜佑：《通典》卷三五《职官十七·职田公廨田》，王文锦等点校，中华书局2017年版，第965页。
③ 国家文物局古文献研究室等：《吐鲁番出土文书》第3册，新疆文化出版社2017年版，第81页。
④ 沙知辑校：《敦煌契约文书辑校》，江苏古籍出版社1998年版，第248页。
⑤ 赵晓芳：《从移民到乡里——公元7—8世纪唐代西州基层社会研究》，甘肃文化出版社2018年版，第29页。
⑥ 王汎森：《近代中国的线性历史观——以社会进化论为中心的讨论》，《近代中国的史家与史学》，复旦大学出版社2010年版，第30页。

认为"土地制度"出现了重大性质变化，故而对唐宋之间做出了"变革"的重大判断。不过，当以唯物史观关于"人的依赖关系"为思考出发点，就可以观察到决定历史阶段判定的关键性因素是"生产力"，而不是生产关系。只有生产力，才是决定时代变革的最重要力量。秦汉以来直到近代，才出现生产力新的重大而具有全局性意义的变化，导致出现了时代的重大区分。而在前资本主义阶段内部，划分具体时代段落关键在于人与人关系。土地关系从属于人的依赖关系，从作为一种财产的土地所有权出发，更有助于我们深入思考土地制度与时代分期问题之间诸多关联。

时代区分（分期）论战，最早由早期"唯物史观"关于社会发展阶段的讨论而引起。受当时政治斗争因素影响，以及对马克思主义理解还不够深入，早期唯物史观更注重于生产关系，认为生产关系限制了生产力发展，决定了社会发展的不同阶段。而在生产关系当中，土地被视为最重要的生产资料，具有关键决定性作用。二战之后，日本学者从战前被压制的唯物史观中得到启发，加入了论战。其主要学术目标，是要克服西方学者所提出的"亚洲停滞论"。围绕这个主题，产生了大量争论。[①] 同时，又与内藤湖南提出并经宫崎市定等人完善的"宋近世论"产生激烈争辩，开启了既相融合又相论战的漫长过程。[②] 在日本学者东京派（历研派）与京都派的争论中，不管他们使用什么概念去指代自己所服膺的时代设定，唐末五代都成为一个关键性时段。也就是在中国历史上，隋唐到底处于一个什么样的地位？进一步说，唐和宋之间又是什么关系？不管京都派或者东京派（历研派）的基础史观有何不同，在他们判断中，都认为以"六朝贵族论"为前期论述基础，[③] 唐宋间贵族（豪族）身份向平民出现了重

---

[①] 高明士：《战后日本的中国史研究》，中西书局2019年版，第34页。
[②] 张广达：《内藤湖南的唐宋变革说及其影响》，《唐研究》卷11，北京大学出版社2005年版；柳立言：《何谓"唐宋变革"?》，《中华文史论丛》2006年第1期。李华瑞：《"唐宋变革论"的由来与发展》，天津古籍出版社2010年版。
[③] 林晓光：《比较视域下的回顾与批判——日本六朝贵族制研究评议》，《文史哲》2017年第5期。

大改变，土地制度则由"公有向私有"出现了重大改变。故而唐宋之间不属于同一个时代，由唐到宋发生了根本性变革。

但是，从土地制度"私有"权属性质，可以看出，秦汉以来土地都是"私有"，或者说是"民有"，其总体趋势一致，倾向于越来越多对"私有权"加以保障。从隋唐时代土地占有和经营情况来看，反映出社会结构状况相对较为一致，基层社会经济运行模式也较为一致。如果土地制度和百姓身份两个关键性依据都没有发生变化，建立在土地制度和百姓身份基础上的时代分期论就不再成立。时代根本性质没有发生重大变化，从秦汉以来到明清大体上具有同一个宏观时代的性质（当然不同时期或朝代具有不同特点）。或者概而言之，只要人的依赖关系没有出现变化，土地作为财产就从属于人的关系，基于财产关系的社会关系、社会结构就没有可能产生剧烈变动。

生产力是唯物史观的核心观念，只有以生产力为理论坐标，唯物史观才得以最终确立，生产力最终决定了共同体的形式。[1] 只有生产力，才是时代变迁最大的动力。只有生产力发生重大变迁，才能作为时代变迁的标志。隋唐时代，生产力没有出现剧烈的重大变化。以生产力发展作为核心标杆，无论是手工业，还是农业技术，或者动力来源都没有发生显著且带有断裂升级性质的重大变化。"一定的生产方式或一定的工业阶段始终是与一定的共同活动的方式或一定的社会阶段联系着的，而这种共同活动方式本身就是'生产力'；由此可见，人们所达到的生产力的总和决定着社会状况。"[2] 唯物史观认为，（大工业）它首次开创了世界历史，因为它使每个文明国家以及这些国家中的每一个人的需要的满足都依赖于整个世界。[3] 只有在生产力发展的前提下，把"人类的历史"与"工业和交换的历史"两者结合起来，我们才能以唯物史观的方式判断时代区分（分期）的关键命题。

总之，历史的每一个阶段都会遇到一定物质成果，是一定的生产

---

[1] 姜海波：《〈德意志意识形态〉中的生产力与唯物史观的构成》，《学术月刊》，2007年第7期。

[2] 《马克思恩格斯全集》第1版卷3《德意志意识形态》，第33页。

[3] 《马克思恩格斯全集》第1版卷3《德意志意识形态》，第68页。

力总和的结果。唯物史观"不是在每个时代中寻找某种范畴，而是始终站在现实历史的基础上，不是从观念出发来解释实践，而是从物质实践出发来解释观念的东西"①。在物质生产能力并不发达的前资本主义时代，生产力没有发生任何关键性重大变化。土地关系作为一种财产关系，必然从属于"人的依赖"关系。在分析隋唐土地制度变迁过程中，也理所当然要从基本史料出发，反复认真研读，以"唯物史观"作为理论分析工具，进一步思考土地关系当中"人的依赖"关系。从人的基本社会面貌和基本社会关系当中去分析和把握土地权利关系真实情况，以生产力发展变化为基础，判断时代演变趋势，而不仅仅以"土地所有制"单一指标作为时代分期唯一判断标准。

原载《中国社会科学》2020年第1期。

---

① 《马克思恩格斯全集》第1版卷3《德意志意识形态》，第43页。

# 从佃户到田面主

## ——宋代土地产权形态的演变

### 戴建国

自唐中叶起，中国传统社会发生了一系列重要变化，宋代在这场变迁进程中扮演了重要角色。在这诸多变化中，较以往流行更盛的典权制和租佃制发育衍生出来的多种土地产权形态，引人注目。由于人口增长的压力，各种形式的经营方式被创造出来，土地利用率大幅提高，佃户从对土地使用权的持有，到稳固地占有，进而发展到永久使用，导致土地所有权进一步分化，佃户可以自主交易，形成完全独立于土地所有者的自主经营状态，最终出现田面权、田底权分离，同一块土地上存在互不干扰的田面主和田底主。这是宋代以降土地产权形态演进的历程，而宋代则是这一历史进程的开端。明代中叶以后，东南地区普遍流行永佃权和田底、田面权，对中国传统社会后期的农业经济发展影响深远。

关于永佃权，学界大都认为最初产生于宋代。[1] 此外，明清时代田底权和田面权的区分，也是"渊源于宋"。[2] 日本也有学者认为田

---

[1] 傅衣凌：《明清农村社会经济》，生活·读书·新知三联书店1961年版，后收入《傅衣凌著作集》，中华书局2007年版，第48页；梁庚尧：《南宋的农村经济》（修订版），联经出版事业公司1985年版，第136页；林甘泉：《〈中国封建土地制度史〉前言》，《中国史研究》1988年第4期。

[2] 漆侠：《中国经济通史·宋代经济卷》，经济日报出版社1999年版，第251—252页。

## 从佃户到田面主：宋代土地产权形态的演变

底权和田面权萌芽于宋代。① 由于相关研究资料的匮乏，同时缺少跨朝代的通盘考察，对于宋代引出的永佃权和田底、田面权源头问题，学者们往往点到为止，未能充分展开，尚未有清晰的答案。纵观两宋历史，需要探讨的是：如果永佃权和田底、田面权产生于宋代，那么它们是在什么情况下产生的？是普遍流行，还是仅在局部地区出现？它们与宋代成熟的典权制有何关系？对宋元以后的租佃关系产生了什么影响？对这些问题的探讨，可以揭示中国古代租佃关系的重大变化，有助于我们全面认识传统社会农业生产经营方式的演变。本文即试图对宋代土地产权形态的变化及其历史影响作一梳理评估。

## 一 宋代典权制下的土地产权形态

典权制是早于永佃制和田底田面惯例而率先成熟的重要产权形态，是传统中国土地产权形态演进的关键性制度之一。完整意义上的典权制形成于唐末五代，入宋后日趋成熟，典卖已普遍成为土地交易的重要方式。地主将土地使用收益权出典给他人，自己保留土地回赎权，典买人支付典价取得占有出典人土地而享有使用收益和部分处分权的权利，谓之典权。② 土地典卖后导致所有权分化，与占有、使用收益权权能分离，出典人拥有的土地所有权通常称为"田骨""田根"，典买人典到的土地称"典业"。③ 正如学者所言："所谓'业'这个这个概念，一般来说，是以具有用益权同时又具有买卖处分权作为其内涵的。"④ 典买人对典到的土地可自耕，可以出租；也可以转典，实施处分权，与拥有土地所有权的出典人不发生关系。

---

① ［日］草野靖：《中晚近世の寄生地主制——田面惯行》，汲古书院1989年版，第103—323页。
② 王利明，尹飞：《物权法·用益物权》，中国法制出版社2005年版，第340页；郭建：《典权制度源流考》，社会科学文献出版社2009年版；戴建国：《宋代的民田典卖与"一田两主制"》，《历史研究》2011年第6期。
③ 黄震：《黄氏日抄》卷七〇《由（申）县乞放寄收人状》，文渊阁《四库全书》，第708，台湾商务印书馆1986年版，第678页。
④ ［日］仁井田陞：《中国法制史》，上海古籍出版社2011年版，第223页。

典权受到国家法律的保护，北宋初制定的《宋刑统》对典卖田宅的相关事宜在法律上作了明确规定。① 此后典卖田宅法不断完善，南宋《名公书判清明集》引用了不少有关典卖田宅的法令条文。诸如"在法：盗典卖田业者，杖一百"②，"诸典卖田宅，以有利债负准折者，杖一百"③。由于商品经济的进一步发展和雕版印刷术的普及，契约在宋代运用得更为广泛，特别是官颁合同典契的实施，④ 进一步完善典权制度，促进了典权关系的发展。在宋代，出典人常因经济原因无法回赎土地，而承典人为了追求最大利益，常把土地转典与他人，年长日久，以致土地被多次转典。《清明集》载有一件案例，土地出典期长达20年，转典的典主更换过两人。⑤ 出典的土地使用权甚至可以绝卖，而不是通常人们认为只能转典。其出卖的，除了土地的使用收益权外，还包括田根的优先购买权和典田的第一回赎权。⑥ 黄宗智在谈到清代市场惯习时，注意到出典的土地被"典权人绝卖给第三方"⑦。其实这种交易方式早在宋代就出现了，这是典权关系在宋代的发展变化。典权制促进了土地产权权能的分化，为土地流通、合理配置土地资源开辟了新的途径。

明清流行的田底、田皮权，通常指的是基于一块田地而形成的田底主与田皮主彼此可以不受干扰地经营各自土地的权利，田底主拥有的土地所有权体现为土地税的缴纳和向佃户收取地租。宋代典权关系下的土地所有权与占有、使用收益权权能分离的经营模式同田面、田底权分离的经营模式比较，既有相似面，也有不同面。相似的是，两者都拥有土地的部分处分权，可以自由支配土地的使用权。不同的

---

① 《宋刑统》卷一三《典卖指当论竞物业》，中华书局1984年版，第205—207页。
② 《名公书判清明集》（以下简称《清明集》）卷五《从兄盗卖已死弟田业》，中华书局1987年版，第145页。
③ 《清明集》卷一二《豪横》，第454页。
④ 戴建国：《唐宋变革时期的法律与社会》，上海古籍出版社2010年版，第439—442页。
⑤ 《清明集》卷九《典主如不愿断骨合还业主收赎》，第321页。
⑥ 戴建国：《宋代的民田典卖与"一田两主制"》，《历史研究》2011年第6期。
⑦ ［美］黄宗智：《中国历史上的典权》，《清华法律评论》卷1第1辑，清华大学出版社2006年版，第5页。

## 从佃户到田面主：宋代土地产权形态的演变

是，其一，承典主的土地处分权是有时间限制的。这在后面将要论述。其二，承典主拥有的权利内涵要大于租佃关系下的田面主。宋代对土地的回赎所有权，谓之"田根"，是相对于典业，即典买人拥有的占有、使用收益权而言的，可以单独出卖。

在明代，与"田根"对应的"田皮""田面"概念运用得非常广泛，蕴含的是对土地的独立使用收益权和部分处分权。如果从这一概念出发来看宋朝的典业，似乎也是一种"田皮""田面"，但宋代文献中却没有明确的"田皮""田面"之说。这是因为宋代的典业是被政府作为产权登记注册的。典买人承典土地后，按规定要及时办理田税过割手续，作为有产业主登记为纳税户。[①] 在宋人眼里，典业是家庭完全可以支配的财产，无论如何是不能算作田面、田皮的。承典主享有"收租、割税、管业"之权利和义务，拥有"管佃"典业之权，[②] 向国家纳田税而无需向土地所有权拥有者缴纳地租。承典主一旦转典或绝卖，被视为财产交易，要办理田税过割手续；而田面、田底权分离经营模式下的田面主则与之相反，纳地租而不纳田税。两者产生的途径不同：前者是因财产交易一开始就形成的权利，后者则是租佃关系发展到一定阶段形成的权利。日本学者仁井田陞据南宋刘克庄《后村先生大全集》所载汪公礼"卖田骨以葬三丧"一案，认为"如果可以把这看作是后世那种田皮田骨二重所有的田骨，那么就显示当时可能已把相当于底地的田骨与田皮分别处分了"[③]。然而实际上《后村先生大全集》所言田骨是指典权关系下的田骨，其拥有者不缴田税，也没有向承典土地者收租的权力，与田面、田底权关系下的田骨并不等同，田骨拥有者既纳田税，也享有收租的权力：两者有很大的差异，因名称相同，容易混淆。

---

[①]《宋会要辑稿·食货》六一之六二，中华书局1987年版，第5904页。
[②]《清明集》卷五《侄假立叔契昏赖田业》，第146页；卷九《重叠》，第302页。
[③] [日] 仁井田陞：《明清时代的一田两主习惯及其成立》，刘俊文主编：《日本学者研究中国史论著选译》卷8《法律制度》，中华书局1992年版，第411页；刘克庄：《后村先生大全集》卷一九三《书判·都昌县申汪俊达孙汪公礼讼产事》，《四部丛刊》初编，上海书店1989年版，集部第216册，第18页。

典权制度自宋代成熟完备后，土地出典遂成为传统社会日益流行的土地交易方式之一，它促进了土地流通和产权进一步分化，生产经营方式多元化的格局日趋成熟。典权制度在宋以后逐渐发生了一些变化。明代土地典卖后，因黄册十年一造之故，在一段较长的时间内不过割产权，承典主须为出典主负担税粮，于是便产生一田两主关系。[1] 到了明后期，土地出典不需要办理产权交割手续，故典买人无需缴纳田税。[2] 清代因袭明律，典不必向政府缴税。[3] 典权制以此为基础，与田面、田底惯例相结合，进一步促进了土地产权关系的发展。如明代出现了田皮的赔田契，与宋代的典契很相似。又如，清代规定田地出典，逾期不赎，即作为绝卖处置，[4] 也与宋不同。在新的土地产权关系下，土地交易方式借助典权制再一次演奏出五彩缤纷的乐章来。宋以降典权制的变化，有待进一步探讨，然而其对明清时期田底、田面权流行的影响无疑是巨大的。

土地典权制在实施过程中亦产生了一些问题。首先，在土地出典的情况下，土地的价格分成两部分，即田根价和土地出典价。出典主为避免家业的流失，其保留的土地所有处分权——田根，在某一段时间内往往不进入流通领域，即不用于出卖、抵押等，那么便产生不了实际价值，处于价值休眠状态。这一休眠期有时会很长。这一部分原本可以生利的产权因未进入流通领域而不能产生利润，对于小农经济社会下的农户来说，无疑是一个损失。

其次，典权制始终存在一个潜在的被回赎的逆向交易问题，除非承典人获得了该田的田根。日本学者寺田浩明在分析通常的租佃制时指出："非田面田的佃户耕作方式，与其说佃户具有耕作权，不如说

---

[1] ［日］寺田浩明：《田面田底惯例的法律性》；杨一凡：《中国法制史考证》丙编卷4，中国社会科学出版社2003年版，第383—384页。
[2] 杨国桢：《明清土地契约文书研究》（修订版），中国人民大学出版社2009年版，第12、28页。
[3] 龙登高：《地权交易：融通需求与维系产权的取向》，载刘秋根、马德斌主编《中国工商业、金融史的传统与变迁》，河北大学出版社2009年版，第31页。
[4] 杨国桢：《明清土地契约文书研究》，第78—80页，第28页。

## 从佃户到田面主：宋代土地产权形态的演变

存在田主随时可以夺佃的基础结构。"① 笔者以为，宋代典权关系下也存在一旦典期满后出典主随时可以夺典的基础结构。典买人的土地占有使用权只存在于一定承典期内，在所典田到期后，出典人如果没有能力即刻赎回田地的话，可以长期保留回赎权直至失效，期限大约有30年。宋朝早在政权建立之初就规定："应有典赁倚当物业与人，过三十周年，纵有文契保证，不在收赎论索者。凡典当有期限，如过三十年后，亦可归于现主。"② 南宋承袭这一精神，规定"典产契头亡殁，经三十年者，不许受理"③。换言之，典出的土地，如交易人身亡，回赎时限通常在30年左右。在此期间，理论上典买人的典业随时都会因出典人的回赎而物归原主。因此典权关系下有时限的土地使用权在一定程度上影响了使用者对土地开发成本的投入和改造加工的积极性，不利于土地收益率的提高。

复次，由于典与赎实行的是对价原则，出典主赎回田地时，返还的是原典价，土地使用者在土地上付出过的改造加工成本一般不予酬赏。例如天圣八年（1030），坊州百姓马固用6千钱典买到马延顺田，在所典田上添种了300棵树木，后来马延顺赎田时，马固提出因添种树木而要求赎价10千，马延顺不服，两人争讼到官，结果官府裁定"自今后元典地栽木，年满收赎之时，两家商量，要，即交还价直；不要，取便斫伐，业主不得占吝"④。这一裁决无疑是有利于出典人的，这种倾向性的规定也妨碍了承典主对土地的投资改造。

典权制的上述问题，都或多或少地影响了土地经营的效益最大化。与典权制下的承典主相比，田面主拥有的土地使用权完全从土地

---

① ［日］寺田浩明：《田面田底惯例的法律性》，杨一凡：《中国法制史考证》丙编卷4，中国社会科学出版社2003年版，第357页。
② 《宋会要辑稿·食货》六一之五六，第5901页。
③ 《清明集》卷九《妄赎同姓亡殁田业》，第320页。又据同卷《典主如不愿断骨合还业主收赎》，第321页；不过也有不同规定。如同书卷四《吴肃吴镣吴桧互争田产》，第112页及卷九《过二十年版业主死者不得受理》，第313页所载两件案例，涉及的法律规定为20年版期限。除年限外，原交易人存世与否，也是法官考量的重要因素。如同书卷九《孤女赎父田》，第315页一案，因当事一方尚存，故时限虽长达32年，法官仍予受理。
④ 《宋会要辑稿·食货》一之二五，第4814页。

地权中独立出来，可以自由处分，没有使用时间的限制，无后顾之忧，不影响对土地改造的积极性，更能合理配置利用资源。典权与田底、田皮权这两种不同产权形态对社会经济的发展产生不同的影响力，后者更适应小农经济的自由发展趋势，对生产经营者较少羁绊。田底、田面权的普及和发展，对中国传统社会后期土地经营方式的优化起到了更为积极的作用。这种产权形态实际上在宋代已经悄然萌生了。

## 二 宋代佃户的土地租佃权

到了宋代，租佃制的普遍实施达到了前所未有的程度。土地租佃可分两种情况：其一为官田包佃主的土地租佃。包佃主即所谓的"二地主"，他们从官府那里承包了土地的租佃权，再把土地转租给农户耕种。[①] 其二为农户的土地租佃。佃农通过契约形式与地主或官府形成租佃关系，取得使用土地的权利。这两种情况都涉及对土地使用权的占有，宋人谓之"占佃"。[②] 占有权与占有不同，是法律赋予占有人的一种权利。学界把上述占有的租佃权利或称为"占佃权"。[③] "占佃权"实质就是租佃关系下对土地使用权的占有。宋朝政府通过立法手段保护土地私有权。租佃通常分为无期限租佃和有期限租佃（即期限不确定的无年期租佃和期限确定的有年期租佃）。无期限租佃并不等同于永久性租佃，"地主可以随时将耕地收回"，[④] 两者有着明显的差异。换言之，占佃属于无期限租佃，与永佃是有区别的。因土地占有使用而自然连带产生的权利保护问题，是中国古代租佃关系发展到

---

[①] 杨康荪：《宋代官田包佃述论》，《历史研究》1985年第5期；曾琼碧：《宋代租佃官田的"二地主"》，《中国史研究》1987年第2期。关于宋代官田包佃，葛金芳也有系列论文，主要有：《宋代官田包佃特征辨证》，《史学月刊》1988年第5期；《宋代官田包佃性质探微》，《学术月刊》1988年第9期。

[②] 杜大珪：《名臣碑传琬琰集》卷二七《周侍郎沆神道碑》，文海出版社1969年版，第417页。

[③] 漆侠：《中国经济通史·宋代经济卷》，第249页。

[④] 参见[日]仁井田陞《中国法制史》，第229页。

从佃户到田面主：宋代土地产权形态的演变

一定阶段的产物，对社会经济有着重要影响和意义。宋代佃农的土地租佃权究竟怎样？这是本文要加以考察评估的。

### （一）南宋佃农已普遍取得稳固的租佃权

宋代社会已非常普遍地使用契约来确立土地租佃关系。然而由于年代久远，民田租佃契约资料极度缺失，宋代文献资料关于民田中永佃关系的记载也十分匮乏。不少学者转而对传世的南宋学田碑记作了细致的研析，以探讨当时的租佃关系。宋代学田与一般的官田不同，其来源具有多元化特点，有捐献的，有民田没官后划拨的，有学校自己购买的，也有承典来的。学田碑记大都记载了佃户的姓名和应纳租额，有些还详细交代了学田的来源，一笔一笔清清楚楚。刊载的佃户绝大多数应该是上述来源田的原佃户，田租额也应是原来固定下来的。这一特点使得学田碑记反映的租佃关系更多的是在成为学田前的民田产权状况。有学者指出："学田与一般民田相较，就取得、经营层面上的差距不大。"[1] 这反映出这些田在一个较长时段是稳定地交由某一固定的佃户佃种。主佃双方一旦订立了租佃契约，佃户如无欠租不缴等违约行为，田主不能强迫佃户退佃。从石刻学田记看，学田名下登载的佃户应是当时签订契约、直接向县学纳租的承佃人。如果承佃人日后为赚取差额利租，私下转给他人佃种，新租佃人只会与前租佃人发生关系，通常不在学田登记之列。[2] 学田碑记刊载的佃户姓名有相对滞后性，只能记载某一时段的佃户信息。然而学田记对于新置买到的田业，在登记佃户和田租时，为保证能按时收到田租，对于佃户的变更情况，却是要注明的。佃户须重新签署佃契，[3] 将收租人改为新田主。对于佃户来说，如果他已获得稳固的租佃权或永佃权的话，这个手续不会有任何影响，只是田租收益人由甲改为乙而已。下面就宋代的学田作一分析。

---

[1] 李如钧：《官民之争：宋元学田争端初探》，载黄宽重编《基调与变奏：七至二十世纪的中国》，台湾政治大学历史学系2008年版，第153页。
[2] 《宋代石刻文献全编二》，北京图书馆出版社2003年版，第362页。
[3] 《吴学续置田记一》，《宋代石刻文献全编二》，第302页。

南宋吴县《吴学续置田记二》记录了开禧二年（1206）县学典置到的学田，其中一段文字曰：

> 契：开禧二年五月内，用钱贰伯肆拾贯玖伯贰拾文九十九陌，典到黄县尉宅总幹男三上舍妻徐氏妆奁，元典到吴县吴苑乡第拾都李七三登仕并杨朝奉下九官人、本都李价等共叁契，计苗田贰拾贰亩壹角壹拾玖步半，共上租米叁拾柒硕壹升……元典到李价元赎归王宅田。①

吴县县学典到黄县尉宅总幹男三上舍妻徐氏妆奁田，共22亩有余，而徐氏妆奁田也是从他人手中典来的，内有一块田是一个名叫李价的从他人处赎回后典给了徐氏，已经转典了三次。这些田地都不是原典主自己耕种的，而是分别租给三个佃户耕种。《吴学续置田记》于此之下胪列了每块田地的来源及租户的姓名和田租额，云"元典某某田""租户某某""上米若干硕"。这些当是写在原有上手契约内的。据此可知，尽管典买人换了好几个，但租户还是原来的老租户，没有变动。吴县县学在将这部分田产登记入籍的时候，完全予以接纳，承认了这些佃户的租种权。换言之，典买人的更换，并不影响佃户的租种权。或者说，只要佃户不主动退佃，典买人是不可以强制其退佃的。学田碑刻揭示了学田的佃户拥有租佃权。这虽是学田的例子，但也应是当时民田流行的惯例。

我们再看《清明集》所载的一件案例：吴五三父亲将田典与陈税院之父，反过来成为此田的佃户。后吴五三诬赖称已赎回此田而不缴纳田租。陈税院告到官府，结果"吴五三词屈理短，凭鲍十九等求和，自认批约假伪，甘从改，有状入案，即移与缪百六种"②。值得注意的是，佃户吴五三是因自身过错，才"甘从改佃"的。又同书《游成讼游洪父抵当田产》案例载，游成违法佃种已卖之田，法官判

---

① 《吴学续置田记二》，《宋代石刻文献全编二》，第311—312页。
② 《清明集》卷六《伪批诬赖》，第181—182页。

"当厅就勒游成退佃",即责成游成自己提出退佃申请,由田主"别召人耕作"。① 这些案例都表明佃户已拥有稳固的租佃权。如果佃户无拖延不缴地租等过错,地主不能擅自夺佃。即使佃户违约,往往也是通过官府裁决来剥夺其佃种权的。分析南宋的司法案例,可以得出如下结论:正常情况下地主没有抑勒佃户退佃的权力,佃户在选择退佃还是继续持佃方面处于主动地位。南宋的佃农整体上来说已经稳固地获得了租佃权,而稳固的租佃权是迈向永佃权的一个先决条件。

**(二) 民田租佃中已出现永佃权**

前已论及,学田的例子实际上反映的是民田流行的惯例。《吴学续置田记一》载嘉泰四年(1204)吴县县学买到田亩,其中孺教霜字16号田"租户黄四乙,上租米三斗(注:元系金小四租)";武球乡戊字62号田,"租户顾三四,上租米五硕二斗(注:元陈小乙)"②。除此之外登载的都是单一的未变换过的租户。据此可以判断,那些未发生变动的单一租户应是老佃户。那么,"元系金小四租"与现租户黄四乙、"元陈小乙"与现租户顾三四是什么关系?这一学田佃户变更的资料很珍贵,值得我们仔细分析。通常佃户变更不外乎四种情况:一是缺乏劳力或身亡而退佃;二是因违约被剥夺佃种权;三是在田地易主之际的竞佃活动中争佃失败;四是立价有偿转佃,即佃户通过转让佃种权获取对土地投入的补偿。需要指出的是,立价有偿转佃与以获取差额租的转佃方式不同,前者须向学田管理方办理登记手续,而获取差额租的转佃,是以承佃户为主体的交易活动,不涉及学田管理方,转佃后的新佃户将田租缴纳给老佃户,在土地所有权拥有者——吴县县学的田籍上是不变更户名的。此外,如果发生独立于学田主自由转卖租佃权情况时,也不会登记于学田籍上。两浙路的吴县地处太湖流域,是宋代农业经济最为发达的地区,人多地少,土地资源紧张,南宋时这一矛盾加剧。③ 在此情况下,当佃户

---

① 《清明集》卷四《游成讼游洪父抵当田产》,第105页。
② 《吴学续置田记一》,《宋代石刻文献全编二》,第303、304页。
③ 漆侠:《中国经济通史·宋代经济卷》,第80页。

获得租佃权后，自然将其视为养家生存之本，不会轻易退佃和违约。因此更改佃户的背后表明存在着争佃或是有偿转佃租佃权两种可能。究竟是前者还是后者？需作进一步考辨。

我们来看另一例。《无锡县学淳祐癸卯续增养士田记》刊载了淳祐三年（1243）无锡县违法吏人尤梓没官田拨充学田的始末，并记录了这些田亩的佃户姓名及缴纳的田租数额。该《田记》中有关佃户和田租的信息应源于原田主尤梓时期建立起来的租佃关系，在成为无锡县学学田后，根据新的租佃情况进行了登记。其中记载扬名乡有一块四亩三角大的田，交租米"贰硕叁斗柒胜伍合"，并云"佃户朱大二，见佃陆百十"①。从记文看，朱大二应是先前的佃户，后改由陆百十承佃，租米却没有变动。这位朱大二虽然没有承佃这块田，但同一《田记》却记载他承佃了同村另一块一亩大的地。这表明佃户朱大二改为陆百十，既非因缺乏劳力无力佃种，也非其身亡之后而改佃，更不是违约拖欠田租不缴之人，否则无锡县学不可能让一个有不良记录的人继续承佃其他学田。租米未变动，当为朱大二租佃时所定，说明佃户的更换也不是争佃的结果，因为争佃通常会增加租米。②这位陆百十不仅接佃了原先朱大二佃种的地，另外还佃种了同村的另一块"私高田"。上述《田记》所载佃户的更换，笔者推测应是朱大二有偿转佃租佃权的结果。此《田记》还记载有三段田：一段原交租"白粳米陆斗，今减作伍斗"；一段原交租"白粳米壹硕，今□□（减作）捌斗"，一段原交租"白米肆斗"，"今减作叁斗□□□"。这三段田，"佃户并系刘千四，今刘万拾"。根据《田记》，可知这些没官田拨充学田后田租较以前减少了，原先的佃户刘千四也更换为刘万拾。通常在减租的情况下更换佃户，不可能是争佃的结果，因此更换的新佃户刘万拾很有可能是出价买到刘千四的租佃权后新登记的，即立价有偿转佃的结果。

上述《吴学续置田记一》中"元系金小四租"与现租户黄四乙、

---

① 《无锡县学淳祐癸卯续增养士田记》，《宋代石刻文献全编二》，第389页。
② 陈淳：《上傅寺丞论学粮》《北溪大全集》卷四六，文渊阁《四库全书》，第1168册，第869页。

## 从佃户到田面主：宋代土地产权形态的演变

"元陈小乙"与现租户顾三四的关系也应是新、老佃户有偿转佃的关系。《吴学续置田记一》和《无锡县学淳祐癸卯续增养士田记》蕴含了如下信息：当时佃户已经拥有永佃权，所以尽管田地易主，并不妨碍佃户之间转让交接租佃权。县学在接受划拨的没官田，登记佃户和租米时，承认了新佃户黄四乙、顾三四、陆百十和刘万拾购买接续的租佃权，将原先的户名做了更改。传世的学田记中佃户信息绝大多数都是静态的，只有很少的动态记载。买卖租佃权的动态恰好在土地易主为学田之际，借助清理田籍的机会得以反映出来。南宋传世的学田记实质上更多地记录了民田产权状况，因此弥足珍贵，值得重视。

乾道五年（1169）户部侍郎杨倓奏言："江南东路州县有常平、转运司圩田，见今人户出纳租税佃种，遇有退佃，往往私仿民田，擅立价例，用钱交兑。"① 所谓"遇有退佃"云云，是指原佃种官田的人户退佃。他们仿照民田惯例，用合适的价格向其他佃种者转让其佃种权，一次性获得其对土地长期投入的补偿，而不是收取差额租的转佃，这与江西屯田佃户"立价交佃"的性质是一样的。关于江西屯田佃户"立价交佃"，后面将要详述。然而所谓"私仿民田，擅立价例"，从一个侧面折射出民田中也已出现永佃权。不过学者们在分析此条史料的价值时，比较谨慎，认为佃户通过买卖来"移变"占佃权（占有权），没有进一步引申阐述所涉及的"永佃关系"。② 实际上佃户能"移变"其租佃权，是拥有永佃权的体现。《清明集》载有一件案例，说吴亚休将田典给陈税院之父，反过来其子"吴五三同兄弟就佃"，从土地的主人变为陈家的佃户。佃种了十多年后，吴氏兄弟又将出典田地的田根出卖给陈家，同时又与陈家重新签署佃契，租种本属于自己的田地。然吴五三后来起了贪心，诈称已赎回所卖田，结果受到法律惩处。③ 吴氏起先佃种了13年，自断卖田根后，又佃种了

---

① 《宋会要辑稿·食货》一之四四，第4823页。
② 漆侠：《中国经济通史·宋代经济卷》，第251页。
③ 《清明集》卷六《伪批诬赖》，第181页。

20多年，佃种的时间不谓不长，无疑已经取得"公认的永佃权"。①如果不是吴五三起贪占之心，此田地一定还可以佃种下去。这一例子非常典型。由此引起我们进一步思考的是，如果处于后者状况，能否产生田面权呢？即"久佃成业主"后，吴氏将土地自由转佃或转卖给他人。倘若出现了这一局面，那就产生了田底、田面权：陈家拥有土地所有权，吴家拥有独立的处分权和土地使用收益。然而从法官判词来看，"仰陈税院照契管业，从便易佃"，未云吴家转佃、转卖之行为，也没有提到退还质押金之类的财物，故吴家不享有独立的自由处分佃种权。吴氏卖地后仅仅取得了该地的永佃权，而非田皮权，属于一般意义上的租佃关系。

宋元流行的《典买田地契式》载有当时统一使用的买卖契约样式：

> 某里某都姓某。右某有梯已承分晚田若干段，总计几亩零几步，产钱若干贯文。……系某人耕作，每冬交米若干石。今为不济差役重难，情愿召到某人为牙，将上项四至内田段立契尽底出卖（或云"典"）与某里某人宅，当三面言议，断得时值价中统钞若干贯文。②

这一买卖契约样式值得注意的是，内载有耕佃户姓名、每年所纳租米。梁庚尧教授指出，如此约定的目的"可能在于方便新地主和原佃户商讨租佃契约续订的问题"③。这不无道理。南宋高宗时户部法律规定："民户典卖田地，毋得以佃户姓名私为关约，随契分付；得业者亦

---

① 曹树基、刘诗古：《传统中国地权结构及其演变》，上海交通大学出版社2014年版，第56—58页。
② 《新编事文类要启札青钱》外集卷一一《公私必用》，《续修四库全书》，上海古籍出版社2002年版，第1221册，第301页。［日］周藤吉之：《〈新编事文类要启札青钱〉の成立年代とその中の契约证书との关系》，氏著《唐宋社会经济史研究》，东京大学出版会1965年版，第922—929页；陈高华：《元代土地典卖的过程和文契》，《中国史研究》1988年第4期。
③ 梁庚尧：《南宋的农村经济》，第141页。

## 从佃户到田面主：宋代土地产权形态的演变

毋得勒令耕佃。如违，许越诉，比附因有利债负虚立人力雇契敕科罪。"① 这一法条宗旨在于保护佃户的自主权，对佃户人身依附关系客观上起着削弱的作用。既然法律规定不允许典卖田地者在契约内将佃户私相转让，那应如何看待上述契约入载佃户这一现象？如果从户部法精神出发，换个角度从佃户的视角看，与其说是方便新地主和原佃户续订契约，倒不如说这正是佃户对土地租佃权的占有在土地易主之际的一种反映。佃户的租佃权已成为典卖契约订立时不可忽视的内容，"是占佃权的体现"。② 换言之，在土地主人移换之际，佃户拥有可以继续租佃的权利。至元十九年（1282），元御史台有一奏章载：

> 峡州路判官史择善呈：本路管下民户，辄敢将佃客计其口数，立契或典或卖，不立年分，与买卖驱口无异。间有略畏公法者，将些小荒远田地夹带佃户典卖，称是"随田佃客"，公行立契外，另行私立文约。如柳逢吉、段伯通争典佃户黄康义之讼，其事系亡宋时分，只今约三十余年……③

其中提到典卖佃客者，假借"随田佃客"的名义，私立文约，行非法买卖之实，从一个侧面佐证了前述《典买田地契式》注有耕佃户姓名乃流行的惯例，可以表明南宋佃户已拥有稳固的租佃权。我们再看永佃制流行的明代，买卖契约中也有佃户入契的。宣德三年（1428）休宁县汪六千的卖田白契，内有"佃人程庆、上租叁祖半"文字。④ 因此，我们不妨把佃户入契约看作是佃户租佃权的反映。傅衣凌先生曾引用魏泰《东轩笔录》所载例子来论证北宋"新田主可

---

① 《建炎以来系年要录》卷一六四，上海古籍出版社1992年版，》；第3册，第307页。
② 陈智超：《宋代地主的剥削形态及其经营方式》，《陈智超自选集》，安徽大学出版社2003年版，第374页。
③ 陈高华等点校：《元典章》卷五七《刑部·禁主户典卖佃户老小》，中华书局、天津古籍出版社2011年版，第1888页。
④ 张传玺主编：《中国历代契约会编考释》上册，北京大学出版社1995年版，第756页。

任意换佃，而旧田主在时则许农民有永耕此田的权利"①。然而从宋元流行的《典买田地契式》并结合前面所举的例证，可以说至迟到南宋后期，新田主已不可任意换佃，这不能不说是一种历史的进步。

值得指出的是，从宋元时期流行的佃契书式看，②其中并没有关于租佃期限的约定。这能否说明宋代佃户尚未获得稳固的租佃权，其佃种权随时会被剥夺？答案是否定的。其实租佃契约不约定佃期，是当时流行的惯例，不仅宋代如此，即使是明清时期的租佃契约，除了永佃契约外通常也是不定佃期的。例如明弘治十三年（1500）《祁门县胡成租田地约》，其中只有每年缴纳"田租谷四称零拾触"的约定，而无租期的限定。又如隆庆三年（1569）《祁门县毕伴当租山地约》、崇祯五年（1632）《徽州余廷桂佃田契》等契约也都没有佃期规定。③再如明清时期流行的各种佃田契约格式样本也没有租期的约定。④因此佃契无租佃期限的约定并不能证明佃户没有稳固的租佃权。

如上所述，宋代民田中已出现永佃关系。但从传世的《清明集》所载案例看，尚未出现类似明代流行的田面、田底惯例；在《新编事文类要启札青钱》《事林广记》等宋元流行的日用类书中，也看不到类似于明清时期流行的代表各种不同产权形态的繁杂缤纷的契约样本。有学者指出："从法律社会学的角度来讲，各种契式在被不断翻印出版的不同日用类书中均占据不小篇幅的事实，本身就从一个侧面表明，订立契约的习惯当时在民间相当盛行，契约在百姓日常生活中扮演着重要的角色。"⑤宋元流行的日用类书中，有关田面、田底买卖契约样本的缺位，正是宋元时期还未广泛流行田面、田底权的有力佐证。

---

① 傅衣凌：《明清农村社会经济》，《傅衣凌著作集》，第48页注释部分。
② 《新编事文类要启札青钱》外集卷一一《公私备用·当何田地约式》，《续修四库全书》，第1221册，第302页。
③ 张传玺：《中国历代契约粹编·明代契约》，北京大学出版社2014年版，第922、926、932页。
④ 杨国桢：《明清土地契约文书研究》，第29—33页；《永安县冯兆周承佃文约》（清康熙三十九年［1700］），张传玺：《中国历代契约粹编·清代契约》，第1713页。
⑤ 尤陈俊：《法律知识的文字传播：明清日用类书与社会日常生活》，上海人民出版社2013年版，第75页。

❖ 从佃户到田面主：宋代土地产权形态的演变 ❖

以上分析了宋代佃户的租佃权，尽管佃户已经拥有稳固的租佃权，但我们尚不能就此认为佃户已经普遍取得了永佃权。还应看到，新田主不可任意换佃，但并不排除其以招标竞佃的方式选择出租高的佃户来承佃。在涉及大面积官田包佃时，有势力的包佃主争佃、掺佃、划佃现象时有发生。南宋吴县《吴学粮田籍记二》载庆元二年（1196）朱仁与韩蕲王府干人争佃，争佃田达2400亩。[①] 华亭县《华亭县学田碑》载理宗嘉熙元年（1237）李安国与许赞争佃，数量达259亩。[②] 宁宗时陈淳有一份关于学田的奏札，其中提到有人增租三百石以掺佃，[③] 可知掺佃的田亩数量巨大。争佃现象往往发生在学田新置之际。例如淳熙十一年（1184）广州学田拨到一批没官田，内有没自陈绍祖的3顷39亩田，李鄂请佃；没自陈宋英的65亩田，罗徐请佃。[④] 这两人就是在田地没收归广州学田、田地易主之际要求承佃的。两人请佃那么多田，显然是有势力的包佃主，然后他们再把田转佃给他人。再从社会上的租佃情况看，民田中还存在扑佃现象，即用租额竞标的方式获得土地租佃权。[⑤] 宋代划佃是用来对付输租违期或已佃而逃亡的系官佃户。[⑥] 早在北宋末的宣和元年（1119），徽宗就曾下诏允许学田划佃。[⑦] 总之，学田中的争佃、掺佃、划佃，与民田中的扑佃，对于宋代佃户争取稳定的租佃权而言，无疑是非常不利的。这在社会经济发展不平衡的时代是正常的。

## 三 宋代官田租佃关系下的产权形态及其变化

衡量一种经营方式先进与否，主要看其是否能合理利用社会资

---

[①] 《吴学粮田籍记二》，《宋代石刻文献全编二》，第285页。
[②] 《华亭县学田碑》，《宋代石刻文献全编二》，第361页。
[③] 陈淳：《北溪大全集》卷四六《上傅寺丞论学粮》，文渊阁《四库全书》，第1168册，第870页。
[④] 《广州赡学田记》，《宋代石刻文献全编三》，第721页。
[⑤] 《清明集》卷四《漕司送许德裕等争田事》，第117页。
[⑥] 葛金芳：《宋代官田包佃作用评议》，《江汉论坛》1989年第7期。
[⑦] 《宋会要辑稿·食货》六一之六三，第5905页。

源，达到最佳配置，以取得最大经济效益，其中一项重要标志就是劳动者的人身依附关系减弱，能与生产资料自由结合。宋代以降普遍发展起来的永佃权和田底、田面权分离的态势，对于乡村生产经营者和劳动者来说羁绊较少，更能激发和调动土地产权权能所属各方的积极性，促进土地流通，最大限度地配置和利用资源，提升经济发展的内在动力，适应小农经济的自由经营趋势，更有利于生产发展的产权形态。

**（一）官田中永佃权的形成**

所谓永佃权，是一种可继承的永久性的租佃权，即使是地主的更替，也"并不会影响到佃户的权利"①。一般而言，永佃权以租佃权为基础，在租佃权稳固发展的基础上逐渐产生。杨国桢先生指出明清时期的永佃关系有三个共同特点：一是地租剥削量相对稳定，这是和定额租剥削形态相联系的；二是佃农具有经营土地的自主权；三是佃农社会关系的提高和人身依附关系的解除。② 其中第二点，佃农具有经营土地的自主权，可以说是永佃权成立的标志，其他两条也可以说是永佃权产生的基本条件。以下围绕这三个特点，试就宋代官田土地产权形态的发展做一分析。

进入宋代以后，佃农的身份普遍有了提高，③ 永佃权首先在部分官田中出现。《文献通考》载曰：

> （北宋徽宗政和元年）知吉州徐常奏："诸路惟江西乃有屯田，非边地，其所立租，则比税苗特重，所以祖宗时，许民间用为永业。如有移变，虽名立价交佃，其实便如典卖己物。其有得以为业者，于中悉为居室、坟墓，既不可例以夺卖，又其交佃岁久，甲乙相传，皆随价得佃。今若令见业者买之，则是一业而两

---

① 仁井田陞：《中国法制史》，第227—228页。
② 杨国桢：《明清土地契约文书研究》，第76—77页。
③ 曾琼碧：《宋代佃耕官田的农民及其地位》；邓广铭、徐规等：《宋史研究论文集》，浙江人民出版社1987年版，第64—81页。

## 从佃户到田面主：宋代土地产权形态的演变

输直，亦为不可……"于是都省乞下江西核实，如屯田纽利多于二税，即住卖之；为税田而税多租少，即鬻之。他路仿此。①

史载徽宗采纳了这一建议。这是学者们用以论述宋代官田出现永佃权的重要依据。所谓"虽名立价交佃，其实便如典卖己物"，就是老佃户明码标价，将佃种权转让给新佃户承佃。只要有人能满足原佃户出的价，便可获得佃种权。许多佃户就是以这种方式获得佃种权的。是以徐常不赞成令现承佃者出钱买下屯田，认为这将会造成现佃户重复出钱。所言"立价交佃"之"价"，当指佃户改良土地付出的成本，是佃农长期对土地投入的价值体现。② 不少引用此条史料的学者，对于后半段文字内容多未加注意。从徐常奏言得知，江西屯田收的是田租，租额高于田税，性质属官田。有司建议，把地卖为民田，以解当时财政之困。但从长远看，如果卖为民田，政府只能征收田税，收入将会减少。国家以田主自居，把地租给百姓佃种，收的是田租；如卖为民田，百姓即为田主，国家征收的是田税。江西屯田因非边境地区，所立租比两税重，国家因此得利更多，故特许百姓"用为永业"。这一政策给佃户创造了一个稳定的租佃环境。江西的屯田，自"祖宗时"就"许民间用为永业"，日久天长，租佃关系遂演变成永佃关系。不过尽管佃户交易如同"典卖己物"，然这类田的所有权最终属性仍为官田而非民田。老佃户"立价交佃"，只是一次性获得其对土地投入的补偿，并不以赚取差额利润租为目的，不是收取差额租的转佃。"立价交佃"后，新、老佃户要办理移变户名手续，新承佃户要在官府登记成为纳租佃户，老佃户即与土地和新承佃户不再发生关系。这种交易方式我们可以距宋不远的元代例子来诠释。《元典章》载大德五年（1301）一条针对江西行省的规定：

据佃种官田人户欲转行兑佃与人，需要具兑佃情由，赴本处

---

① 《文献通考》卷七《田赋考》，中华书局2011年版，第178页。
② 朱瑞熙：《宋代社会研究》，中州书画社1983年版，第71页。

> 官司陈告，勘当别无违碍，开写是何名色官田顷亩、合纳官租，明白附薄，许立私约兑佃，随即过割，承佃人依数纳租，违者断罪。①

官府允许佃户"私约兑佃"，是承认佃户永佃权的。但为防止不过割租课，转佃人必须向官府陈告，以便对后一承佃户进行登记。宋代江西屯田中这种"立价交佃"的方式到元代时仍然存在。

所谓"交佃"，是前一佃户向后一佃户移交佃种权。虽然在交佃过程中，佃户起了主动作用，但主体权在官府，交易显示的是以官府土地所有权为中心的更换佃户的活动而已，佃户扮演的只是从属的角色。尽管实际上已经萌生了"田面权"的意识，即要求承认佃户长期占有耕作的权利，包括对土地改良加工的投入。这种转佃与田面主转佃（赚取差额利润租）、转卖土地的区别在于：后者完全是以田面主为主体，与土地权所有者不发生任何关系的自由交易。"立价交佃"反映的是永佃权开始向田面权过渡的状况。

另外还须注意的是，上述徐常的建议被宋政府采纳，遂下令各地根据实际情况，"如屯田纽利多于二税，即住卖之，为税田而税多租少，即鬻之"。即在税多租少的情况下，将屯田直接变卖为民田，收取苗税（田税）。这样一来，佃户就取得了土地完整的所有权，成为土地的主人，原先发生在官田中的永佃制以及田底、田面权惯例就有可能在民田中衍生开来。尤其是那些原先承佃大量土地的包佃主，他们动辄包佃数百亩乃至上千亩土地，然后分佃给佃户耕种。当他们买下官田成为土地的新主人后，由于先前居间投机的本色特征，很容易满足于既有的租佃和田租收益现状，与承佃的佃户较易形成稳定的永佃关系。这种状态对于民田永佃权的流行及田底、田面权的分离将起到进一步的推动作用。宋代包佃主对于永佃权的形成和发展所起的作用，以及官田私田化过程中永佃权的发育问题，② 值得我们深入探讨。

---

① 《元典章》卷一九《户部·转佃官田》，第673页。
② 葛金芳：《关于北宋官田私田化政策的若干问题》，《历史研究》1982年第3期。

### （二）南宋官田中田底、田面权的衍生

南宋时，定额地租较以往更为流行，特别是在南宋政权统治的核心地区，定额租已经占主导地位，[①] 这为田底、田面权的产生提供了必要条件。关于宋代官田中田底、田面权的衍生，我们先看南宋前期江西的屯田佃种发展状态，陆九渊有过如下评述：

> 岁月浸久，民又相与贸易，谓之资陪，厥价与税田相若，著令亦许其承佃，明有资陪之文，使之立契字，输牙税，盖无异于税田。……历时既多，展转贸易，佃此田者，不复有当时给佃之人，目今无非资陪入户，租课之输，逋负绝少。……今有屯田者，无非良农，入户有资陪之价，著令有资陪之文，立契有牙税之输。[②]

比起前述北宋的屯田，南宋江西屯田中的永佃关系和产权形态有了进一步发展，出现了法律允许的输纳牙税的"资陪"现象，这是一种公开的买卖行为。牙税是一种交易税，宋代转佃土地无须缴纳，而买卖则要支付。这表明官田的所有权关系已形成田底、田面权分离状态。佃户已经获得田面权，可以自由买卖其佃种的土地。关于江西屯田户"资陪"，《清明集》有一件范应铃撰写的诉讼判词可以作解释：

> 今有周春执出契要……作黄仁元赎回黄义方资陪与阿廖屯田，号数虽同，似可影占，而其伪有四：周春契内五号系是屯田，黄义方嘉定五年已卖与丁乙秀，次年投印分明，无缘其后再

---

[①] 梁太济：《两宋阶级关系的若干问题》，河北大学出版社1998年版，第155页；漆侠：《宋代学田制中封建租佃关系的发展》，《社会科学战线》1979年第3期；方健：《关于宋代江南农业生产力发展水平的若干问题研究》，载范金民主编《江南社会经济研究·宋元卷》，中国农业出版社2006年版，第518页。

[②] 《陆九渊集》卷八《书·与苏宰二》，中华书局1980年版，第114—115页。

将此田卖与阿廖,此其一也。今人置田,或纳屯、职,或纳苗税,交易之始,便立户名,阿廖所置黄义方田,既无入纳,又不顿户,不审黄仁凭何收赎,此其二也。……仍申使、州照会。①

此判词为范应铃嘉定十六年(1223)前后任江南西路抚州崇仁县知县时所作。②案例所反映的土地产权经营状态可以接续解读前述江西屯田的买卖问题,有三点值得我们注意:一是关于"资陪"。法官用"资陪"一词,必定有其特定涵义。从整件判词看,所谓"资陪"实质是一种买卖行为。在整部《清明集》中,涉及土地买卖时用"资陪"的只此一例,因此"资陪"应是特指屯田类官田佃种权的买卖而言的。其所言"作黄仁元赎回黄义方资陪与阿廖屯田",是说黄仁元依据宋代的亲邻法赎回了被黄义方资陪给阿廖的屯田。③换言之,屯田虽然名义上为官田,却是可以自由买卖的,且有买卖契约,"投印分明",得到官府认可。二是当时买卖的土地有屯田、职田、民田之分,无论哪一种田地,买置者须立户名,缴纳的租税相应地区分为纳屯、纳职、纳苗税。显然屯田缴纳的租与民田所纳的苗税是有区别的。三是屯田虽为官田,但因佃户长期租佃,俨然成了"田主",他们可将所佃的屯田自由转卖给他人耕种。范应铃的判词虽对争讼的周春多所驳斥,判其作伪,但这些用来作伪的方式正是当时社会流行的做法,是现实社会的反映。据此案例,可知屯田户享有自由处分其所佃屯田的权利。须强调的是,不管屯田如何买来卖去,其自由交易的只能是土地的占有使用权,在政府的田籍上其国家所有权的属性并没有变。从土地经营方式来看,至迟南宋前期,江西的屯田户中无疑已经出现了可以独立经营处分土地使用收益权的田面主。

关于陆九渊所言官田佃户"立价交佃""资陪"行为是属于转佃

---

① 《清明集》卷四《胡楠周春互争黄义方起立周通直田产》,第113页。
② 《江西通志》卷一五《抚州府》所载,隶属于抚州崇仁县;文渊阁《四库全书》,第513册,第501页;《宋史》卷四一〇《范应铃传》言范应铃曾任崇仁县知县。中华书局1977年版,第12344页;又据范应铃判词内容,得知判词作于嘉定十六年。
③ 《清明集》卷九《取赎·亲邻之法》载胡颖判词,第308—309页。

◈◈ 从佃户到田面主：宋代土地产权形态的演变 ◈◈

还是买卖，日本学者高桥芳郎和草野靖有不同看法。高桥氏认为是以田地为买卖对象，以田价为基础的交易行为，不应将此放到佃权产生及一田两主制萌芽的趋势中去理解；草野氏则认为是酬价转佃行为，资陪是承佃的酬价，不是典卖租田的价格。① 令两人争论不休的症结其实在于这类官田的特殊性，两人混淆了不同性质的"立价交佃"与"资陪"。佃户从"立价交佃"到"资陪"是一个演进的过程，前者追求的是对土地投入的补偿权利，是永佃权向田面权过渡阶段出现的现象；后者是自由买卖，是将土地部分所有权让渡的权利行为。宋代官田产权形态的整个发展变化过程具有两重属性：土地所有权的官田属性与土地使用收益权买卖的私属性。如果用单一的非此即彼的思维模式很难做出合理的解释。"立价交佃"和"资陪"体现了特殊历史背景下的多重权利关系。正如学者所言，"前资本主义社会里没有唯一的所有权，一块土地上往往涵盖着多种权利。这种混合所有权现象在世界各地并不少见"②。上述史料中无论是徐常还是陆九渊，都未提到买卖屯田要过割田税。宋代法律规定，土地买卖要办理过割田税手续，"应人户典卖田产，依法合推割税赋"③。"诸县置税租割受簿，遇有割受，即时当官注之。"④ 田税不同于作为交易税的牙税，当业主向他人出卖土地后，须将土地所有权产权标志——田税缴纳义务过割给承买者。如果不过割田税，那买卖的并非是完整的土地所有权。这一事实表明屯田佃户之间自由买卖的只是田面权，完整的土地所有权仍属官府所有。

杨国桢指出，农民因长期守耕，获得永佃权，在此基础上"以各种形式私相授受"，既成事实逐渐被地主公开接受，最终产生了"一田二主"，佃户拥有田面权，成为田面主。⑤ 与此观点相同，曹树基

---

① ［日］高桥芳郎：《宋代官田的"立价交佃"和"一田两主制"》，载刘俊文主编《日本中青年学者论中国史》（宋元明清卷），上海古籍出版社1995年版，第56—61页。
② 侯建新：《中世纪英格兰农民的土地产权》，《历史研究》2013年第4期。
③ 《宋会要辑稿·食货》一〇之一五，第4984页。
④ 《庆元条法事类》卷四七《税租簿·赋役令》，黑龙江人民出版社2002年版，第635页。
⑤ 杨国桢：《明清土地契约文书研究》，第77页。

等将"由于长期使用,习惯形成田面权"作为田面权产生的途径之一。① 宋代政府为稳定财源,增加租税收入,降低管理成本,将田永久出佃与百姓耕种。江西的屯田佃户从能"立价交佃",发展到"资陪"交易,自主处分其所佃田,是朝廷实施特殊政策的结果。这是官民之间长期利益共存达成的一种默契,百姓得田以为生,政府得租以治国,两相为安,互不干扰。佃户正是在这种特殊的环境下,长期占有土地使用权,久而久之,逐渐可以独立自主地处分佃种的土地,衍生出田面权,佃户遂成为田面主。

除了长期佃耕原因外,宋代官田田面权的衍生还由其他因素促成。学界认为佃户对田皮的处置权来自于他们在长期的土地占有过程中对土地的改良加工,② 多施肥料,从而使得产出增加。柴荣在论述明清时期"田皮权"属性时指出:"这种长期的占有和耕作正是田皮业主(或佃户)享有用益物权的法理基础所在。"③ 这一论断同样也适合宋朝官田田面权。在人口增长的压力下,土地佃种者积极向大自然开发和索要良田,一些生地、贫瘠的山地,经佃种者的精耕细作和辛勤付出,成为一方沃土。土地所有权拥有者如果不承认土地开垦过程中劳动者付出的成本,无疑将会影响佃种者的积极性,阻碍生产的发展,佃种者对土地使用权的占有保护问题自然会凸显出来。《吴学粮田籍记二》记载吴县县学于淳熙五年由官府拨给的"茭荡,内有积水田八百余亩,未及围裹外,实有2400亩",原系韩蕲王府幹人郁明占佃,后官府判为县学所有,租给佃户佃种。④ 所谓"茭荡",是由湖水泥沙淤积而形成的次生地,经过改造开垦成为熟田,可以种植粮食。佃户在改造、佃种这些荡田的过程中,自然付出许多劳动力,如果日后交佃,照理可以获得一笔酬价——开垦成本费;在获得田面权而自由买卖时,就形成陆九渊和范应铃所言的"资陪"现象。

---

① 曹树基、刘诗古:《传统中国地权结构及其演变》,第75页。
② 杨国桢:《明清土地契约文书研究》,第79页。
③ 柴荣:《明清时期"田皮权"属性法理研究——以民法用益物权为解释工具》,《北京师范大学学报》2014年第5期。
④ 《吴学粮田籍记二》,《宋代石刻文献全编二》,第288页。

## 从佃户到田面主：宋代土地产权形态的演变

宋代官田中出现永佃权的现象并不局限于江西地区，其他地区也存在。史称："宛、穰地广沃，国初募民垦田，得为世业，令人毋辄诉，盖百年矣。好讼者稍以易佃法摇之，（蒲）卣一切禁止。有持献于权贵而降中旨给赐者，卣言：'地盈千顷，户且数百，传子至孙久，一旦改隶，众将不安，先朝明诏具在，不可易也。'"[①] 宛、穰地处京西南、北路，也是在北宋初募民垦田，民得为世业。蒲卣是在徽宗崇宁时上奏的，最后朝廷采纳了其建议。又如南宋光宗时，淮西地区"富民大家及归正人经官请佃，广作四至，包占在户，岁月既久，遂为永业"[②]。上述例子表明租佃官田的佃户有着较为特殊的有利条件，可以永久地佃种，久而久之，发展到自由处分自己的佃权，这是永佃权和田底、田面权得以较早在官田产生的重要原因。

淳熙十年（1183），两浙西路的严州分水县县令王自中言：

> 今两淮、荆襄、西蜀三边之地，田之在官者往往散而为民田，民田正数之外包占尚多，朝廷务宽边民，终不致诘。臣请言之：曰营田，曰力田，曰屯田，曰官庄，曰荒田，曰逃绝户田，此边田之在官者也；曰元请佃田，曰承佃田，曰买佃田，曰自陈、续陈田，此边田之在民也。[③]

王自中所言"边田之在民"是指百姓佃种的官田，共有四种类型，从其分类来看，"元请佃田"应是最初的土地租佃者所佃之田。[④] 既然列出"元请佃田"，那么相应的"承佃田"当是从"元请佃田"主转佃而来的；而"买佃田"，系佃户从他人手里买到的租佃田。它与转佃的承佃田并列，两者的区别是显而易见的。这一史料也清晰表

---

① 《宋史》卷三五三《蒲卣传》，第11154页。
② 蔡戡：《定斋集》卷三《奏议论屯田利害状》；文渊阁《四库全书》，第1157册，第597页。
③ 魏了翁：《鹤山先生大全文集》卷七六《宋故籍田令知信州王公墓志铭》；《四部丛刊》初编，集部，第206册，第11页。
④ 陈淳《北溪大全集》卷46《E寺论学粮》；文渊阁《四库全书》，第1168册，第869页。

明官田中除了存在转佃关系外，还出现了土地使用权——田皮的买卖现象。这是田底、田面权在官田中得到进一步发展的反映。

## 结　语

如果说从唐代贱民部曲到宋代良民佃户的身份演变，反映了中古以来身份制的消灭和社会政治的进步，[①]那么佃户到田面主的身份再演变，显示的则是土地产权关系多元化发展和社会的又一大进步。佃户对土地使用权的稳固占有和使用，再到永久使用，进而发展到自由处置，形成田面、田底权的分离，这是宋代社会土地产权形态演变的历史进程。宋代日趋成熟的典权关系下田根与典业的分离，为土地流通，合理配置、利用土地资源开辟了新的途径，促进了地权的进一步分化。典权制度的完善和发展为后来田底、田面权的流行提供了条件。永佃权和田底、田面权首先产生在宋代官田经营方式中，超越了民田产权分化的正常发展速度，究其原因乃是朝廷实施特殊政策的结果。政府为稳定财源、增加租税收入、降低管理成本，把土地永久性地租给佃户，使之成为佃户的永业，久而久之，佃户取得了官田的永佃权。之后佃户对土地不断进行加工改造，促进土地效益的提高。经过长期发展，官府与佃户之间形成一种默契，佃户对土地使用权的处置权能逐渐增大，可以"立价交佃"，进而"资陪"交易，从永佃逐渐过渡到可以自由转卖。北宋时官田佃户的永佃权事实上已经形成。到南宋，独立的田面权在官田中也已清晰地出现。在经济发达地区的学田租佃关系中至迟南宋时也已经产生了永佃权。在民田方面，宋代佃农已经拥有稳固的租佃权，但永佃权尚处于发育成长阶段，只在局部地区出现。这与明清时期流行的产权形态尚不能同日而语。

从一般的租佃制到永佃制，再到田底、田面权的形成，是一个长期发展过程。租佃权稳固下来后，佃户按时缴纳地租，主佃之间形成

---

① 宫崎市定：《从部曲走向佃户》，刘俊文：《日本学者研究中国史论著选译》卷5《五代宋元》，中华书局，1993年版，第1—71页。

良好的契约关系。当佃户缴纳一定的质押金，田主在解除了田租收取的后顾之忧后，接下来即可放手让佃户自由经营土地。佃户对土地使用权的长期稳固占有，在经济利益驱动下，势必导致脱离地主束缚的自主经营。随着官田的民田化，原先在官田中流行的产权关系逐渐在民田中蔓延开来。

北宋和南宋在产权关系发展程度上存在着差异，宋代地区之间经济发展也很不平衡。在经济相对落后的川峡地区，农民对地主的人身依附关系还较强，分成租和劳役地租也很有市场。这些都或多或少地影响了土地产权关系的发展。然而不管怎么说，宋代土地产权多元化的发育成长具有重要的历史意义，产权权能的分离可以使资源配置和利用更加合理，从而激发权能所属各方的经营和生产积极性，提升经济发展的内在动力，为此后土地产权关系的进一步演化开了先河。到了明清时期，田底田面惯例普遍流行开来，"一田二主制经营方式的发展突破了封建土地所有制原有的格局，以一种全新的所有制形式出现于中国封建社会后期"[1]，对中国传统社会后期乡村经济的发展产生了深远影响。

原载《中国社会科学》2017年第3期

---

[1] 李文治、江太新：《中国地主制经济论——封建土地关系发展与变化》，中国社会科学出版社2005年版，第441页。

# 典田的性质与权益

## ——基于清代与宋代的比较研究

### 龙登高 温方方 邱永志

同一种类型的典权交易,为什么在宋代不被许可而在清代被广为接受?同样,清人的很多认识与解释,置于宋代规定之下则说不通。在典契形制、典税及赋税过割等方面,为什么清朝与宋朝的规定大异其趣?是规则的不同,还是认识的差异,甚或是不同性质的典权?此类现象与当今学界关于典权的争论是否相关?

作为体现中国传统土地产权特色的交易形态,[①] 典权引发学者的浓厚兴趣,研究成果甚多,争论也不少。[②] 但很少涉及上述问题,或从这一视角去考察。由于对不同时期的规则差异不加区分,对典权交易规则的演变过程缺乏比较研究,造成对典权性质与特征的把握时有混乱不清、陷入认识误区或引发争议的现象存在。这实质上牵涉对典权本质的认识,如果将宋代和清代的不同情形加以比较,或许会豁然开朗。尽管目前的研究还不足以展现宋元明清近千年演变的完整历史脉络与阶段性差异,然而典作为唐末五代开始成形的一项地权交易新形式,[③] 其形态的发育、社会的认识、规则的成熟必然经历了一个演

---

① 曹树基将典与田面权视为中国传统地权中两个核心概念,参见氏著《传统中国乡村地权变动的一般理论》,《学术月刊》2012 年第 12 期。
② 经济史学界主要探讨典权的经济逻辑与功能,而法制史学界对典的习俗、惯例及其法理内涵的探究较为深入,成果之多无从备列。
③ 韩啸:《唐末五代典权法律制度之探讨》,《河南财经政法大学学报》2013 年第 1 期。

进过程。本文在原始契约（特别是"清华藏契约"①）与司法档案的基础上，对宋代与清代进行经济史视野的比较（元代与明代也有所涉及），发现典权交易规则与表现形态处于动态变化中，传统社会对典权特征的认识也在变化，从而进一步把握典权的实质，并澄清一些认识误区。具体研究思路如下：

宋代处于典权发育之初，其表现相对简单因此使人易于把握典之本原，但派生的权益可能还不太清晰；清代派生权益逐渐显性化，但其复杂多样的形态与表现可能掩盖或令人曲解典之本原，形成其他认识误区。纵贯比较则可能摆脱断代研究的认识局限，既抓住其本原特征，又在此基础上对派生权益条分缕析，从而进一步强化对典权及其收益的理解。

## 一　典田的租佃关系：地租与利息之辨

田地典权交易，就是通过转让约定期限内全部的实际土地控制权、交易权与收益支配权获取贷款，以每年全部土地收益偿付利息，期满可以回赎。② 典田的租佃是一项重要的土地权利，但在宋代和清代，承典人对租佃的处置权利有所不同，其间的差异反映了对典权认识的变化。

### （一）宋代的"典需离业"及对典内租佃关系的限制

"典需离业"，③ 即在约定期限内田地转由承典人耕管，这是宋代典交易的基本规则，简单明晰地表达了典权的实质，已有成果不少，无需赘述。对出典人而言，这一规定明确其必须转让田地经营权与全部收益；但对承典人而言，其权益并没有被明确规定。譬如，承典人

---

① 清华大学图书馆藏民间契约文书44000份，多为土地交易契约，本文简称"清华藏契约"。
② 龙登高、林展、彭波：《典与清代地权交易体系》，《中国社会科学》2013年第5期。
③ 李如钧：《从〈名公书判清明集〉看宋代田宅典卖中的"典"》，宋代官箴研读会编：《宋代社会与法律》，东大图书公司2001年版，第305—324页。

能否出租土地,特别是能否将土地租佃给出典人。

宋代已存在出典自佃的现象。吴朝兴、吴复(五三)兄弟,"其父吴亚休以田五亩三角一十步,典与陈税院之父,涉岁深远。吴五三同兄弟就佃,递年还租无欠"。后来吴氏兄弟"复同共立契,将上项田根于嘉定八年并卖与陈税院之父,印契分明,吴朝兴等复立租劄佃种,亦二十余年矣。契内之兄弟商议,卖故父亚休所典之田,领钱尤分晓。父典于其先,子卖于其后"①。显然,同一块田地,陈税院无论是典入还是买入,都拥有出租权力,并且其对象可以是出典人身份的吴氏,也可以是原田主(出卖人);由典而卖,双方由典约改为租约。典与卖程序的差别在于对所有权凭证"田根"的处理,宋代出典人仍保留田根或田骨。②

这反映了典田的权利。既然土地权益已然全部转让,那么承典人就能够自由支配,将土地出租给任何人,包括原来的出典人。但从出典人的角度来看,如果他出典田地又自己租回耕管,那么从形式上就违背了"典田离业"的规定。因此宋朝对此加以禁止,"应交易田宅,并要离业,虽割零典买亦不得自佃赁"③。这一规定意味着承典人不能将土地再租佃给出典人,实际上是对承典人出租土地权利的剥夺——而这与典田的本质是相矛盾的。出典自佃这一交易形式,是承典人而不是出典人在行使其权利,当然是双方协商的结果,也可能是出典人提出来的要求,但本质上是承典人转让土地使用权的权利。

虽然典内的租佃关系在宋代受到严格限制,但民间自有其变通之道。徐子政于嘉定八年(1215)用会子280千,典入杨衍田地7亩余。同时另立租约,业主(出典人)杨衍再向钱主(承典人)徐子政租佃该地,每年支付会子30千,不另外给徐地租。从表象上看,

---

① 叶岩峰:《伪批诬赖》,《名公书判清明集》卷六《户婚门·争田业》,中华书局1987年版,第181—182页。

② 戴建国:《宋代的民田典卖与"一田两主制"》,《历史研究》2011年第6期。不过要注意的是,宋代的田骨或田根,并非明清时期的田底权(尽管一些地区亦称田骨或田根)。宋代田骨只是保留在政府档案中的所有权凭证,在约定让渡期限内不能获得土地收益权,而明清田底权则可获得地租。

③ 《宋刑统》卷四,法律出版社1999年版,第104页。

## 典田的性质与权益

钱主徐子政未曾管业，似乎不符合典的规定，出典人杨衍父子仍佃耕田业并供输赋税，于是被认为"杨衍当来不过将此田抵当于子政处，子政不过每岁利于增息而已"。县令于是判定："今既不曾受税，不曾管业，所以不曾收谷。其为抵当而非正典明矣。"[1] 今人牛杰也认为是抵当，郑定、柴荣亦认为租约是"假约"。[2] 宋代县令的判决与今人的解读，按照宋朝的"规定"可以解释，但与典的本质却不相符。下文对清代的相关论述将对此作出说明。

土地经营由出典人转向承典人（"管业"），是宋代"离业典田"的要求，未来土地收益也由承典人获得（"收谷"），与之相配套，向政府缴纳田税，也转由承典人来负担（"受税"，详后）。管业、收谷、受税，这三个典田出让的表征，县令认为没有发生，因此不属于典田交易，倒是符合抵当交易的条件。

抵当与典的区别：其一是交易之时是否伴随田地（物业）转移，与"典需离业"相反，"抵当不交业"，也就是土地仍然由原田主支配，自然也就不存在未来回赎的环节。其二，如果借款人失去偿还能力，抵当将以产权割来结束交易，而典则仍然保留出典人的回赎权力，交易可以自动延续。也就是说，抵当将伴随土地产权的最终转移，未来不存在回赎的可能性，因此宋朝从经济伦理上不予鼓励，被称为"倚当"。典则规避了产权最终转移的风险，保护了弱势群体，与道德取向和政策取向相一致，因此被称为"正典"。此外，二者的区别还在于，抵当是短期贷款，通常按月计利；而典则跨期多年，可达一二十年，甚至更长。另一个区别则为交易是否发生利息，抵当必然有利息，典则通常没有，因为其贷款利息已由每年的全部土地收益所涵盖或替代。那么，这里的每年支付会子30千是否属于利息呢？

细绎之，这里实际上发生了两次关联交易——典和租，租非虚约，也不是欺诈，而是合乎交易规则的运用。首先是典田。此约典价280千，钱主（承典人）在约定期限内享有土地物权，其中包括将土

---

[1] 吴恕斋：《抵当不交业》，《名公书判清明集》卷六《户婚门·抵当》，第167页。
[2] 牛杰：《论宋代契约关系和契约法》，《中州学刊》2006年第2期；郑定、柴荣：《两宋土地交易中的若干法律问题》，《江海学刊》2002年第6期。

地使用权出租的权力。然后是租田。钱主将土地出租，只不过是租给了出典人而已，每年获得货币地租30千。此交易由"典"与"佃"两种交易关系所构成，而不属于"抵押"系列。

典权交易的利息，应该相当于土地全部收益，而不仅仅是地租。如果按通常的地租率50%计，年总收益是地租的两倍，其利息应该是地租的两倍，即60千。显然，30千是地租而不是贷款利息。也就是说，承典人在这笔交易中获得的总收益远远不只是30千，如果他自己耕种的话，就是全部的土地控制权与土地年产出。如果是抵当交易，钱主对土地是没有控制权的。

由于与自身的利益息息相关，宋人对典、租和抵的把握与灵活运用，往往超过了上面那位县令的水平。交易者的需求千差万别，多种方式与融资手段有助于他们实现各自的偏好与需求。在这里，出典方业主需要以土地获得借贷，又希望获得土地的经营与劳动收益，同时还要力求保住其所有权。承典方钱主希望通过放贷获取资本利息，通过土地控制权来获得担保和利息实现，但并不希望自己耕种土地。典之离业，即土地实际控制权由出典方让渡给承典方，其中也包括了自由出租土地的权利；至于承典人出租土地的对象，也可包括此时的名义所有者出典人。通过典、租两种交易方式的交叉运用，钱主徐子政以典田出租的形式收获地租；而业主保留所有权并以承租的土地使用权获取收益。在这种意义上，规避所有权交割的风险，寻求双方利益最大化的自由选择，是典产生的内在动因，也是地权交易形式不断多样化的动因。这种交叉运用，到清代就演化为合法的典规则了。

事实上，宋政府有时也不自觉地认可了这种出典自佃行为，尤其是在没有造成纠纷的时候。政和年间，今陕西一带，原业户（田主）出典土地外出，返回后或赎回土地，或向现业户（承典人）租佃该地。[①] 承典人成为此时的"现业户"，原田主则同时又是"佃户"。由于宋代典权仍在发展初期，政府的严格规定限制了民间运用和发展典权交易，但人们会千方百计绕过制度障碍，交叉运用不同交易形式，

---

① 《宋会要辑稿·兵》二一之三一，中华书局1957年版影印本，第7140页。

趋利避害，满足各自的需求。

### （二）典田出租类型与收益分析：清代"收租抵息"辨析

清代承典人常常不是自己耕种土地，而是将其出租，典契常约定允许承典人自由"招佃耕作，收租纳课"①。许多典田原本就存在租佃关系，典交易通常维持原有佃户不变，因此被恰当地称为"管佃"。康熙五十年（1711）福建许而远的田地以7两5钱出典何家，"其田听徙何家前去会佃管业收租，理纳钱粮"②。这里承典人管业的形式表现为接管租佃关系。事实上宋代就已存在，③元代可能已出现普遍的趋势，其"典买田地契式"的内容，就是针对已存租佃关系的典或卖：田主有块已经出租的田地，"系某人耕作，每冬交米若干石"。"从立契后，仰本主一任前去给佃管业。"典契注明"约限几年（或三冬）备元钞取赎，如未有钞取赎，依元管佃"④。当然，管业改佃，另佃他人，也未尝不可。清代台湾的一则典契具有代表性："对佃付银主前去掌管。招佃耕种，收成纳课，或原佃，或起耕，听从其便。"⑤承典人银主对田地的使用权可以自由支配。

典田还可以租佃给出典方本人，对出典方而言就是所谓"出典自佃""佃种出典之地"，这在清代相当常见。在已整理的乾隆刑科题本中，选录了39则典交易案例，⑥其中出典自佃有21例，约占53.8%。这一现象如此普遍，以致人们可能没有意识到发生了或者需要两次交易环节，而是把它看作典的一种类型；政府亦予完全认可，不会视之为不合规则，或像宋代那样将它与抵当相关联而视为不正当

---

① 林真编：《台湾私法物权编》第86"永退耕田厝地契字"，同治五年（1866）十一月，台湾大通书局1987年版，第305页。该书以下简称《物权》。
② 福建师范大学历史系编：《明清福建经济契约文书选辑》，人民出版社1997年版，第16页。
③ 翁浩堂：《重叠》，《名公书判清明集》卷九《户婚门·违法交易》，第302页。
④ 《新编事文类要启札青钱》外集卷一一《公私必用·典卖田地契式》，国家图书馆藏元泰定元年（1324）重刻本，第741—742页。
⑤ 林真编：《物权》第24"典契字"，道光二十四年（1844）十二月，第792页。
⑥ 中国第一历史档案馆、中国社会科学院历史研究所编：《乾隆刑科题本租佃关系史料之二：清代土地占有关系与佃农抗租斗争》下册，中华书局1982年版，第207—302页。

交易。道光年间山西的典契简明约定"此地地主租种"即达成这种交易：

> 立典地土文契人辛炳光，因为使用不便，今将自己南头领上地一段十八堆，情愿立契典与王安邦名下管业耕种，同中言明典价钱十千文，土木石水相连，通行出路荒熟一并在内，随步脚粮钱一百五十文，一典三年为满，查下许赎，恐口无凭，立典契永远为证。此地地主租种，每年租麦七斗。
>
> 道光十七年七月初一日　立典契人　辛炳光　同中人　杨作梅①

既是承典人"管业耕种"，又由"地主租种"，显然是典田双方之间的租佃关系。其实出典自佃具有内在的经济逻辑与合理性。出典人通常是贫困无告的借贷者，如果没有土地耕种报酬，那么一家生计很可能无法维持，遑论偿还贷款。正如山西静乐县一名出典自佃者所说："往年租种这地，还能过活。如今没了这地，就难度日，秋后如何还能取赎？"②但出典人再从钱主那里租回田地，则能够以土地耕种维持生计，钱主也获得地租，双方均有所保障。而且，清代土地产出增加，租佃关系更为发达，因此清代放贷人多将典田出租，其中多数是租佃给出典方本人。因为就放贷者而言，清代专门化的经营机构有所增加，如外地商铺及钱庄等，往往脱离了土地经营。③它们与今天的银行等金融机构相似，并不以获取土地产权与耕种为取向，而是希望通过典田获取贷款收益。因此将典田直接出租给债务人即出典方，不必另外寻找佃农，信息搜索成本、谈判成本及违约惩罚成本都

---

① 清华藏契约，"立典地土文契人辛炳光"，道光十七年七月，编号 T2119。
② 《乾隆刑科题本租佃关系史料之二：清代土地占有关系与佃农抗租斗争》第76条，"山西静乐县民孙勤佃种出典之地"，乾隆十九年（1754），第236页。
③ 《乾隆刑科题本租佃关系史料之二：清代土地占有关系与佃农抗租斗争》第47条，"江西武宁县商人舒兼德逼买债户舒云会田地让其佃种纳租"，乾隆十九年（1754），第151—153页。

可以最小化，还可以降低风险。可见，出典自佃的方式对双方都是有利的，是减少交易成本与降低风险的理性选择。

有趣的是，宋代不允许承典人与出典人之间发生租佃关系，意味着典权所包含的使用权受到限制；清代典田出租如此普遍，反而导向另一个误区。由于承典人出租典田，每年的利息表面上体现为地租，所谓"银不计利，田不计租"，或"收租抵利"之类，[①] 非常普遍，这不是地租与利息之间的交易吗？于是有学者将"租息相抵"视为典的核心规则。[②] 从表象上看似乎如此，但如果我们回到宋代的"典需离业"的规则，也就是说如果承典人不出租田地，而是自己耕种，那他所获得的不就是全部收益了吗？这就是问题之所在，试细绎之。设：

田主出典人应该支付的资金年利息为 P
银主承典人获得的田地年总收益为 Y
佃农耕种土地获得劳动与经营收入为 M
承典人出租土地获得投资收益地租为 R

当银主承典人自己耕种与经营田地时，资金年利息 P 等于田地年总收益 Y，即 P = Y。

这在宋代是很清楚的，因为田地发生了转让，由承典人耕种，宋代通常不能由出典人继续耕种；但当银主自己不耕种、行使其典主权利出租土地时，每年全部土地收益就变为由银主与佃农分享，劳动与经营所得归佃农（M），银主坐获地租（R）。表面上看 P = R，但这是承典人仅获得地租 R 所造成的错觉，实际上那是因为承典人出让了土地耕种权利及其收获物的缘故。很明显，这里：

(a) P = Y = M + R

如果按通常的地租率50%计，土地收益的一半将作为地租缴纳，

---

[①] 刘志伟：《张声和家族文书》，华南研究出版社1999年版，第122页；林真编：《物权》第25"尽起耕典契字"，光绪十二年（1886）十一月，第794页。

[②] 吴向红：《典之风俗与典之法律》，法律出版社2009年版，第264—313页。

则：M = R。那么，

(b) P = Y = 2R

前引宋代事例中，地租是 30 千，而利息应为 60 千。

如果租佃此田地者是出典人，则 M 由出典人获得，向承典人缴纳地租 R。如果承典人收回土地使用权，不出租而是自己经营，那么他所获得的就是全部的土地经营收益 Y。可见，资本利息所交换的，并非只是地租，即 P≠R。

其实，典的本质并没有改变。宋代"离业典田"，也就是清代通常所说的承典人"管业"，即接管农庄控制土地经营。而这种管业，在租佃关系之上则称之为"管佃"，即掌管佃户及其对土地的经营，并与佃户分享土地全部收益 Y，分别获得 R 和 M。由此可见：

1. 根据宋代"典需离业"规定，可以清晰地理解典田是出让了约定期限内全部土地权利及其总产出 Y；但宋人还不太理解的是，Y 可以分解为 M + R，而承典人转让 M 是其应有的权利。或者说，当典田发生租佃关系时，其全部收益分解为经营收益与投资收益，佃农获得经营收益，银主承典人获得纯投资收益。

台湾曹待时、曹进宗的祖父典过两处田园，因田园抛荒欠收欠债，乏银应用，甘愿以典价佛银 820 大圆转典罗奇英。"任从转典主自备工本招佃开辟成业收租，纳租抵利，时不敢异言阻挡生端滋事。倘日后价增百倍，亦是转典主之鸿福，时不敢异言赎回之理。"[①] 这 820 大圆是罗奇英的一笔大投资，用于招募佃农、改良土壤。其投资收益是未来的地租，可能"价增百倍"，也可能像典主曹氏一样欠收，这就是投资风险。所谓"纳租抵利"，仅表明银主是一种投资行为，以典田中的一部分权利——田地使用权去投资，并不是以其全部权利去投资所获得的收益。约定期内全部权利的转让，是下文要谈及的转典，即获得贷款本金。

2. 承典人出租田地，但仍拥有土地经营控制权与处置权。事实上，对承典人而言，M 可视为机会成本，当他自己经营土地时，就不

---

① 林真编：《物权》第 43 "起耕转典田园字"，光绪二十三年十一月，第 822—823 页。

能去从事其他活动而获取另外的收益了。银主承典人可以从农庄经营中脱离出来，从事其他经营活动而获利，如工商业。实际上，清代的放贷者，不少是外来的商人，甚至是专门的放贷人与放贷机构。

3. 再进一步来说，当佃农获得土地使用权建立自己的家庭独立经营农庄时，其全部收益通常超过地租的 2 倍，因为佃农还拥有家庭农庄的剩余控制权与剩余索取权所带来的额外收益，还有风险溢价收益等。[①] 所以，在通常情况下，佃农所得大于或等于地租，即 $M \geqslant R$，从而，典权贷款的利息，通常大于或等于地租的 2 倍：

（c） $P = Y = R + M \geqslant 2R$

### （三）承典人的权利与收益细分

承典人的权利与收益包括如下相关的三个部分：

1. 以其土地经营权建立个体家庭农庄，获得全部土地收益，可称之为经营收益。

2. 将其中的土地使用权出租，获取投资收益，即未来的地租。

3. 行使典田的担保物权功能，通过转典或抵押获得现金，即未来收益的变现，或跨期调剂。

这第三项权利，也是第一项权利派生或细分出来的。既然承典人所获得的是土地全部的控制与经营权，那么，当他需要现金时，就可以将未来收益变现，通过转典或抵押等渠道来实现，这相当于担保物权，从而以典权实现跨期调剂。土地使用权则不具备转典、抵押等权利。第三项权利，在宋代即已被认可，[②] 清代更为普遍，而且衍生出多次转典（详后）。必须强调的是，即使承典人将典田出租后，仍具有转典的权益。通常发生转典或抵押后，佃农可以继续耕种土地不变。清代"租息相抵"的误区，忽视了承典人的这一重要权益。

借用现代物权的概念，出典人从"自物权"中释放出来的可以独立支配的财产权利"他物权"，包括出租、抵押与典当等权利，可见

---

[①] 龙登高、彭波：《近世佃农的经营性质与收益比较》，《经济研究》2010 年第 1 期。
[②] 范西堂：《曾沂诉陈增取典田未尽价钱》，《名公书判清明集》卷四《户婚门·争业上》，第 104 页。

127

典权包括但不限于使用权。有人把典权等同为一种使用权，就在于忽视了使用权是不具备抵押与典当功能的。

从典权的发育过程及其性质来看，典田所释放的使用权交易，在宋代相对有限，至清代则比较充分。因为土地收益可以分享，土地权利可以分割。在"出典自佃"这种类型中，田主保留所有权（自物权）又租回使用权；相应的，银主即承典人则获得他物权，并释放其中的使用权而获得地租。拥有自物权（所有权）的田主，通过典交易在约定时限内释放的他物权，由承典人控制，不仅包括使用权在内的用益物权，还包括担保物权，可以之转典或抵押。

在这里，自物权分离出他物权，他物权分离出使用权，三者既各自独立，而又相互关联，分享各层面或各时段的土地产权与收益。当他物权被析出，自物权还剩下什么呢？仍具备相应的权利，如出卖。山东商河县例具有普遍性，"乡间典当田房，没满年限，只要向原典主说明，就算不得朦混"，原地主即可转卖。① 典当关系依旧延续。至典当期满时，可由新田主（买主）从原承典人那里赎回。② 出于对典权的尊重，也为了减少交易方过多可能引发的麻烦，当田主出卖所有权时，典主拥有"先买权"。③

租佃（包括押租）是使用权的交易，买卖（绝卖与活卖）是所有权的交易，典是介乎二者之间的土地权利的交易，但既不是使用权也不是所有权的交易，可称之为限定性物权（他物权）的交易。典权以其独立的形态进入土地市场，促进了土地权利分层及其交易，推动了丰富多样的地权交易体系的发展。

---

① 《乾隆刑科题本租佃关系史料之二：清代土地占有关系与佃农抗租斗争》第96条，"山东商河县乡例：年版限未满的典当田房向田主说明即可转卖"，乾隆四十六年（1781），第285页。

② 《乾隆刑科题本租佃关系史料之二：清代土地占有关系与佃农抗租斗争》第65条，"河南淇县韩一元赎回典地另行出卖"，乾隆二年（1737），第207—209页。

③ 《乾隆刑科题本租佃关系史料之二：清代土地占有关系与佃农抗租斗争》第69条，"湖南衡山县文非群将田种九石五斗典卖与生员地主"，乾隆十一年（1746），第219—222页。

## 二　田税与交易税的变化

宋代"典需离业"的规定，有相配套的强制性环节：契约双方需赴官办理相关手续，包括纳交易税即契税；需办理交割过户，转由承典人缴纳赋税，完成出典人"离业"的程序。清代则大不一样。

### （一）是否过割田税与物业

宋代规定田地典当，像买卖一样，需要随同田地的转让办理田税与赋役交割，转由承典人缴纳田税，所谓"推割税赋"，在这一点上与卖没有区别。"在法：诸典卖田宅必须离业，又诸典卖田宅，收税者，即当官推割，开收税租。必依此法，而后为典卖之正。"① 典与卖一样都必须推割税赋与物业，典在回赎之时重归原位，"如系典业，即候他日收赎之日，却令归并"②。手续繁复，如绍兴十五年（1145）规定"人户典卖田宅，准条具账开析顷亩、田色间架、元业租、色役钱数，均平取推，收状入案，当日于簿内对注开收讫，方许印契"③。元代"典买田地契式"中典与卖的契式一体，"所有上手朱契，一并缴连赴官印押。前件产钱仰就某户下，改割供输，应当差发，共约如前，凭此为用。谨契"④。

尽管过户纳税，但在政府档案中出典方仍保留田骨或田根，从而保留了土地所有权的最终控制，由此区分了典与卖两种交易。宋代规定由承典人供输税物，但如果承典人逃离土地或逃避税赋，仍将由原田主来供输。⑤ 这使田主即出典人承担了连带责任与最终的义务，也表明由承典人供输税物，风险却由出典人来承担，既不合理，也不易

---

① 吴恕斋：《抵当不交业》，《名公书判清明集》卷六《户婚门·抵当》，第167页。
② 《宋会要辑稿·食货》七〇之七三，第6406页。
③ 《宋会要辑稿·食货》六一之六四，第5905页；《宋会要辑稿·食货》六一之五六，第5901页。
④ 《新编事文类要启札青钱》外集卷一一《公私必用·典卖田地契式》，第742页。
⑤ 《宋会要辑稿·食货》六一之五七，第5902页。

操作。如果典期较长，典田过割赋税具有一定的合理性。然而，典的时限，通常以三五年居多。明清福建地权交易数据库①中136份有期限的典契，平均时限为5.7年，可以视为较长时间的回赎期（保留存世的典契通常回赎期限较长，短期者难以存世）。近世赣南一带的典权"取赎期限，自一年至三年为度，三年以上者绝少（亦有不定期限者）"②。典卖交易之后，赋税交割与物力推排通常可能滞后，假如第二年办理过税，第三年又要归并，显然是不切实际的，徒增纷扰。两三年后土地要赎回，这种交易何必经由政府、徒增麻烦呢？只要交易具有足够的信用，民间都会设法规避政府的税收敛取与管制。此外，清代一再转典、添典及加找的现象颇为常见，如果每一次都要经由官府办理交割，频繁推割过税，交易结束原业主回赎时又赴官办理归并，不仅手续繁复，而且容易引发多方交易者之间的混乱。

清代的规定更符合实际和民间需求，通常不需要过割田税，更不需要推割过户，只有当由典而卖时才要求办理。③ 各地的典契基本都是如此，也有的"另外又立有留粮字据，订明留粮十年或二十年"，在此期间，"卖主仍可主张回赎"，此留粮据等同于允赎据。其实，由哪一方缴纳田税并非紧要，交易双方可以协商而定。江西乐安"出典之田，粮归原业主抑（或）归承典人完纳，以立约时批明为准"④，关键是产权凭证的归属与最终控制权。但卖约一般都会以一定的形式明确过割赋税，清华藏明清契约多是如此。⑤

---

① 福建师范大学历史系编：《明清福建经济契约文书选辑》。
② 前南京国民政府司法行政部编：《民事习惯调查报告录（上）》1930年版，中国政法大学出版社2000年版，第246页。以下简称《民事习惯》。
③ 《钦定户部则例》卷一〇，同治十三年校刊，第12页；《盛京时报》宣统元年八月二十日，转引自南满洲铁道株式会社调查课：《满洲ノ旧惯调查报告书》后篇《典ノ惯习》，株式会社秀英社印刷大正二年（非卖品），附录第13页。以下简称《典ノ惯习》。
④ 前南京国民政府司法行政部编：《民事习惯》，第205、257页。
⑤ 如嘉靖二十四年（1545）"桥北厢住人杨恭今立卖地文契为用"注明"随地认到秋粮叁斗，不问远近随仓送纳"。万历四十七年（1619）"王才里住人陶时今立卖地文契"注明"忍（认）到夏秋粮伍升伴照契开纳"。顺治七年（1650）"立卖契人张永赓"明确："其地钱粮照亩办纳"，其后单独注明"计开随带钱粮伍斗四升二合五勺"（满文印章）。雍正八年"立卖约人芦成县"注明"其地钱粮照册过拨"（满文印章）。（清华藏契约，以上均未编号）

### (二) 是否交纳典税

与一般商品相比，田地交易金额较大，政府不会轻易放过征税敛财的机会。宋代典与卖的交易手续基本相同，典田交易也必须向官府投印，申请契约文本，纳交易税。太祖开宝二年（969）"始收民印契钱，令民典卖田宅，输钱印契税"[1]。此时契税按2%征收，到北宋中叶增至4%，继而达6%；南宋孝宗时涨到了10%。[2] 但典的回赎等特征使之容易规避政府管制与纳税，"富家大室，典卖田宅，多不以时税契。有司欲为过割，无由稽察"，于是诏令"应民间交易，并先次令过割，而后税契。……自陈令本县取索砧基赤契，并以三色官簿，系是夏税簿、秋苗簿、物力簿。如不先经过割，即不许人户投税"[3]。规定严格，手续繁复。元代亦然，"凡有典卖田宅，依例令亲邻、牙保人等，立契画字成交，赴务投税"。政府的这些规定，主要是出于征税的目的。民间设法规避，包括以抵押之名行典当之实，因为民间借贷与抵押贷款无需纳税。元代"多有典卖田宅之家，为恐出纳税钱，买主卖主通行捏合，不肯依例写契，止有借钱为名，却将房院质押。如此朦胧书写，往往争讼到官"[4]。可能正是因为典需纳税，宋代官方文书称之为"正典"，与"卖"同称为"正行交易"；而抵当（即抵押，通常是高利贷）容易使弱势农民失去土地所有权，因此被贬称为"倚当"。[5] 倚者，偏也，歪也。

针对民间避税行为，宋政府软硬兼施。如报契时限一再宽限延长，北宋从一个月延长到两个月，以至一百天，南宋初更延长至半年。[6] 如果不在期限内投税，则加倍征收，谓之"陪税"，即倍税，

---

[1] 《文献通考》卷一九《征榷考六》，中华书局2011年版，第187页。
[2] 金亮、杨大春：《浅析我国古代契税法律制度》，《江西社会科学》2004年第11期。
[3] 《宋会要辑稿·食货》三五之一六，第5416页。
[4] 《大元圣政国朝典章》户部卷五《田宅·典卖九》，中国广播电视出版社1998年版，第49页。
[5] 《名公书判清明集》卷六《户婚门·抵当》，第170页；《宋会要辑稿·食货》三七之一二，第5454页。
[6] 李心传：《建炎以来系年版要录》卷一〇三，上海古籍出版社1992年版，第1683页。

并加重处罚至田宅没官。① 百姓为避免逾期交陪税，干脆以白契进行交易，"不将契书诣官"，不向官府投印请契。② 针对民间白契私自交易，南宋时又开征"白契税钱"。③

典的后续或相关交易（包括添典、转典、由典而卖、回赎）环节，其手续与征税也就因其相关性而更为复杂。所谓添典，就是增加典钱，这个增量必须缴税；由典而卖时，价格随之增加，也得再次缴税。④ 容易被忽视但值得注意的是，回赎环节可能也需要缴税，南宋政府收入曾有一类"业主某人赎原典田宅价钱若干"⑤，就表明了这一点。出典与回赎两个环节构成一次典交易，却需要两次缴税！既然出典要经由官府，回赎自然也必须赴官办理，回赎缴税也就合乎逻辑，亦在"情理"之中。据此，转典也得收税，因为转典可以说是另外的一次典交易。虽然我们没有找到宋代的明文规定，但清末宣统典税改制就是如此，"遇有转典，应另行照章投税"⑥。政府为了征税，真是无孔不入，而罔顾民间不胜其扰。

事实上，典之契税，出典乃至回赎都要经官过割的烦琐手续，与典的交易特征相抵触。由于三五年后办理回赎，物归原主，民间完全不必经过官府。而官府为了确保税收，政令繁复，征收成本很高。元承宋制，明代大概仍是如此。⑦ 这种情况在清代有了改变。清初本来沿袭明律，也是要缴纳典税的，⑧ 雍正十三年明令取消：

---

① 高楠：《宋代民间财产纠纷与诉讼问题研究》，云南大学出版社2009年版，第44—46页。
② 《宋会要辑稿·食货》六一之五八，第5903页。
③ 魏天安：《宋代的契税》，《中州学刊》2009年第3期。
④ 《宋会要辑稿·食货》六一之五九，第5904页。
⑤ 谢深甫：《庆元条法事类》卷三〇《经总制·提点刑狱司申起发收支总制钱物帐》，黑龙江人民出版社2002年版，第459页。
⑥ 《盛京时报》宣统元年八月二十日，转引自《典ノ惯习》，附录第13页。
⑦ 卞利：《明清典当和借贷法律规范的调整与乡村社会的稳定》，《中国农史》2005年第4期。
⑧ 《大明律集解附例》（简称《大明律》）卷五《户律一·田宅·典买田宅》，怀效锋点校，法律出版社1999年版，第55页；《大清律例》卷九《户律·田宅》，张荣铮等点校，天津古籍出版社1993年版，第211页。

◆❖◆ 典田的性质与权益 ◆❖◆

> 活契典业，乃民间一时借贷银钱，原不在买卖纳税之例。嗣后听其自便，不必投契用印、收取税银。①

这两句话揭示了典的债权交易特性，与普通的借钱、土地抵押贷款、押租等交易没有实质的区别，而这些交易历来都是没有所谓交易税的。乾隆二十四年（1759）户部定例："凡民间活契典当房产，一概免其纳税。"此例于二十六年入律。三十五年户部又议定细则："嗣后旗人、民人典当田房，契载年分，统以三五年以至十年为率，仍遵旧例，概免税契。"② 这一方面是康雍乾时期的惠民举措，另一方面也说明，典交易的本质特征尤其是典与卖的区别得到了充分认识。

乾隆颁发典田免税之令，但地方政府有意无意加以拖延怠慢，因为这是地方政府可观的收入来源。福建各州府就是如此，以致乾隆二十四年巡抚曾严令督促：

> 盖缘吏役人等无不偷闲自逸，是以颁发告示，名虽实贴，半多沉匿，并不张挂，以致小民无由共晓。今此活契典业不须投税之例，尤非税契书吏所乐闻，必致有心抽匿，使圣泽弗能下逮。是以特行刊刷通颁，并即谆谆檄饬。③

并专门制定了细致入微的具体措施。福建严令督促地方官员张挂告示，可见典田免税，乾隆时是在全国实际推行的。现存清代各地典契，确乎很少有契税之载。

典田免缴契税，清代实行到何时，尚不清楚，可能在大部分地区持续到光绪末年。宣统元年（1909）整顿田房税契之前，"其未满20

---

① 昆冈：《大清会典事例》卷二四七《户部·杂赋·禁例》，新文丰出版股份有限公司1978年版，第8365页；《大明律集解附例》卷五《户律一·田宅·典买田宅》，第56页。
② 马建石、杨育裳校注：《大清律例通考校注》卷九《户律·田宅》，中国政法大学出版社1992年版，第437页。
③ 孔昭明：《福建省例·田宅例·典业免税》，台湾大通书局1987年版，第441页。

133

年之典契，向不收税"。但此时新税制有了改变，宣统元年全国统一为典价1两一律收税6分。① 多数省份的新税制实际较低，此次都趁机上调，如吉林、直隶等地。② 清末财政危机之下，税收征敛无孔不入，甚至转典也要收税。

与一般交易相比，田地典卖的交易额为数不小，税额甚为可观。例如1911年文桂清立典契，典价为钱2600吊，奉天凤凰厅按价银1两税6分，完纳典税共计17两3钱2分8厘。③ 这一交易规模与典税的数目应具有代表性。这种税收，一半上交中央，一半地方留用，因此对中央与地方都有很强的激励作用。地方政府对税收是不会轻易放过的，估计清后期一些地方也已收取契税。台湾县同治三年五月的一则"执照"显示，业户刘夸于同治二年典过黄埔田一年，受种三分，典契价银66两，该税银1两9钱8分。④ 这里的契税正是3%，为田地买卖税之半。

尽管清朝大部分时期免除了典之契税，但政府仍颁发标准典契，"契纸发各纸铺，听民间买用"⑤，不必到县衙去购买。典契大多加盖私章或指印即可，很少经官认证并交税。民国时期各地习俗的调查印证了这一点。如江苏砀山县习俗"凡典当不动产，经中说合，只立私约，无投税另立官契者"，民国继宣统之后"曾有典税新章，但相沿既久，仍难奉行"⑥，因为清末之前无典税，不需赴官办理，民间都习以为常。但未经官印的白契，在官司纠纷中法律效力较低；而经官盖印的赤契，则具有较强的法律效力，因此加盖官印的赤契亦可见到。⑦ 申领官颁典契，需要支付工本费。如福州府"奉部设立典田官

---

① 《盛京时报》宣统元年八月二十日，转引自《典ノ惯习》，附录第13页；《典ノ惯习》，附录第10页。
② 宣统元年《吉林官报》第26期，转引自《典ノ惯习》，附录第14—15页；《政治官报》第620号，转引自《典ノ惯习》，附录第11—12页。
③ 《典ノ惯习》，附录第15—16页。
④ 林真：《物权》第30"执照"，同治三年五月初八日，第802—803页。
⑤ ［日］滨下武志、［日］岸本美绪等：《东洋文化研究所藏中国土地文书目录·解说（上）》，东京大学东洋文化研究所1983年版，第63页。
⑥ 前南京国民政府司法行政部：《民事习惯》，第213页。
⑦ 清华馆藏山西典契，已整理近2000份，其中宣统元年以前的赤契有61份。

契",官颁典契格式最后注明"每契乙纸卖钱伍文,解司以为油工纸张之费,毋得多取,苦累小民"①。清末奉天每契工本银为6钱。②

综上所述,较之宋代,清代的典田交易更为自由和简便,长期不征收交易税,任由民间自愿进行,也不用过割田税。乾隆中期,经过一段时间的讨论与试点,政府认可民间的典当契约形制,宋代"合同"形制的契约再也没有在全国范围内全面恢复。宋代赴官办理合同典契,与过割田税和物业,征纳交易税,都是相辅相成和配套的。合同典契由官府备留一份,是为了征税之便。清代不需要纳交易税,官府备留合同典契也就多此一举。

清代的规定也更符合典权交易的特征。典的回赎特征,使这项交易具有回避官府管制与征税的便利。既然约定期限(如三五年)之后是要物归原主的,那么百姓必然设法规避政府的烦冗手续而自行交易,如果像宋代一样征纳交易税,那么为应对民间的规避行为就得采取相应的措施,其征收成本必然居高不下,田税与物业过割的规定也因此徒增烦扰;后续相关典田交易(包括添典、转典、由典而卖、回赎)环节的手续也将更为复杂。

这些变化,反映出清代民间典权交易更趋自由、对典的实质把握也更趋到位。宋代赴官办理交易税与田税交割,清末征收典交易税,在官府而言有其税收利益驱动,但对交易双方却造成诸多不便,而且限制了再交易,如出租、转典等。

## 三 典契形制:从"合同"到单契的变化

与上述差异相应,宋代与清代的典契形制也大异其趣。宋代典当契约为"合同"形制,而清代普遍行用单契。契约形制变化的表象背后,反映了不同时代对典交易的认识差异,这一问题少有研究涉

---

① 福建师范大学历史系:《明清福建经济契约文书选辑》,第1—2页。
② 《盛京时报》宣统元年八月二十日,转引自《典ノ慣习》,附录第13页。

及,[1]更没有成果揭示这种变化的动因。以下试作分析。

### (一)"合契同约"源出典之回赎特征

典的突出特征是约定期限后原价回赎,因此宋代采取"合契同约"的形制,双方各执关联凭证,回赎时像虎符一样能耦合起来,类似于现代契约的"骑缝"印章。[2]宋太祖时规定:"典田宅者,皆为合同契,钱、业主各取其一。此天下所通行,常人所共晓。"[3]一直沿用至南宋。为了遏制交易纠纷,北宋真宗乾兴元年(1022)甚至官颁四联单。[4]宋朝还规定出典方业主与承典方钱主必须一同赴官,请买合同正契,详填交易金额与约定期限,当场办理手续。[5]元承南宋,亦就典交易作了规定:"质典交易,除集合给据外,须要写立合同文契贰纸,各各画字,赴务投税。典主收执正契,业主收执合同。虽年深,凭契收赎。庶革侥幸争讼之弊。"[6]

为了日后回赎时交易双方能"合契同约"而采取的这种契约格式,反映了典的交易特征。因为承典人不具备所有权处置的权利,合约期满后必须原价原物"完璧归赵",与卖有着本质的不同。明清时期通常不再严格要求这种复杂的契约格式,明代陈继儒《尺牍双鱼》所引当时契约通用格式中,"当田契""当屋契"均为单契。[7]但各地房宅典当的"合同"仍不时可见。如明万历三十三年徽州祁门县《洪嘉永典入殿屋合同》,就写明"立此合同二纸,各收一纸为照"[8]。

---

[1] 俞江:《"契约"与"合同"之辨——以清代契约文书为出发点》,《中国社会科学》2003年第6期。

[2] 张传玺:《契约史买地券研究》,中华书局2008年版,第40—53页。

[3] 《宋会要辑稿·食货》六一相关内容;莆阳:《典卖园屋既无契据难以取赎》,《名公书判清明集》卷五《户婚门·争业下》,第149页。

[4] 《宋会要辑稿·食货》六一之五七,第5902页;《宋会要辑稿·食货》六一之六四,第5905页。

[5] 《宋会要辑稿·食货》六一之六四,第5905页。

[6] 《大元通制条格》卷一六《田令·典卖田产事例》,郭成伟点校,法律出版社2000年版,第206页。

[7] 陈继儒:《尺牍双鱼》,转引自张传玺《中国历代契约会编考释》(下),北京大学出版社1995年版,第1029—1030页。

[8] 张传玺:《中国历代契约会编考释》(下),第1026页。

晚清民国时的各地习惯，仍偶可见之。①

合同形制的典契何时不再成为严格规定的通行格式已难考证，但这一格式变化反映问题却耐人寻味。乾隆时期地方和中央的探索与讨论提供了难得的试验过程。乾隆二十五年福建巡抚试图恢复合同契，曾一度谕示颁行上下契耦合的"对契"格式：

> 现颁上下合同契式，将出售田地亩数，坐落地方、粮额、租额、价银、年限，逐一开清。如系典产，即写立合同上下典契，同时一手书写，中见人等当场画押，中间骑缝处大书"合同上下典契"字样，对半分开，典主执上契，原主执下契，各执一纸为据，以便于回赎时原主执下契向典主取赎，收回上契。

与宋代规定几乎相同，具体契式相类，② 只不过可能将"左右合同"契改为"合同上下"契。

然而，这一合同典契式在民间却无人理会，乾隆四十八年继任福建巡抚发现："但各属自奉颁上下典契之后，遇有民间控争田产，吊验契券，俱无前颁典之式，则其中似有扞格难行之处。"③ 原因何在？推行合同对契是希望消除典交易中出现的纠纷，方便"典产者仍得执下契以取赎"，但事实上并未达到效果。该巡抚的调查发现：

> 倘虑典主套写卖契，又安保原业主之不假造合同？设由典找绝，或对契未经销毁，原主坚执控赎，又值原中物故，事无质证，转致混淆。是欲除一弊而又滋一弊，似不若悉从民便，自行交易，毋庸设立对契，徒事纷更。

---

① 《民事习惯》，第203、194页、363页。
② 孔昭明：《福建省例·田宅例·典卖契式》，第443页。
③ 孔昭明：《福建省例·田宅例·民间活典产业毋庸设立对契》，第449页。

新的问题也可能随之而生，特别是原业主私自套写改动契约。①因此最终还是回到民间已有的单契习俗。

在中央，也曾就典契形制进行过讨论。乾隆二十九年，兵部侍郎蒋炳条奏民间典业，建议"分立正副二契，各执一纸"。但经户部议覆，认为没有必要，因为"典契向系得业收执，契内中证确凿，押记分明，自足凭为信券，亦无待再立副契，始足杜绝弊端在案"②。这说明，民间惯例通行的单契形制简单可行，且其信息与内容足够形成交易信用和法律效力。可见，清代典契形制的简化，市场机制的完善是重要原因。此外，清代典与卖的交易规则区别已然明显并被社会认可，以契约形制来区分没有太大必要了。

### （二）单契便于转典等后续交易

典契形制改变的第二个原因是清代典的各种后续交易渐趋频繁，合同契式颇为不便。无论是债务人续典或添典及加找，还是债权人转典他人，单契时都只需在契约纸上加注说明，"原约原价转典"，或"元银元价"转当，③简便易行。如果是合同契，则后续转典很可能需要另立新契，因为它属于一笔新的典交易，根据现有资料所显示的宋朝规定，每次典交易需要办理交割与纳税手续。清代山西地契"立转典地契人段青镇"所典到的一块地，从1839—1904年的65年间发生了5次转典交易，均在原典契纸上批注：

> 道光十九年"立契转典与吴履中名下承种，时值典价纹银一百六十两整"；
>
> 道光二十六年"吴尔良照原典价转典与三和宝号耕种"；

---

① 孔昭明：《福建省例·田宅例·民间活典产业毋庸设立对契》，第449页；《宋会要辑稿·食货》六一之六四，第5905页。
② 孔昭明：《福建省例·田宅例·民间活典产业毋庸设立对契》，第449—450页。
③ 咸丰七年（1857）"立写当场契人姬维礼"契载两次原约原价转典："同治拾三年十月初六日原约原价转当于姬应龙名下经占批照"；"光绪四年四月初四日原约原价转典于刘庚三名下经占"。（清华藏契约，未编号）咸丰十年"立当场人姬行南"契载同治九年"同中人转当于李名下，元银元价"。（清华藏契约，未编号）。

道光二十八年"三和信照原典价同中吴承凝说和转典与李廷辉耕种，日后不计年限，段姓银到回赎"；

咸丰九年"李廷辉照原价转典与李天愚名下耕种"；

光绪三十年李姓又部分转典与杨、李两家。

每次转典的字迹都不一样。（见下图）其中前三次转典，相隔分别只有7年和2年。如果像宋代的合同契，则需另外再立典契，并附

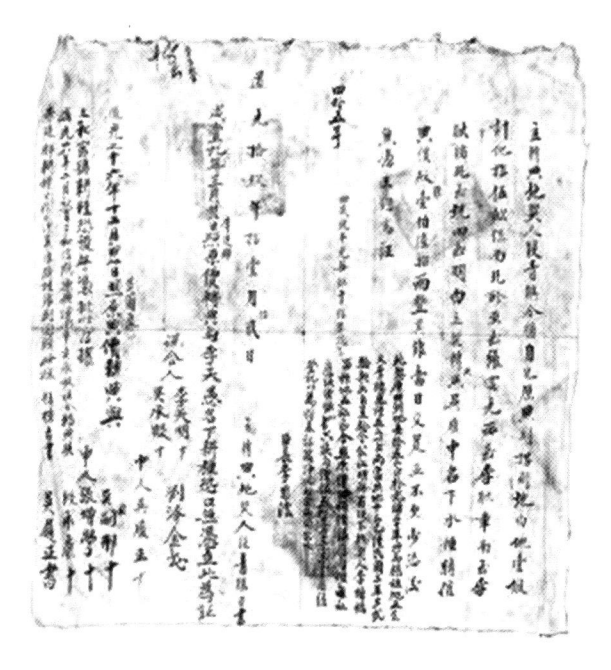

**清代山西地契"立转典地契人段青镇"**
资料来源：清华藏契约，编号T0964。

历次上手典卖契纸，① 烦冗复杂且易生错伪。转典可几易其手，添典与加找则可一而再、再而三地直至由典转为卖，在原契上标记简便易行；如果每次另立契约，不胜其烦，并徒增交易成本。如果像宋代一

---

① 《典主如不愿断骨合还业主收赎》卷九《户婚门·取赎》，第321—322页。

样每次交易还要双方赴县府衙门办理，并要交税，更是劳民伤财。再如添典，咸丰六年台湾"吴砖典地契"，典价50大圆。契后注明添典10圆即可："同治二年正月再添典去银壹拾大圆，契后批炤"。道光二十九年的"立胎典水租银字"11大圆，契后加注同治四年"就典字再批明，又加添借去佛银二元伍角炤"①。凡此多样化的相关交易形式，是典权发育的表现，在宋代尚不多见，因此典的规则无需顾及；清代则日益丰富，因此需要形成新的惯例与规则来处理。

找价亦然。嘉庆二十三年（1818）的典地白契载：

> 立典平地文约人韩立操因为使用不便，今将自己村西平地一亩一分二厘，南北畛，其地东至南希朋西至韩立节南至小道北至南福多，四至分明，今立契典与南福多耕种，同中言明，时值典价□银式拾两整，一典三年为满，当日银业两交，并无欠少，恐口不凭，立约存照。
> 嘉庆二十三年九月二十六日　立典文约人韩立操（画十）
> 中人：南福梅、韩朝焕
> 　后批南若公平兑
> 　道光元年十二月三十日　同原中找钱伍千文②

此约中，嘉庆二十三年典地，三年到期后，道光元年典约自动延续，出典人找钱5千文。如果找钱相当于卖价，就可能由典而卖了。③

找价是典交易的一个环节。找价的另一种情况类似分期付款，④属于一次典交易的不同环节。在合同契下，首付之后的其他后续交易不便处理。

---

① 咸丰六年"吴砖典地契"、道光二十九年"立胎典水租银字"，台湾"中研院"傅斯年版图书馆所藏契约，未编号。
② 清华藏契约，嘉庆二十三年"立典平地文约人韩立操"，暂未编号。
③ 《典ノ惯习》，附录第63页。
④ 张湖东：《中国传统土地交易再研究》，博士学位论文，清华大学，2013年，第76—95页。

适应典权的发育，清代典契形制改变了"合同"格式，根据民间的乡俗，在中央、地方通过争论、改革试点与试错，最终确立单契制。这一过程，清政府是在大量调查考察基础之上实行的。前引福建"典卖契式"载，"因查各属地方情形不同，是否可以通行遵办，不致滋弊之处，又经前司照抄契式，通饬各府州确查妥议去后。兹据福州等九府、二州，各按所属地方情形，查明核议，先后详覆前来"。试行前后历20多年，最终的选择是尊重乡俗："请从民便，自行交易。"这八个字非常重要，反映了政府对民间土地交易的基本取向——自由交易并尊重民间乡例与地方习俗，包括典。清代刑科题本的案例中，当交易双方发生冲突时，作为仲裁方的地方官大多都要进行实地调查，并以乡俗作为判决的依据。这也是典契形制改变的第三个原因，即政府对民间交易的尊重与管制的弱化。[①] 如宋元的合同典契，交易双方必须"当官收领"，并赴官投税，这在清代通常是不需要的。或者说，宋代之所以严格规定官府备案的合同契，与其税收制度相关，是受政府经济利益的驱动。

## 四　结论

通过以上分析，可概括结论如下：

第一，典之本原与派生权利。（1）宋代的"典需离业"揭示，出典人将土地经营权与处置权转让给承典人，仅保留所有权凭证"田骨""田根"；承典人由此获得约定期限内的全部土地经营收益。这是典权的本原权利。

（2）典之派生权利与多样化表现，突出地表现在典田使用权的处置，宋人与清人及当今研究者不同的认识误区，都与之相关。典田出租是承典人所获土地经营权与处置权所包含的内容，或必然派生出来的权利。依托租佃关系，清代典田交易的表现形式更为自由和多样化。承典方并不一定自己耕种，而是可以通过出租典田而获取地租，

---

① 龙登高：《历史上中国民间经济的自由主义朴素传统》，《思想战线》2012年第3期。

被恰当地称为"管佃",既可以出租给第三方,所谓"招佃耕作,收租纳课";也可以维持原有土地的租佃关系;还可以租佃给出典方本人,对出典方而言就是所谓"出典自佃"。佃种典田使出典方既可以通过出典土地而满足其融通需求,又可以通过租佃土地维持其经营与耕作收益;承典方也不需要耗费成本另寻佃户。然而,出典自佃因为仍由出典方耕种,表象上看打破了宋代"典需离业"的规定,所以有研究者视之为违规。实则合乎典权交易的规则,反映了承典方控制和支配典田的权利,包括使用权的自由交易。清代典权租佃关系的发育使宋代的"违规"条款不复存在,但又出现另一种认识误区。由于典权契约随处可见的"租息相抵""收租抵利""银不计利,田不计租",看上去似乎是利息与地租的交易。但回到结论第一条时就会发现,这只不过是承典人将土地经营及其收益转让给佃农而已,与之分享全部收益,自己获得纯投资收益地租;承典人可以从土地经营中脱身出来去从事工商业等活动并另外获取收益。也就是说,承典方可以还原其权利与收益。无论是承典方(典主、债权人)出租给出典方(田主、债务人),还是出租给第三方佃农,抑或典主与原佃农维持租佃关系,都表明田主、典主、佃农三者依托市场交易构筑的共享地权格局。

(3)承典人可以通过转典或抵押将典田未来收益变现,行使担保物权的功能满足自己的融通需求,实现当期与远期收益的跨期调剂。这也是第一项权利蕴涵和派生出来的。

第二,以上认识误区的澄清,表明典权不是一种所有权交易,清代典田租佃关系的发达很容易让人误以为典权是使用权的交易。但根据第一点中(1)和(3)项权利,充分表明典的权利与收益远远超过使用权。借用现代术语,是一种限定性物权(他物权),包括用益物权和担保物权,使用权属于用益物权中的一部分。此外,典与抵押的区别也是明显的。

承典人可以根据自身的需求和偏好来处置典田,获取经营收益可以自己耕种,追求投资收益则可以出租获取地租,变现未来收益则可以转典或抵押。凡此典权的发育满足了交易双方多样化的需求与偏好，拓展了其选择空间，并与田面权、押租与活卖等新的地权形态和交易形式，共同促进清代土地产权的发育与地权交易的发展。

第三，与这些规则相配套，宋、清两代关于典权交易的政策和规定，亦有不同。与离业典田的规定相适应，宋代典田交易需要过割田赋、纳交易税，并且都需要赴官办理烦冗的手续，包括契约。典契形制也与之相适应，采取合同式契约，一方面方便回赎时能够合契同约，另一方面也由政府保留凭证。由于典税颇丰，政府对此管制不遗余力。但典的交易特征使民间容易规避政府的管理与征税，由此推高了征税成本。

清雍正年间免除典税，直至清末。田赋可由交易双方之任一方乃至第三方缴纳，不需要办理过割手续，烦冗的赴官办理程序也随之取消。与之相应，合同式典田契约也多改为单契形制。同时，单契形制适应了清代典田后续交易或相关交易形式的增加，如承典方转典，或双方继续约定添典、加典、续典及加找，以至由典而卖等，他们只需要在原典契上注明，单契比合同契更为便利。

凡此现象与差异，不是孤立存在的，而是相互关联与配合、可以彼此印证的，并具有内在的逻辑。由此形成的解释框架，不仅厘清了相关认识误区，揭示了典权演进的阶段性差异与特征，而且深入地把握和论证了典之性质与权益，从而有助于更全面地理解传统中国的土地产权与交易形态。

原载《历史研究》2016 年第 5 期

# 传统社会土地交易"找价"新探
## ——实证与功能分析

### 张湖东

## 一 引 言

近年来，随着土地问题和农地改革在现实中成为关注的焦点，历史上的地权关系以及土地交易也由此成为学术热点。研究中国传统社会（尤其是明清以来）的土地交易，绕不开"找价"问题。"找价"是指在土地交易过程中，订契成交后原业主仍要求加找价钱的现象。它曾大面积出现在我国的许多省区[1]。这种"加找"往往不只一次，出现一找、二找、三找乃至不断找，在传统契约名目上，相应有"洗""尽""撮""凑""缴""休""杜""叹气"等称谓[2]。对于传统土地交易中这种"卖而不断""断而不死"的现象，过去的统治者和士人曾斥之为"陋习""恶俗"[3]。并由于担心多次找价，易生纠葛，造成治安事件，中央和地方专门颁布了一些约束性规定（律例、告示、禁令等），试图禁止"找价"行为[4]。然而，"找价"在民间不

---

[1] 陈铿:《中国不动产交易中的找价行为》,《福建论坛（文史哲版）》1987年第5期。
[2] 杨国桢:《明清土地契约文书研究》,中国人民大学出版社2009年版,第23页。
[3] 《天台治略》卷六；杨国桢:《明清土地契约文书研究》,第187页；上海博物馆图书资料室:《上海碑刻资料选辑》,上海人民出版社1980年版,第156页。
[4] 李文治:《明清时代封建土地关系的松懈》,中国社会科学出版社2007年版,第408页。

仅没有减少，还愈发盛行，以至相沿成俗，由此，产生了所谓民间惯俗与官方律例之间的矛盾。

对于一种看似"不合理"，却在民间长期盛行，甚至在官府律例严加禁止的情况下，还延续不衰的现象，该如何看待？

当代学者对"找价"的研究，早先专论并不多，主要散见于史学界关于中国土地制度史、土地交易等著述中[①]，由于是在"地主制经济""阶级斗争"范式下探讨，因而，对"找价"基本持否定态度[②]。近十年，法学和社会学界兴起了一些探讨，在新的视角下有了新的观点，但仍以负面评价为主。法学界的探讨集中于民间习惯与社会秩序[③]，社会学界感兴趣的是"找价"的社会功能[④]。不难发现，新近的讨论，一方面基于历史学界前辈的研究，另一方面很大程度受日本学者的影响，在材料方面并没有大的突破。岸本美绪较早以专文探讨了明清时期的找价回赎问题，重点是找价回赎纠纷的判断标准问题[⑤]。大概受主流认识和评价的影响，一些学者在论文顺及提到"找价"

---

[①] 专论如，陈铿：《中国不动产交易中的找价行为》，《福建论坛（文史哲版）》1987年第5期；唐文基：《关于明清时期福建土地典卖中的找价问题》，《史学月刊》1992年第3期；朱华、冯绍霆：《试论清代上海地区房地产交易中的加叹》，《近代中国》第8辑，立信会计出版社1998年版等；李文治：《论清代前期的土地占有关系》，《历史研究》1963年第5期；周远廉、谢肇华：《清代租佃制研究》，辽宁人民出版社1986年版；杨国桢：《明清土地契约文书研究》，人民出版社1988年版；梁治平：《清代习惯法：社会与国家》，中国政法大学出版社1996年版；赵晓力：《中国近代农村土地交易中的契约、习惯与国家法》，载《北大法律评论》第1卷第2辑，法律出版社1998年版。

[②] 杨国桢：《明清土地契约文书研究》，中国人民大学出版社2009年版，第200页；《清代租佃制研究》，辽宁人民出版社1986年版，第54页。

[③] 卞利：《国家与社会的冲突和整合》，中国政法大学出版社2008版；春杨：《明清时期田土买卖中的找价回赎纠纷及其解决》，《法学研究》2011年第3期；尤陈俊：《明清中国房地买卖俗例中的习惯权利——以"叹契"为中心的考察》，《法学家》2012年第4期。

[④] 罗海山：《试论传统典契中的找价习俗》，《文化学刊》2010年第4期；胡亮：《"找价"的社会学分析》，《社会》2012年第1期。

[⑤] 该文日文稿发表时间在1996年版，中文译稿《明清时期的找价回赎问题》收录在《中国法制史考证》丙编第四卷《日本学者考证中国法制史重要成果选译》明清卷，中国社会科学出版社2003年版，第423—459页。

时，也都有意无意强调其"陋习"的一面①。

应该说，已有研究做了相当的积累，为从不同角度理解"找价"现象打开了的视野，但也存在一些不足：一是，论证材料以间接引述居多，案例分析有限，基于地契资料做系统考察的很少。二是，在评价上，由于否定态度占主导，难以保证能理性分析"找价"屡禁不绝、蔚然成俗的原因。三是，关于功能的探讨，一方面认为"找价"有其"社会作用"，另一方面却否认其"经济价值"，很难想象，一种不合经济规律的交易行为，仅仅为了客观上所具有的"社会功能"，能在民间自发成长并延续这么长时间。

本文并不打算在评价问题上争论，而是结合学界已有成果，从现代经济学原理出发，基于现有的地契资料和习惯调查，做实证研究。在此基础上，对"找价"的内在逻辑做一探讨，尝试从经济社会融合的视角，对"找价"的功能作用做些初步分析。

## 二 实证分析：基于交易契约和民事习惯的考察

"找价"，一而再，再而三，令今人困惑，不知道它的"终点"在哪里，从而产生"无休无止"的印象。"找价"真是个"无底洞"，永远"填不满"，从而使地价"高上天"吗？问题的解答，除了发掘昔人记述，还需有更多实例加以验证，需要对原始交易记录加以整理研究。这一部分，笔者根据已出版的相关档案资料，对"找价"发生的实际状况做一考察。

从对交易案例及民间习俗的分析，我们发现，"找价"并非普遍如时人所言"讹找不休，争讼累累"②，而是有其"边界"和"规则"。

---

① 杜恂诚：《道契制度：完全意义上的土地私有产权制度》，《中国经济史研究》2011年第1期。

② 陈盛韶：《问俗录》。

## （一）地契研究：以清代上海房地契为样本

现存可见的契约文书档案连续记载多次"找价"的，并不是很多。一些零星案例散见于各地的契约文书汇编[①]。《清代上海房地契档案汇编》是笔者所见难得的、比较系统地呈现了"卖、加、绝、叹"四个环节的房地契资料。

1. 样本介绍

（1）《清代上海房地契档案汇编》由上海市档案馆编（上海古籍出版社1999年出版），收录了该馆藏清代上海房产交易契约共84组，交易的时间跨度从乾隆四十三年到光绪三十四年。笔者整理发现，该书84组交易契约中，房地买卖契有77组，非房地买卖契7组。在这77组房地买卖契中，书明有"找价"情况的70组，不能确认是否"找价"的7组。在出现"找价"的房地买卖契中，有45组包含了完整的卖契、加契、绝契、叹契；由于遗失等原因，有18组包含的是不完整的"卖、加、绝、叹"契；另有7组为"卖、加、绝"合并契。（如下表）

**《清代上海房地契档案汇编》收录契约构成情况**

| 《清代上海房地契档案汇编》书中共收录交易契约84组 ||||
|---|---|---|---|
| 房地买卖契77组 |||  非房地买卖契7组 |
| 有"找价"的70组 ||| 不能确认是否找价7组 | |
| 包含完整卖、加、绝、叹契45组 | 包含不完整卖、加、绝、叹契18组 | 卖、加、绝合并契7组 | | |

---

[①] 张传玺等：《中国历代契约会编考释》，中华书局2008年版，第1165—1168页；洪焕椿：《明清苏州农村经济资料》，江苏古籍出版社1988年版，第175—177页；刘海岩：《清代以来天津土地契证档案选编》，天津古籍出版社2006年版，第275—278页；杨国桢：《明清土地契约文书研究》，中国人民大学出版社2009年版，第193—198页。

（2）上海市档案馆所藏的这批清代房地产交易契约，从保留下来到各组文书的完整程度，并非人为刻意造成，也没有受"周期性"因素影响，这种经由历史自然"筛选"的过程，某种意义上具有"随机性"。我们将包含完整"卖、加、绝、叹"契的45组交易资料作为一个样本，用来分析"找价"趋势和比重，应该说有一定的代表性和科学意义。样本中，一个样本点即一组契约，代表一个交易案例。样本容量大于30，也可谓"大样本"了。

2. 交易概况

根据样本包含的案例内容，我们将研究所需的交易信息整理如下表[①]：

| 契号（原书编排） | 契 名 | 交易时间 | 货币（单位） | 价 钱 ||||
|---|---|---|---|---|---|---|---|
| | | | | 卖 | 加 | 绝 | 叹 |
| 4 | 张史氏卖房地契 | 道光元年十二月 | 通足制钱（千文） | 120 | 70 | 80 | 20 |
| 5 | 孙尚修等卖房地契 | 道光二年十一月至三年三月 | 通足制钱（千文） | 60 | 50 | 40 | 38 |

---

① 见朱华、冯绍霆《试论清代上海地区房地产交易中的加叹》，《近代中国》第8辑，立信会计出版社1998版；杜恂诚《从找贴风俗的改变看近代上海房地产交易效率的提高》，《上海经济研究》2006年第11期，笔者并不认同。理由如下：（一）"卖装修"的标的与"卖、加、绝、契"不一致，契中一般注明为"在房一切装修、沿石"等，其内容与该书案例38"张炳铨卖房料契"（地为凭租得来，所以只能卖房料）的标的内容同，这表明，在没有"房地"产权的情况下，"装修"只是一堆"房料"，其交易不属"房地"买卖。（二）"升高起造"契中多注明"预支"，其性质是否类似于"借"？在其后需不需要偿还？现有材料并不能予以确认。另，在该书第76页的契中称"预支升高"为"情借"，在第197页的契中言明"情不起利，随时归款"字样。由上，笔者以为，第一，"卖装修"不应算作"找价"；第二，"预支升高"是否属"找价"，存疑。在存疑情况下，笔者不主张将其纳入"找价"分析。即便计算在内，样本资料显示，"找价"占总价比重，通常情况下亦不超过40%，尚在本文讨论的区间之内，并不影响结论。详细讨论参见笔者另文《清代上海房地买卖的价格构成与特点》（待刊）。

续表

| 契号（原书编排） | 契 名 | 交易时间 | 货币（单位） | 价钱 卖 | 价钱 加 | 价钱 绝 | 价钱 叹 |
|---|---|---|---|---|---|---|---|
| 6 | 张三官等卖粪坑地契 | 道光三年三月至五年二月 | 柒折钱（两） | 30 | 3 | 6 | 2 |
| 8 | 陈良玉等卖房地契 | 道光十九年十月至二十年十月 | 通足制钱（千文） | 180 | 120 | 90 | 50 |
| 9 | 李见心等卖房地契 | 道光二十四年七月至十二月 | 糖规元（两） | 250 | 100 | 100 | 50 |
| 11 | 郑贻茂等卖房地契 | 道光二十九年十二月至咸丰二年二月 | 豆规银（两） | 50 | 20 再加150 | 35 | 30 |
| 12 | 黄世昌等卖房地契 | 咸丰元年 | 豆元银（两） | 50 | 40 | 30 | 20 |
| 14 | 顾炳来等卖房地契 | 咸丰五年二月至十月 | 库平纹银（两） | 400 | 300 | 300 | 100 |
| 17 | 戴心如卖地契 | 咸丰六年十月至八年十一月 | 豆规银（两） | 30 | 30 | 20 | 20 |
| 18 | 姚谷香等卖房地契 | 咸丰七年三月 | 通足钱（千文） | 200 | 150 | 350 | 100 |
| 19 | 曹俞氏等卖房地契 | 咸丰七年八月至十二月 | 通足钱（千文） | 16 | 10 | 10 | 4 |
| 20 | 黄梁氏等卖地契 | 咸丰八年十二月 | 豆规银（两） | 50 | 60 | 30 | 20 |
| 21 | 潘紫琪等卖房地契 | 咸丰九年三月至十二月 | 银（两） | 25 | 30 | 30 | 15 |

续表

| 契号（原书编排） | 契 名 | 交易时间 | 货币（单位） | 价钱 卖 | 价钱 加 | 价钱 绝 | 价钱 叹 |
|---|---|---|---|---|---|---|---|
| 22 | 陈陈氏等卖房地契 | 咸丰九年十月 | 通足纹银（两） | 200 | 300 | 200 | 70 |
| 23 | 康文远卖地契 | 咸丰九年十一月至十二月 | 银（两） | 10 | 5 | 15 | 5 |
| 25 | 汪秋瓶卖地契 | 咸丰十年一月至十月 | 价银（千文） | 25 | 13 | 20 | 7 |
| 26 | 康王氏等卖房地契 | 咸丰十年一月至十二月 | 银（两） | 55 | 35 | 40 | 10 |
| 27 | 余文彬卖房地契 | 咸丰十年闰三月 | 银（两） | 110 | 70 | 90 | 50 |
| 28 | 朱荣魁卖房地契 | 同治元年十一月至二年一月 | 足色曹平纹银（两） | 700 | 500 | 800 | 300 |
| 29 | 张周氏等卖房地契 | 同治二年三月至三年五月 | 豆规银（两） | 200 | 150 | 100 | 70 |
| 30 | 杜西成等卖房地契 | 同治三年十月至四年四月 | 银（两） | 110 | 100 | 120 | 15 |
| 31 | 蒋筠坡卖房地契 | 同治三年十二月至四年十月 | 豆规银（两） | 200 | 180 | 100 | 80 |
| 32 | 李存本堂卖房地契 | 同治三年 | 九八规银（两） | 400 | 300 | 200 | 250 |
| 33 | 王炳荣等卖房地契 | 同治四年一月至五月 | 豆规银（两） | 70 | 100 | 60 | 30 |

续表

| 契号（原书编排） | 契　名 | 交易时间 | 货币（单位） | 价　钱 卖 | 价　钱 加 | 价　钱 绝 | 价　钱 叹 |
|---|---|---|---|---|---|---|---|
| 34 | 蒋士珍卖房地契 | 同治四年六月至八月 | 银（两） | 120 | 100 | 70 | 30 |
| 37 | 朱子田卖地契 | 同治七年一月至九月 | 豆规银（两） | 100 | 80 | 60 | 80 |
| 44 | 朱砚孙等卖地契 | 同治十一年十二月至十二年十二月 | 豆规银（两） | 30 | 25 | 20 | 16 |
| 45 | 顾沈氏卖房地契 | 同治十三年一月至七月 | 库平银（两） | 70 | 70 | 60 | 30 |
| 46 | 顾秋泉卖地契 | 光绪二年 | 通足制钱（千文） | 80 | 160 | 60 | 90 |
| 47 | 杨顺德堂卖房地契 | 光绪三年七月至八月 | 豆规银（两） | 500 | 250 | 400 | 250 |
| 48 | 蔡子春卖房地契 | 光绪三年十月至二十六年十一月 | 九八豆规银（两） | 110 | 80 | 70 | 40 |
| 50 | 金希堂卖房地契 | 光绪六年十一月 | 豆规银（两） | 25 | 17 | 15 | 10 |
| 51 | 阮蒋氏等卖房地契 | 光绪六年十二月至七年二月 | 豆规银（两） | 40 | 43 | 40 | 40 |
| 52 | 顾德骅等卖地契 | 光绪七年三月至十三年三月 | 库平银（两） | 60 | 40 | 40 | 35 再叹 25 |
| 55 | 金希堂卖房地契 | 光绪九年四月 | 豆规银（两） | 70 | 40 | 70 | 40 |

续表

| 契号（原书编排） | 契　名 | 交易时间 | 货币（单位） | 价　钱 ||||
|---|---|---|---|---|---|---|---|
| | | | | 卖 | 加 | 绝 | 叹 |
| 58 | 张胡氏等卖房地契 | 光绪十一年十二月 | 库平银（两） | 140 | 120 | 100 | 40 |
| 60 | 张驾六 | 光绪十三年 | 库平银（两） | 1200 | 800 | 700 | 400 |
| 62 | 张驾六卖房地契 | 光绪十三年八月至十二月 | 库平银（两） | 100 | 70 | 75 | 35 |
| 64 | 朱陈氏等卖房地契 | 光绪十四年二月至五月 | 库平足纹银（两） | 80 | 50 | 70 | 60 |
| 65 | 程洛儒卖房地契 | 光绪二十一年 | 库平银（两） | 350 | 300 | 300 | 350 |
| 67 | 陆静涛卖房地契 | 光绪二十三年三月至六月 | 豆规银（两） | 200 | 100 | 100 | 50 |
| 68 | 朱思沛堂卖房地契 | 光绪二十三年五月 | 豆规银（两） | 160 | 200 | 140 | 100 |
| 69 | 江庆生卖房地契 | 光绪二十三年十二月至二十四年六月 | 库平银（两） | 150 | 120 | 150 | 100 再叹 80 |
| 71 | 黄吴氏等卖房地契 | 光绪二十四年十二月 | 库平银（两） | 100 | 50 | 100 | 45 |
| 84 | 袁秋塘卖房地契 | 光绪年 | 库平纹银（两） | 400 | 400 | 400 | 300 |

### 3. 价格特点

"清代上海房地契"样本反映的"找价"情况呈现出以下几个特点：

（1）房地交易大多依"卖、加、绝、叹"四个环节进行。

房地买卖契构成情况

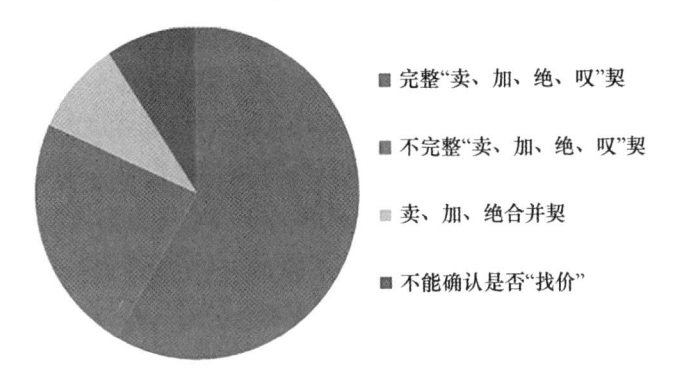

- 完整"卖、加、绝、叹"契
- 不完整"卖、加、绝、叹"契
- 卖、加、绝合并契
- 不能确认是否"找价"

（2）从"找价"次数看，绝大多数案例的情况是：发生于绝卖前一次（加价），发生在绝卖后一次（叹价）。零星特例：绝卖前出现两次（案例11），绝卖后出现两次（案例52及案例69）。

（3）"卖、加、绝、叹"价总体呈收敛态势。

总体来看，这些交易案例，卖、加、绝、叹各环节支付的价格呈现出收敛的趋势（见下图）。

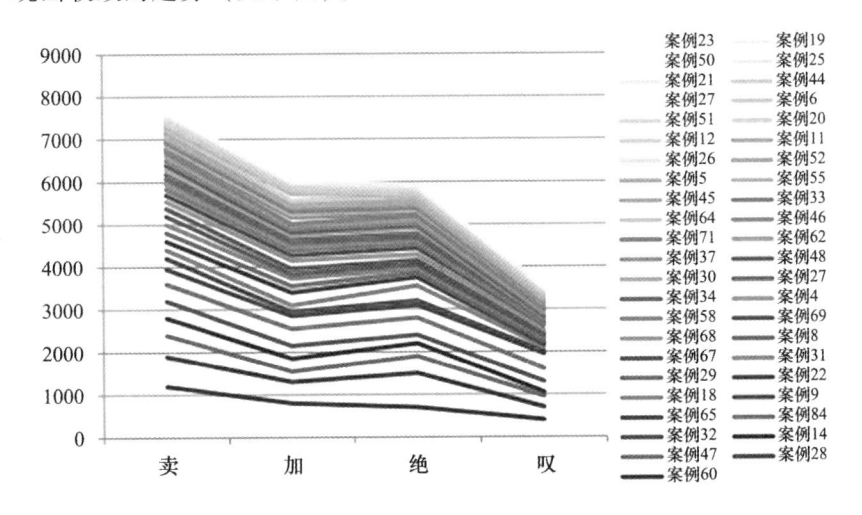

（4）"卖"价、"加"价具有灵活性。

尽管各环节价格总体看呈现收敛态势，对地契的具体分析发现，

153

"卖"价和"加"价表现出很大的灵活性。这也反映在契面文字的表述中：卖契往往在价格前面标示"估价"二字；加契中则有"因思原价不敷"字样。

为什么会这样呢？

在绝卖前，业主拥有回赎权，只要不打算真将房地卖"断"，活卖或者典卖事实上可以变为以房地产为抵押的借贷行为——如此，要价高不如要价低，以便将来容易回赎。这种情况下，"卖"价和"加"价一般根据卖方的具体需求来定。需求是随机的，要价自然是灵活的。

（5）"绝"价根据时值议得。

当到了绝卖的时候，定价则会慎重许多，常根据时价确定——一方面采用房地产交易中惯用的"市场比较法"参照订价，另一方面由买卖双方协商达成合意价格[1]。这在绝契中也有体现——普遍出现"议得时值杜价"云云。

（6）"叹"价因循俗例，占总价比重多数在20%之内。

叹契中，一般都表明乃"因循俗例"，并注明"永斩葛藤"字样。

数据分析显示，叹价占总价的比重：最高值为27%，最低值为4%，均值为16%. 全部案例中，两成二（10个）在10%以内，六成五（29个）在10%~20%之间，一成三（6个）在20%以上[2]。分布如下图所示：

---

[1] ［日］岸本美绪：《明清时代的"找价回赎"问题》，杨一凡：《中国法制史考证》丙编第四卷《日本学者考证中国法制史重要成果选译》明清卷，中国社会科学出版社2003年版，第426页。

[2] 样本中有两个"再叹"的案例（案例52及案例69），将"再叹"的价钱一并计入"叹价"，占总价的比重，两者均为30%。正如本文后面将分析到，这两个案例出现"再叹"也事出有因：案例52，卖方家"因葬事急迫"，"再叹"体现了传统社会经济伦理里的"补偿性"特征；案例69乃因交易之前双方凭中达成一付订金的"成议据"，据中协商要求"如立契，应立五纸"，后来的立契行为，只是依"据"行事。

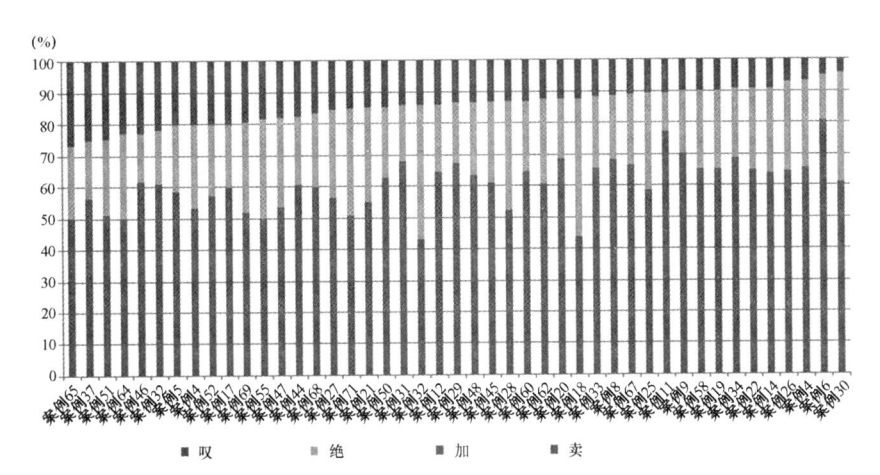

从清代上海房地交易的情况看，"找价"总体上比较规则，一项交易，各环节支付的价格呈收敛态势，绝卖后的找价（叹价）占交易总价的比重大都在20%之内。

### （二）惯俗分析：以清末民初"民事习惯"为中心

经验研究，能够呈现我们"看到的情况"大概是什么样，它难以揭示"还没有看到的情况"以及"可能的情况"。规则（律）研究，某种程度能够弥补这一不足。如果能够找到"找价"的规则，并且假定经验世界的案例会循"规则"行事，我们便能推断目前所掌握档案资料尚未"照亮"的情况会如何。清末民初开展的"民商事习惯调查"留下的资料，为我们研究这种"规则"提供了便利。

《民事习惯调查报告录》[①]中的有关调查材料显示，从内容上看，"找价"习惯主要有两大类：一类是关于绝卖前"找价"的；一类是关于绝卖后"找价"的。下面我们列举绝卖前和绝卖后的"找价"习惯，分别加以分析。

1. 绝卖前的"找价"——有边界

绝卖前的"找价"，即典卖后的"找价"，一般是因为出典（卖）

---

① 前南京国民政府司法行政部：《中国民事习惯调查报告录》胡旭晟等点校，中国政法大学出版社2000年版。以下简称《民事习惯》。

方在约定的期限无力回赎，只好通过"找价"走向绝卖。有时找一次价，并不意味着绝卖了，只有到"凑尽"之时，才算真正实现绝卖。凑没凑尽，或曰"找价"之边界，是以"绝卖价"为准，即如果一次性卖绝的话，其可能的价格是多少，常用"时价"做参照。我们看"找价"习俗比较活跃的地方——福建的两则材料：

> 福建建瓯县：建瓯典卖各业，均得按照时价求找，甚有找至数十次者，其期间多在阴历年底，如有丧葬急需，并可随时求找，但不得溢过时价之额。（《民事习惯》：第318页）

> 福建平潭县：平邑不动产典质时，必定回赎年限，届期卖主无力回赎，得向买主找价，加立契约，续议年限，谓之凑尽，如限满仍无力回赎，尚可再尽再凑，甚至叠经先人凑尽之业，子孙有急需，仍得加找，惟不得超过原卖价额。故俗语有"一典九尽"之称。（《民事习惯》：第317页）

材料显示，在典卖与绝卖之间，"找价"次数是没有限制的，但强调"不得超过原卖价额"或"不得溢过时价之额"。这一点在理论上也好理解：出典时，考虑到将来还要回赎，期初要价便很随意，或仅根据当时所需（主要是对货币的需求）要价，而不是主要根据土地的价值来订价。这样，如若无力回赎，在通向绝卖的过程中，自然可能出现多次"找价"。

福建顺昌县的"找价"习俗为更精细的分析提供了线索：

> 福建顺昌县：……找价之惯例，首次照原价加一成或加二成，若找价至三四五次，均照首次递次减半，甚至标的物昂贵之时，更可破递减之例，照时价估找，但典主不同意时，亦可外卖，或找至无价可找时，再另契卖绝。（《民事习惯》：第301页）

在此，不妨将上述惯例的意思转换为数学语言：设总价为 $S_n$，原价为 P，找价为 $P_j$（$P > 0$，$n \in N$），根据规则，若首次照原价加一成，有：

$$S_n = P + P_{j1} + P_{j2} + P_{j3} + P_{j4} + P_{j5} + \cdots + P_{jn}$$

$$S_n = P$$
$$+ 10\% P$$
$$+ 50\% * 10\% P$$
$$+ 50\% * 50\% * 10\% P$$
$$+ 50\% * 50\% * 50\% * 10\% P$$
$$+ 50\% * 50\% * 50\% * 50\% * 10\% P$$
$$+ \cdots\cdots$$
$$+ (50\%)^{n-1} * 10\% P$$
$$+ \cdots\cdots$$
$$= P + 10\% P * [1 + 1/2 + (1/2)^2 + (1/2)^3 + \cdots\cdots + (1/2)^{n-1} + \cdots\cdots]$$

$$= P + 10\% P * \left[1 * \frac{1-(\frac{1}{2})^n}{1-(\frac{1}{2})}\right]$$

$$= P + 10\% P * 2 * \left[1 - (\frac{1}{2})^n\right]$$

两边取极限得：

$$\lim_{n \to +\infty} sn = \lim_{n \to +\infty} p + 10\% p * 2 * [1 - (\tfrac{}{})^n]$$

$$\lim_{n \to +\infty} sn = p + 10\% p * 2 * [1 - \lim_{n \to +\infty}(\tfrac{}{})^n]$$

$$\lim_{n \to +\infty} sn = p + 10\% p * 2 * (1 - 0)$$

$$\lim_{n \to +\infty} sn = p + 20\% p = 120\% P = 1.2p$$

结果显然：按"找价"惯例，如果首次照原价加一成，后边均照首次递次减半，即使不停叹气（加找）下去，"找价"总额不会超出原价的20%。同理，若首次照原价加二成，后边均照首次递次减半，即使不停叹气（加找）下去，找价总额亦不会超出原价的40%。

2. 绝卖后的"找价"——有规则

前面分析显示，绝卖前"找价"有其边界，进一步思考，自然要问：如果绝卖后还再"找价"，它的边界在哪里呢？

下面的民事习惯资料提示了相关规则：

T1[①] 江苏省各县：出卖田土房屋，凭中出立卖契，本为通例。但此间习惯，如正契卖价若干，找价则写外有乡例使费，初次加一，二次加一，三次加一，四次八折，五次七折，六次六折，七次加一，抽丰情借，各项使费，总共计钱若干，凭中一概收讫，再照云云。有声明于正契后，有另立一契者，实则所得找价，买者仍核入正价之内。契亦一次成立，卖者亦只知共卖若干亩，得价若干而已。缘社会既有此习惯，非先声明以杜后累不可也。（《民事习惯》：第181页）

T2 浙江寿昌县：绝卖房屋仍可找价。例如，甲有房屋一所，托中绝卖于乙，设定价洋为五百元，当日凭中收足，契约上亦载明"任凭受买人管业，永不再找"字样，房屋亦完全移转于乙。隔数年，甲可向乙照原价五百元二成找价，计可找洋百元；又隔数年，甲又可向乙照前找百元二成找价，计可找洋二十元；再隔数年，甲复可向乙照前找二十元二成找价，计可找洋四元，买受人不得拒绝，俗称"房屋一卖三找"。（《民事习惯》：第610页）

T3 福建霞浦县：写明永断葛藤，不敢言贴业之业，尚得立字找贴一二三次，其第一贴照原断价加一，至二三贴则照第一贴递次减半，但在咸丰间成契者，止一卖一贴，同治后者，乃有三贴，俗例然也。（《民事习惯》：第319页）

---

① 为了使下面的表达式阅读时便于对应，特在每个惯例前分别用T1、T2、T3加以标示。

我们将以上材料蕴含的信息,用表达式呈现,并通过计算揭示其中规律:

T1 江苏省各县:

不妨设总价为 S,正价为 P,找价为 $P_j$

根据习惯意思有:

$S_n = P + P_{j1} + P_{j2} + P_{j3} + P_{j4} + P_{j5} + P_{j6} + P_{j7} + \cdots + P_{jn}$

$S_n = p(1 + a*0.1^n)$　　$(P>0, a<1, n \in N)$

S = P

+ 10%P

+ 10% * 10%P

+ 10% * 10% * 10%P

+ 80% * 10% * 10% * 10%P

+ 70% * 80% * 10% * 10% * 10%P

+ 60% * 70% * 80% * 10% * 10% * 10%P

+ 10% * 60% * 70% * 80% * 10% * 10% * 10%P

= p(1 + 0.1 + 0.01 + 0.001 + 0.0008 + 0.00056 + 0.000336 + 0.0000336)

= 1.1127296p

也就是说,如果加找到第七次,"找价"相当于原价的 11.27296%

如果继续按此规则"不停叹气"(加找),相当于有:

S = p + 0.1127296p + a * 0.1127296P + ……(a<1)

显然,$P_j = P_{j1} + P_{j2} + P_{j3} + P_{j4} + P_{j5} + P_{j6} + P_{j7} + \cdots + P_{jn} < 12\%P$

即"找价"总额不会超出原价的 12%。

T2 浙江寿昌县:

设总价为 S,原价为 P,找价为 $P_j$

根据习惯意思,"一卖三找"可表示为:

$S = P + P_{j1} + P_{j2} + P_{j3}$

S = P

+ 20% P

+ 20% * 20% P

+ 20% * 20% * 20% P

= $(1 + 0.2 + 0.2^2 + 0.2^3)$ P

= 1.248 P

可以看出，经过"一卖三找"，找价总额不会超出原价的 25%。

本例中，若将原价 P = 500 代入，可得 S = 624（元）

T3 福建霞浦县：

同样，设总价为 S，原断价为 P，贴价为 $P_j$

根据习惯意思，"一卖三贴"可表示为：

S = P + $P_{j1}$ + $P_{j2}$ + $P_{j3}$

S = P

+ 10% P

+ 50% * 10% P

+ 50% * 50% * 10% P

= $(1 + 0.1 + 0.05 + 0.025)$ P

= 1.175 P

结果清楚：经过"一卖三贴"，贴价总额也不会超出原价的 20%。

通过以上分析处理，可以看到，绝卖后的"找价"也是有边界的——它的边界隐藏在它的规则之中。根据惯例规则，"找价"总额一般不会超过原价的 20%；"一卖三找"的情况，"找价"总额不会超出原价的 25%。这一点，在前面"清代上海房地契"样本中已经得到了印证。

有些地方习惯，对于"找价"次数及金额的限制很明确，例如：

> 安徽全省：不动产买主于支付价金，领受买得物后，卖业人于正价外，另索找价一次，名曰添，其设立之书据，名曰加添

字，一曰增加字，找价之额总以不逾正价十分之一为限。(《民事习惯》：第525页)

这里需要强调的是，并非所有的绝卖，都必然伴随"找价"发生。一些地方出现"找价"习俗，对于当地来说是"惯例"；相对于更广地域的普遍情况而言，可能就是"特例"了。尽管如此，我们看到，即便在绝卖后发生"找价"的地方，也是有规则的。

对民事习惯的考察表明，不论是绝卖前的"找价"，还是绝卖后的"找价"，都并非"漫天要价"，它们是有限度的。一次，两次，无数次，看似无止境，却有"规"可循。

另外，如果我们将"找价"放在传统人情社会的背景中思考，也能体会到：当每一次"找价"成为一次"面子"上的"磨损"时，"加找"显然不会无休无止。只有万不得已之时，不停"叹气"才可能发生，而这是中国传统人情社会所能够接受的，或正体现了传统制度的"弹性"所在。蛮不讲理、刁钻无赖，可能有，但毕竟是少数，这从已有文献留下的记载可以验证——非常少见。

## 三 功能探讨："经济—社会"融合视角的制度分析

"找价"为什么会出现？

对此问题的回答，陈铿、杨国桢、岸本美绪的研究具有代表性。他们的解释从不同角度说明了"找价"发生的原因。现有研究的弱点在于，并没有对"绝卖"后的"找价"做深入考察，因而对"绝卖"后"找价"解释乏力。

清楚中国传统土地交易类型的人，对"绝卖"前的找价其实并不难理解——之前交易环节的要价还没有达到交易物的实际价值，因而需要"补足"实价。难点在于，当"绝卖"后还发生"找价"，该如何理解呢？。如果说，"活卖"之后的"找贴"有其历史原因——政府的外部行为使得从土地成交到推收过户之间存在时间空档，诱发了民间的"加找"行为，那么，"绝卖"之后——政府三令五申严禁

"找赎"的情况下，为什么民间仍自行其是屡"加"成俗呢？

笔者尝试从功能角度做一解释和探讨。

### （一）"找价"反映出传统土地交易价格形成过程与机制的特点

如果"找价"不是"敲诈勒索"，如果"找价"不仅仅是"富人救济穷人的习惯"，"找价"在经济交易系统里面处于一个什么样的地位呢？

抛开"活卖""绝卖"这些概念术语，我们看到，在中国传统地权交易中，民间土地买卖发生后，客观存在一个不停"加找"的过程，这个过程是整个交易活动的有机组成部分，是土地价格形成的必要机制。不论时间上它出现在"活卖"之后还是"绝卖"之后，或是交易序列的其他环节。

> 福建闽清县：业产虽经立契断卖，数年之后，业主尚得向买主要求找贴，谓之"洗断"，并附洗断契为凭。（《民事习惯》：第304—305页）
>
> 安徽当涂县：卖买产业，卖主于立契成交后，得于三、五月至年余之期间内，向买主要求增价一次，其所增额数，每亩少则四五角、一元，多则二三元不等，由卖主另立增找字，给买主收执为据。（《民事习惯》：第560页）
>
> 浙江青田、乐清县：每有一业向买主找价二、三次或四、五不等。（《民事习惯》：第617页）

上述材料反映，在传统社会的土地交易中，"找价"成为一个必需环节。从交易角度和理论看，"找价"的必要性在哪里呢？这是我们接下来要分析的。

如果从更大的背景和框架审视，"找价"有它的功能和意义的话，便有必要跳出"加找"本身，去理解并把握它所反映的整个机制了。通过系统分析包括"找价"在内的整个地权交易及地价形成机制，既可窥探到土地经济学里的一般规律,也会深刻感受到其与现代的不同之处——传统土地交易所展现出的特殊性①。

**(二)"找价"促使了交易发生**

埃里克·弗鲁博顿(Furubotn, E. G.)和鲁道夫·芮切特(Richter, R.)在梳理阿罗(Arrow)和威廉姆森(Williamson)研究的过程中,讨论了"交易费用太高以至于阻碍了交易的情形"②,科斯(Coase)在《企业的性质》一文中也谈到,任何一项经济交易的达成,都需要进行合约的议定、对合约执行的监督、讨价还价以及要了解有关生产者和消费者的生产与需求的信息,等等。由此所产生的费用不仅存在,而且有时会高到使交易无法达成。正是由于交易费用的存在,才需要相应的制度安排③。

传统农业社会,交易信息不顺畅、交易设施不完备、制度环境不成熟等状况显得更为突出,由此所产生的交易费用可能远超过交易带来的收益,从而阻碍交易发生。价格习俗作为交易体系中非正式制度的一部分,正是用于克服交易费用过高的制度安排。某种意义上,找价习俗使交易双方能够找到合理预期,战胜由信息不对称、机制不完善、未来不确定带来的"恐惧",使交易得以发生。

对于"找价"现象,人们直观看到的是它"增大了"交易费用④,因为它"增添了"合约的订立和执行成本——"一而再,再而三",却有可能看不到它对于交易障碍的克服上。"障碍"产生的费用可能远远大于"找价"带来的费用。"找价"促使交易发生,使地权交易市场得以形成,从而使得当时的人们能够享受到市场交换带来的便利和收益——诸如生产要素有效配置、金融需求及时满足等等。

---

① 由于篇幅所限,在此,无法展开笔者对传统土地交易价格形成过程与机制的研究,请参见笔者另文《从"加找"现象看传统土地交易的价格形成机制》(待刊)。
② [美]埃里克·弗鲁博顿、[德]鲁道夫·芮切特:《新制度经济学:一个交易费用分析范式》,上海人民出版社2006年版,第84—85页。
③ R. Coase, "The Nature of the Firm", *Economica*, Nov. 1937, 4.
④ 杜恂诚:《从找贴风俗的改变看近代上海房地产交易效率的提高》,《上海经济研究》2006年第11期。

我们接下来详细探讨"找价"是如何促使交易发生的，而将"找价"引发的市场和社会效应（"找价"的经济社会功能）放到后面讨论。

1. 绝卖前"找价"——促进了典卖交易

我们先从理论和逻辑上做一分析，再看实际案例。

选择典和活卖的业主，一般都是日常生活中遇到了一些不时之需，或赶上婚丧嫁娶等大事，急需现金周转，但又不愿从此失去长久耕种的土地，期望以后还能再赎回来。在很多情况下，是业主将田土典卖出去后，又紧接着租回来依然由自己耕种，名义上"权利"所属发生了转移，但实际耕作并未改变。

在这种情况下，我们不妨设想，该如何定价才合理或至少容易为双方接受呢？

面对当时的交易环境，这是很困难的一件事情。因为，这涉及对权利（回赎权）进行定价的问题。如果不能定价，或者产生的价格难以被交易双方认可，交易便难以及时顺利完成。

"找价"的出现，至少在两方面克服了典卖出现的困境，而且极大地方便了交易双方，让典卖变得灵活、易行——

（1）"找价"让原主在典或活卖之初，可以根据实际需要任意出价。"实际需要"可以是当时的资金需求，也可以是以后的回赎能力，甚至其它。

（2）"找价"使原主可以灵活处理约定的"回赎"权。在回赎期限到了之后，原主可以根据自己的实际需要，决定是否回赎，因为他不必担心不及时回赎会对自己造成多少损失。这里的"实际需要"，可能是自己的资金能力，也可能是对于土地权利的真实需求。比如，有些田主因为劳动力短缺或迁移等各种原因，不需要再完全拥有该土地了，有些田主认为租田种比回赎合算。"找价"为交易双方提供了选择的空间。

下面两则材料反映，由于"找价"存在，典当（活卖）具有巨大的灵活性，交易方可根据实际需要"订价"，再根据变化了的需要"找价"。

甘肃平凉县习惯："死价活业"

甲将所有地出当于乙，议定当价若干，书交当约。嗣甲或因地价日昂，或因境遇艰窘，可向乙请求续价，再立续约，续价数次毫无限制。至当续各价与卖价相等时，乃改立佃约，以后即不能再行加价，故名曰"死价活业"。(《民事习惯》：第395页）

甘肃镇番县习惯：典当田地可数次加价增约

田地有典当时，其价照卖者或半数或过半数不等，取赎年限亦不拘定。倘地主遇紧迫时，又可向承典人索加价值，立给增约，竟有至数次者，但取赎时仍须按典增各价交还。（《民事习惯》：第404页）

"找价"的存在，大大促进了典卖交易的发生，这在某种程度也能说明为什么典卖——这一极具中国特色的交易方式在传统社会里长期盛行。

2. 绝卖后"找价"——促进了绝卖交易

绝卖，在当时的交易条件下，同样面临了估价的困境。本来传统社会人们就认为绝卖（断根）是一件极不光彩、且不愿发生的事情，由于估价上的困难，则使绝卖交易难上加难。"找价"在绝卖后出现，某种程度上，是为该交易行为开了一道后门——一方面，让价差太大显失公平的交易有了一个弥补的机会；另一方面，让失地、失业、生活无着的原业主得到一些合乎中国传统社会"人情"的补偿。这道后门，并不一定是必须的，但它的出现，确实符合中国传统社会的人情土壤（这层土壤构成交易的外部环境），它让绝卖做得并不那么"绝"——要知道，在中国人心里，凡事千万不能做绝。

这一点，在前文提到《清代上海房地契》中那则"再叹"的特别案例"顾德骅等卖地契"中有鲜活反映：内书"得过卖、加、绝、叹各契银两，实属无可生言，今因葬事急迫，万不得已，复央原中再四相劝到煤炭公所再叹钱……"该例在半年后，还因"葬用不敷，又加年近岁逼"立"借据"一纸；五年后，再因"孀居孤苦"又立

"借据"一纸①。一般叹契中都流于形式地只写"正用"或"要需"等原因,在"再叹"契中却详书具体原因,"再叹"不够继续"借",这些都说明,原业主确实是"万不得已",实在没办法,才为之的。在乡土社会,彼此熟悉,经济状况和地块一样,其实都摆在那儿,一般要伪装是很难的。民间习俗承认"找价"的正当性,并为买卖双方所接受,这是传统社会经济伦理的体现,也是人情互助的表现。

类似因"家贫无措"加上"年尽岁暮"或"葬事急迫"等缘故苦劝得业者"再叹"的案例,其他地区也屡有出现②。一些地方的民间习惯也支持"产业卖断后,卖主如果贫不聊生,仍得向买主索钱若干,名曰尽卖"。(《民事习惯》:第295页)

绝卖后作为补偿的"找价",可以说既是经济方面的,也可以说是道义方面的。正因为二者难以区分,难以割裂,形成了具有浓厚中国特色的经济社会一体化现象。从这个角度,我们便不难理解,为什么有些地方会出现这样的习惯了:甲卖田与乙,业经立契,杜绝价已付清,而卖田人甲往往向受田人乙一再找足,乙视之亦若应负之义务者然。(《民事习惯》:第221页)

其实,从前文所引"江苏省各县习惯",我们也看到,无论买方还是卖方,心里都很清楚,"找价"只是总价的一部分。"实则所得找价,买者仍核入正价之内,契亦一次成立,卖者亦只知共卖若干亩,得价若干而已"。显然,对于买方而言,"找价"打入成本;对于卖方来说,"找价"则计入收入。由此,双方自然形成一种"预期"——可以预见到现时和将来可能发生的。这种预期是建立在民间习俗("加找"规则)之上的"理性预期":对卖家,降低了由于市场信息不发达和不对称,以及未来不确定性带来的风险,从而减少了对市场和交易的恐惧;对买家,能够预见到"找价"的"顶端",对"最大成本"心里有个估量,从而建立起交易的基本"底线"。如此,便极有力地促成了交易的发生。

---

① "借据"中所借款项有没有还,难以知悉,但契中注明"情不起利,随时归款",表明是要归还的。

② 福建师范大学历史系编:《明清福建经济契约文书选辑》,人民出版社1997年版。

综合以上分析，不论是"绝卖"前的"找价"，还是"绝卖"后的"找价"，这些通过民间惯俗形成的安排，都从制度层面，降低了由于信息不对称带来的"不确定性"，有助于克服"不确定性"造成的交易障碍和恐惧心理，从而促进了交易的发生。

**（三）"找价"发挥了积极功能**

功能包括经济功能和社会功能。新近的研究讨论了"找价"的社会内涵，而对于其经济方面却仍然是否定的[①]。如果在经济上持否定态度，却认为其有社会价值，岂不意味着"找价"在不计成本地发挥其社会功能？"找价"的存在是扭曲的——经济价值与社会价值背离。笔者认为，对于"找价"，不仅要从"社会"的角度探讨其社会意义，还应回到"经济"本身思考其内在逻辑。从经济学角度看，"找价"是传统地权交易机制的一部分，是地价形成机制的一个环节。理解局部现象，有必要将其置入整个链条与机制之中考察。

1. 作为地权交易机制的一部分，灵活实现了不同交易类型的转换。

适应不同的交易目的，中国传统社会的土地交易产生了多种交易类型，如：抵、押、典、当、活卖、绝卖等。这些不同的交易方式各有其自身独特的功能，满足不同的交易需求。由于人们需求的多样性以及动态性，需要有更多个性化的交易方式来满足具体的需求。由此，中国传统的土地交易在方式多样性的基础之上，出现了组合化和个性化。而连接这些不同交易方式之间的纽带，除去具体的协商、谈判和对话外，"找价"是其中之一。

"找价"为不同交易类型实现转换提供了可能和渠道。"找价"表面上是价钱多少的变化，其背后与之相对的是权利多寡的变换。"找价"通过让"价钱"在买卖双方之间流通，实质是让"权利"在不同主体之间流动，从而实现了"土地"在不同农户之间的流转和配置。

---

[①] 胡亮：《"找价"的社会学分析》，《社会》2012年第1期。

徽州歙县丁世臣先年将祖遗分授田卖与堂兄荣宗为业，乾隆十三年第一次加添时议定"自加之后，永不言加，只许赎取，不得调卖"，两年后，因为"年歉"，情愿永不归赎，得受加添银后，将其绝卖①。使用典和活卖的交易者，一般是有资金需求却不想彻底失去土地的业主。即便如此，随着时间的推移，原业主仍有可能由于能力和需求等各方面发生变化而不再想赎回土地，这时，他（她）需要将典卖转为绝卖。"找价"为这种转换提供了可能和便利。福建瓯宁75岁的老妇人周邱氏，儿子身故后，无依无靠，年老穷苦。在来日无多，对未来没有太多期盼的情况下，将土地绝卖，显然是一种较为理性的选择②。类似卖田做生意的事例③，在历史上也多有记载：巴县"土著子弟鬻田宅为资本"以经商④；厦门海商"有倾产造船者"⑤；江西出现"尝以祖田百亩为本殖具息"⑥ 等。

已有研究和讨论更多强调了这样一种情况：从典卖到绝卖的"迫不得已"，即"找价"在"无力回赎"的无奈情境中发生；而忽视了另一种情况：由于客观条件的改变，原业主主动"放弃回赎"，也就是说"找价"是原业主的理性选择，是自愿的和期望的。

通过"找价"实现交易方式转换的过程如下所示：

（典）活卖——加找……——绝卖——加找……

2. 作为地价形成机制的一部分，激发了"效率"也兼顾了"公平"。

与交易过程相对应，地价的形成要经过以下环节：

---

① 安徽省博物馆：《明清徽州社会经济资料丛编（第一集）》，中国社会科学出版社1988年版，第418—419页。
② 中国第一历史档案馆、中国社会科学院历史研究所编：《清代地租剥削形态》，中华书局1982年版，第392页。
③ 封越健：《论清代商人资本的来源》，《中国经济史研究》1997年第2期。
④ 乾隆《巴县志》卷一〇《风俗》。
⑤ 道光《厦门志》卷一五《风俗志》。
⑥ 乾隆《浮梁县志》卷八《人物志·义行》。

## 传统社会土地交易"找价"新探

最后酿成悲剧①。

关于"找价"具有边界和规则的判断,我们的材料主要来自清末的交易案例和清末民初的习惯调查,还无从考证惯俗规则的具体形成时期,但至少从逻辑上,我们可以合适地认为,"递减"和"不超出时价"原则,是对"找价"机制的完善。正如官方律例做出规定②是对民间"加找"产生讼案的回应一样,"递减"原则可以看作是民间俗例对"找价"纠纷的一种非正式制度回应。也正是从这一更深层面,我们看到,"找价"发生的内在必然性及其深厚土壤——合理存在且难以替代。而从正式制度与非正式制度的不同回应,我们也看到,官方采用的方式是通过"规范""限制"的手法,希图禁止绝卖后的"加找";民间俗例则"忍让""调整"以应对。在此,"强制性"变迁与"诱致性"变迁的效果,亦一目了然。惯俗规则在何时形成,其实已经不重要了。重要的是,这种规则能够灵活"适应",并对现实世界做出调节。从真实的历史状况看,它也确实这么实现了,从而促进了"找价"的延续:在它的调整下,"找价"并没有出现如官府担心的那样引发太多治安事件;依例行事,习俗规则在现实交易中得到遵行,使之不同于官方律令,而成为实际发生作用的"鲜活制度"。

本文研究,一则强调用现代经济学的理路和方法考察"找价"现象;另则指出需将"找价"发生放入传统社会的背景氛围和制度环境中讨论。

当我们将"找价"放入传统社会的背景氛围,当我们将传统地权

---

① 由于历史资料所限,今人多用"刑科题本"案例作论据。有必要强调的是,能"上""题本"的事例,毕竟是"少数",属极端情况,更多时候应作"反面"材料用。也就是说,分析"刑科题本"案例可能有两种思路去探寻发生刑案的原因:一种是制度路径,认为"加找"这一民间"恶俗"导致了刑案的发生;另一种是具体因素分析,从具体情况、从"反面"角度去看,哪些方面应该补充完善。从"刑案"出发否定"加找",这在逻辑上是站不住脚的——为了应对"恶俗"出台的官方制度并未能够抑制"加找",而民间的照旧行事,不仅是对律例的蔑视,更是对原有"加找"机制的支持。

② [日]岸本美绪:《明清时代的"找价回赎"问题》,杨一凡:《中国法制史考证》丙编第四卷《日本学者考证中国法制史重要成果选译》明清卷,中国社会科学出版社 2003 年版,第 423—459 页。

交易价格形成机制放入传统社会的制度环境中加以考量时,我们能够更好地理解于不停"叹气"现象中凸显出的传统地价形成机制的合理性:一方面,它深深植根于传统农业社会及其秩序土壤中,从而看似脱不了"封建的""落后的"外衣;另一方面,它却包含或者反映了现代土地交易机制的"科学要素"和"合理精神"。

当我们俯首重新审视现代社会土地交易及其价格形成机制——作为一个独立的经济部门,耗费了巨额社会成本支撑着的土地估价制度及其人力,土地估价的结果仍不过是"以少数交易案例的价格为基础而标定"[1],我们便能更深体会到传统地权交易价格形成机制的奥妙。

原载《学术月刊》2013 年第 7 期

---

[1] 卢新海、黄善林:《土地估价》,复旦大学出版社 2010 版,第 44—45 页;[日]野口悠纪雄:《土地经济学》,汪斌译,商务印书馆 1997 年版,第 52 页。

# 地权交易与生产要素组合：1650—1950

## 龙登高

土地交易与流转促进资源配置与提高土地收益，这是中国传统经济长期领先于西方的重要原因。明清地权市场的进一步发育提高了经济效益，使中国有限的土地与生产力水平之下能够养活人类1/4以上的人口。然而，地权市场在生产要素组合与资源配置中的作用并未得到应有的认识。长期以来学界一直认为，土地买卖造成地权分配不均，导致劳动力与土地的分离，继而形成经济低效率与社会动荡，这一成说使国内学者的理论探索受到很大局限，海外学者则从不同视角挖掘中国经济史上的宝贵遗产。张五常[1]以中国近代分成租佃合约的资源配置理论奠定了他在制度经济学中的创始人地位，Buck[2]从土地利用的角度、赵冈[3]从地权分配的角度，Zelin，Ho，Buoye，彭慕兰[4]从产权出发考察明清与近代中国的地权市场，近年来国内学者亦开始

---

[1] 张五常：《佃农理论》，商务印书馆2004年版。

[2] John Lossing Buck, 1937, *Land Utilization in China: A Study of 16, 786 Farms in 168 Localities, and 38, 256 Farm Families, in Twenty-two Provinces in China, 1929—1933*. Chicago: University of Chicago Press.

[3] 赵冈：《中国传统农村的地权分配》，新星出版社2006年版。

[4] Douglass C. North, 2005, *Understanding the Process of Economic Change*. Cambridge University Press.; Madeleine Zelin, Jonathan K. Ocko, and Robert Gardella, 2004, *Contract and Property in Early Modern China*. Stanford, Calif.: Stanford University Press.; Pomerantz, Kenneth, 2008a, Land Markets in Late Imperial and Republican China. *Continuity and Change* 23.1: 101—150; Thomas M. Buoye, 2000, *Manslaughter, Markets, and Moral Economy: Violent Disputes over Property Rights in Eighteenth Century China*. Cambridge University Press.

了重新审视。

地权市场的高度发育是明清与近代中国独特的制度遗产，当代中国不复存在，因此在学术上具有不可替代的研究价值。本文在大量原始契约与复杂案例的整理基础上，在进一步挖掘中国地权市场与租佃关系这一历史宝库中反思成说，对地权所承载的融通与资源配置等功能进行深入考察，从历史源头上寻求地权交易理论的创新，同时也可望对当前中国土地流转的改革带来借鉴与启示。

## 一 地权交易与生产要素流转：明清以来的突破性发展

土地与其他生产要素一样，其流转与组合取决于其交易手段与市场的发育程度。明清以来，土地交易形式越来越多样化，促进了土地与相关生产要素的流动，并且开始突破地域与特定群体的限制，从人格化交易走向非人格化交易①。

**（一）地权交易形式的多样化**

复杂多样的地权交易形式②，或依托于地权，或以土地为媒介展开，或直接进行地权转让，说明土地所承载的交易功能之强。除了直接的产权转让形式之外，更多的是以土地为中介的债权融通型交易。

债权型交易不发生地权转让，但通过交易实现了资金融通性需求。其形式多样：以土地为担保的借贷形式（如"按"，类似pledge）；以土地为担保并以地租或利租来还本付息（"押"相当于collateral）；约定期限内的土地使用权转移与收益占有来偿还借债（"典"，即pawn broking）。"当"则是以地权为中介的各种借贷形式，

---

① 诺斯多次强调，从人格化交易（personalized transaction）到非人格化交易（impersonal transaction）的转变是现代经济制度形成过程中的重要转型之一。译为"从私人交换到非私人交换"，不解。译为人情化交易与非人情化交易，则形象有余，却不符用语习惯。

② 龙登高：《地权市场与资源配置：基于清代地权交易案例的解释》，台北政治大学、"中央"研究院2008年版。

相当于 pledge or hock。

地权直接转让的形式也灵活多样，包括活卖、绝卖、佃权顶退、找价、回赎等，其规则取向也是为了最大限度地保障地权所有者的权益。清代还出现了合伙与股权等地权交易，出现了雇与佃之外的委托经营形式"包"。

土地所有者可以选择债权交易以保留地权，也可以在地权直接交易中保留或再获地权的多种可能性。在保留地权的前提下，通过土地交易实现融资需求。也因此，频繁的地权交易并未导致人们想象中那样严重的土地集中与兼并[①]，相反呈现土地占有分散化的趋势[②]。

凡此多样化的地权交易形式，在金融工具缺失的时代充当了资金融通工具的替代，农户赖以济危解困，延续家庭经济与再生产，从而提高生产效率与经济收益。地权交易形式的多样化为土地的流转及生产要素与资源围绕地权的组合和配置提供了条件。

**（二）资产性地权与经营性地权：土地流转在地域与社会阶层上得到扩展**

明清时期各地普遍出现同一块田的地权析分出田面权与田底权的现象，南方尤为突出。田面权由佃权演变而来。佃权交易时，地主无权干涉。在佃权具有完整产权形态下，田主不能任意占有或改变佃权所有者，官府亦认可这种佃主权。田底权与佃权各自的买卖可以互不相干，田底权交易时，田面权可以维持不变，佃主不受所有者变更的影响。

以往学者认为田面权是一种使用权或经营权，彭慕兰[③]指出它也是一种形式的产权，龙登高[④]则明确以资产性地权与经营性地权来分

---

[①] 丁骞：《民国时期地权分配研究》，硕士学位论文，清华大学，2008年。
[②] 方行、魏金玉、经君健主编：《中国经济通史·清代经济史》，经济日报出版社2000年版。
[③] Pomerantz, Kenneth, Land Markets in Late Imperial and Republican China. *Continuity and Change* 23.1：101—150. 2008a.
[④] 龙登高：《清代地权交易的多样化发展》，《清史研究》2008年第3期。

析一般情况下的田底权与田面权,陈秋坤[①](20 则称为业主权和佃主权。二者都具有各自独立的产权属性,其收益权则有所不同,资产性地权获取投资带来的土地收益,经营性地权则更多地获取劳动收益。在佃权分解的情形下,分别称为地租与佃租,或分别称为正租与佃租,或业主租与佃主租。

地权的分离及其各自独立进入市场,使更多的农户能够进行地权交易,经营土地,拥有地产,进入地权市场的门槛降低。下层中农与贫农可以通过获取价格不高的田面权而拥有地权,远离土地的外地与城市居民则可以通过田底权来投资土地而不需直接经营。表1所示浙江临海县开石乡,经营性地权(田面权)主要由中农与贫农所有,分别占总数的43%、34%,合占76.7%。在绍兴鉴湖乡四个村,占人口36.68%的贫农,虽然其清业田和田底权的比例不高,但田面权所占比例达到32.32%。有意思的是,该乡的佃中农,占总人口的24.18%,田面权与清业田所占比例都高于人口比例,分别达39.13%、27.96%;其所占田底权的比例事实上也接近人口比例,达20.96%。资产性地权的占有者则主要由三部分组成:本乡地主;外地与城居地主;族田等集体所有。表1所示,浙江临海县开石乡比重最大的是"公田",通常是家族所有,占总数的47%。这大大减缓了土地占有的不均衡程度,使土地产权与劳动力直接结合在一起。资产性地权与经营性地权的形成在相当程度上突破了地权流转的地域限制,扩展了地权流转的社会阶层范围。

此外,由于田面权的广泛存在,农村居民在地权占有上的不均衡程度得到相当的减缓。表2计算了苏州与浙江一些地区的土地占有基尼系数,考虑田面权与否,基尼系数大不相同。如果不考虑田面权这一普遍现象,基尼系数被严重夸大[②],远远脱离实际状况。

明清以来,地权交易突破地域、宗族等特定纽带的限制[③],从人

---

① 陈秋坤:《清代台湾土地占垦与地权分配》,中国土地制度改革国际学术研讨会(清华大学)论文,2008年。
② 丁骞:《民国时期地权分配研究》,硕士学位论文,清华大学,2008年版。
③ 李文治:《明清时代封建土地关系的松解》,中国社会科学出版社2007年版。

格化交易走向非人格化交易，在形式、广度、深度上得到发展，地权市场承载的功能增强，为资源配置与生产要素组合开拓新的空间。

表1 浙江两个乡各阶层各类地权的分布（%）

| 成分 | 地主 | 富农 | 富裕中农 | 中农 | 佃中农 | 贫农 | 雇农 | 工人 | 其他 | 学田 |
|---|---|---|---|---|---|---|---|---|---|---|
| 浙江绍兴鉴湖乡四个村 ||||||||||| 
| 户数 | 0.82 | 2.58 | 5.43 | 5.71 | 24.18 | 36.68 | 4.48 | 8.56 | 11.55 | 0 |
| 清业田 | 4.69 | 12.49 | 19.48 | 10.77 | 27.96 | 12.93 | 0.48 | 1.03 | 1.57 | 8.59 |
| 田底权 | 17.48 | 29.9 | 15.61 | 3.17 | 20.64 | 4.77 | 0.14 | 3.78 | 0.78 | 3.73 |
| 田面权 | 0.68 | 2.72 | 10.08 | 6.68 | 39.13 | 32.32 | 1.20 | 1.65 | 2.14 | 3.40 |
| 浙江临海县开石乡 |||||||||| 公田 |
| 正田% | 33.11 | 3.29 | 2.34 || 2.44 | 0.19 || | 11.68 | 46.94 |
| 绍田% | 17.32 | 5.22 | 42.83 || 33.85 | 0.57 || | 0.20 | |

资料来源：临海县开石乡农村调查，1952；《浙江省农村调查》，第155—156页。据胡华（2004）整理。原注：开石乡因去年征粮时，正绍田大多以按对半折合成清业田，故表中正绍田数少。

表2 田面权改变地权占有的基尼系数

| | 绍兴四村 | 金华雅宅 | 平湖第十三村 | 长洲二十图 | 长洲三十一图 | 长洲三图 |
|---|---|---|---|---|---|---|
| 未考虑田面权 | 0.437 | 0.636 | 0.920 | 0.784 | 0.582 | 0.830 |
| 包括田面权 | 0.239 | 0.472 | 0.296 | 0.398 | 0.372 | 0.482 |

资料来源：丁骞《民国时期地权分配研究》第41页；长洲三个图的数据出自赵冈《中国传统农村的地权分配》，新星出版社2006年版，第59页。

## 二 目前收益与未来收益通过地权市场来调剂

任何家庭的收入、开支与资产状况在不同阶段都不一样，都存在资产组合与时段配置的融通需求。在金融工具缺失的传统社会，地权市场在一些场合下提供了管道满足此类需求。这种跨期调剂与优化，是不同农户通过地权市场的交易而实现的，实际上也可视为生产要素的组合与配置。时间上的调剂，表现于如下几个层次。

持有地权，能够获得地租，即土地所有者的未来预期收益；出卖田地或进行融通性地权交易则能获得现金流。是注重拿到手的现金收入，还是注重具有一定风险的未来收益？各人会根据不同的情境与需求做出自己的理性选择。例如福建瓯宁，75岁妇人周邱氏，儿子身故，年老穷苦，无依无靠，将田出卖获得88两现银。其田每年可获16担租谷[①]，但丰厚的未来收益对老人来说没有太多预期。老妇人来日无多，未来田地收益有风险，地租征收有风险（欠租是普遍现象），现银则踏实得多。

在押租制中，家庭资产组合与不同时段的配置的地权功能表现最为突出。各地常见的押租制，是农户佃种土地前需要向地主支付一笔押金（批头银、批礼银）才能获得佃耕权，此后每年向地主交纳地租。这相当于风险抵押金，以确保未来地租征收，因为拖欠租谷的现象渐趋严重[②]。

如果佃主将土地耕种权出让，耕夫要向佃主支付"顶耕银"，这是佃权或田面权租佃关系中的押租制。如黄成筠家于康熙年间将田种8斗以95两5钱卖与郭姓，乾隆十年准备原价赎回。时隔二、三十年，其间郭姓于康熙年间以顶耕银10两5钱批给安锡佃种，至雍正四年，安锡老弱退耕，郭姓转批朱姓。朱姓给田主郭姓批头银5两，并还黄家顶耕银（10两5钱）。乾隆十年黄成筠欲赎回自耕，与佃户朱姓发生冲突。官府判决，田主黄成筠应将顶耕银退还给佃户朱姓，郭姓应退还批头银[③]。

押租金可多可少，押金多则每年的地租轻；押金少则每年的地租重。现金与地租的关系，其实就是当前现金流与未来收益之间的权

---

[①] 《刑科题本》，第198页。
[②] Thomas M. Buoye, *Manslaughter, Markets, and Moral Economy: Violent Disputes over Property Rights in Eighteenth Century China*. Cambridge University Press. 2000.
[③] 《刑科题本》，第184页。

衡；押租——现金流收益；地租——未来收益。

显然，增加当前的收益（押租），就意味着未来收益（地租）的减少，或者可以说是未来收益的套现。相反，减少当前现金所得（押租），就意味着未来收益的增加，或者说，地主注重资产投资预期。如表3所示。

表3　　　　土地目前收益与未来收益之间的押租制配置

| | 土地亩数与地价（两） | 现金流押租（两） | | 未来收益地租（石） | | 年份 |
|---|---|---|---|---|---|---|
| 1 | 10亩<br>660两 | 250<br>385 | ↓ | 12<br>5 | ↑ | 嘉庆10<br>嘉庆14 |
| 2 | 未知 | 400<br>800 | ↓ | 120<br>94 | ↑ | 嘉庆14<br>道光3 |
| 3 | 460两 | 200<br>100 | ↑ | 8<br>13石8斗 | ↓ | 道光23<br>道光24 |
| 4 | 田土一块，瓦房草房三间 | 120<br>70 | ↑ | 84<br>89 | ↓ | 道光25<br>道光28 |

据方行[①]整理。

表3中，第3例是减押增租，道光二十三年主佃双方协商押租金为200两，次年减至100两，但相应地，未来每年地租增加5石8斗。第4例亦然，协议改变是因为双方的需求取向发生了变化，此时地主注重资产投资的未来收益预期，佃农则可减轻当前的押租负担。

相反，第1例则是增押减租，嘉庆十四年改变了4年前的约定，押租从250两增至385两，这新增的135两实际上是未来收益的套现，地租则每年减少7石。双方的需求取向有所调整，地主更注重目

---

① 方行、魏金玉、经君健主编：《中国经济通史·清代经济史》，经济日报出版社2000年版，第1838页。

前的现金支配，而佃农则期望以后每年地租负担减轻。第2例也是如此。当几次增加押租，地租则越来越轻，可减至趋近于零，此时则接近于把土地典、押或活卖给佃农了。方行形容后一种情况类似于分期付款，佃农通过多次支付押租金得到了土地。如果地主再行一次找价，就可以将土地绝卖给佃农，实现土地所有权的全部转让。

上述押租与地租之间的灵活组合，提供了目前收益与未来收益的多样化配置，为交易双方创造了多样化的选择手段。事实上，其他交易形式，不少也都能够达到未来收益的贴现，或未来收益与目前收益之间的选择与配置，如表4所示。

表4　各种交易形式下目前与未来收益之间的权衡与组合

| 交易手段 | 未来收益 | 目前收益 |
| --- | --- | --- |
| 押租制<br>佃权转让押金 | 地租<br>顶租 | 批礼银（现金押租）<br>顶手银（现金押佃） |
| 出典、抵当<br>典当地租或佃租 | 地权之土地收益<br>土地控制权 | 地价贴现<br>地租或佃租之贴现 |
| 活卖 | 找价、找贴 | 卖价 |
| 绝卖 | 无 | 卖价 |

典当土地是未来土地收益之贴现，或者说是以约定期限内的土地收益来获取目前急需的现金。典当地租或佃租，则是地主在保留土地控制权的前提下，将未来的地租或佃租变现。活卖土地，是基本上牺牲土地产权及其未来权益，但民间惯例仍保留了找价及回赎的权力。绝卖，是为了目前收益完全转让土地及其一切未来权益。

## 三　资本、劳动力、土地之间的动态组合

**（一）资本流向土地**

清晰而稳定的产权才能吸引所有者不遗余力地投资其中；多层次

◆◆ 地权交易与生产要素组合：1650—1950 ◆◆

的产权，则使各阶层的资金能够通过多样化的交易形式投向于土地。①

其一，稳定的经营性地权，使佃农与土地耕种者愿意对土地进行长期投资。在习惯法上，投入工本，就可获得佃权或田面权，能够遗传与继承，能够自由转让与买卖，而地主不加干预，亦不能随意撤佃，因此佃农愿意追加工本以提高地力，或致力于水利与基础设施，以增加未来土地收益。彭慕兰②也提到这一点。如果不能拥有稳定的产权，佃农对土地进行投资的驱动力就会弱化，特别是长期性投资。

依各地惯例，投资土地可以获得经营性地权。租佃土地时，如系开荒垦种，投入工本，那么佃农对佃权将获得产权支配力，并得到民间与法律的认可。③"江苏之江宁、无锡、常熟等县，俗称永佃田曰灰肥田，意即谓佃户曾加灰肥于田，使之价值增高，故此增出之价值权利，应属佃户。"安徽绩溪谓之"草粪权利"，其收益超过田底权所有者，因为增加草粪等肥料，使瘠地变为肥地④。稳定的地权推动了佃农的投资意愿，试看福建侯官县举人林绪章祖置之业：

"因其田瘠薄，经各佃自捐工本，开垦筑坝成田，照额耕种纳租。"意味着佃农所得份额增加，这种增加来自于佃农的工本，佃农随之获得自由支配与转让的权利。乾隆六年至十八年间，这些佃权就发生了几次转让交易，陈世卿先后顶耕原佃叶紫生、叶伯伶，潘育仁顶耕陈余博，等。佃主们说："因从前没有水坝，多致歉收。后来小的们出资雇工，修筑水坝，才有收割，照旧纳租。如各佃内有不能自种者，因有开筑工本，得价顶耕。仍向田主换批耕纳，从无拖欠。"⑤

这种因投资工本而获得的佃权在民间受到理所当然的认可，官府也承认这种权利。佃权之成为独立的产权，在更多的情形下，是通过押金的形式获得对所租佃土地的控制权，从而获得长期投资的驱动力。

其二，资产性地权的所有者，能够脱离土地控制与管理而获得地

---

① 与之相对照，当今中国所呈现的则是逆向流动——资金从农村流向城市。
② Pomerantz, Kenneth, Chinese Development in Long-Run Perspective. 2008b.
③ 《刑科题本》，第299页。
④ 内政部主编：《中国经济年版鉴》，商务印书馆1934年版。
⑤ 《刑科题本》，第284页。

租，于是城市居民与工商业者投资于土地。城居地主（或称外籍业主、不在地主）定居于远离其土地的城市或外地，或从事工商业。有的是从原乡村迁往城市，他们仍然是地主，常常将城镇工商业中获得的利润投资于土地；有的则是外乡或城市的资本所有者到乡下购买农地，同样也是资本流向土地。当然也存在相反的流向，即以土地收益投资于工商业。

资产性地权则使土地交易能够脱离实体的约束，城市居民、外地居民能够参与土地的买卖与投资，大大延展了地权交易的空间范围与社会阶层。田底权相当数量常不在本乡，这种现象并不少见。浙江平湖胜利乡第十三村各类人户拥有的田面权达1736.8亩，但田底权仅187.6亩[1]。假设田面权的土地均在本乡，则有1549.2亩土地的田底权都由村外人所有，大多当为城镇居民。四川的地主居住地址的分布，本乡地主仅仅略多于城居与外籍地主：乡51.28%，场15.38%，城23.37%，外县1.64%，大都市4.23%，未详4.14%[2]。

## （二）劳动力与土地的动态结合

租佃制度是劳动力与土地结合的一种安排，但佃农不能主动支配土地的交易。当佃权独立并由佃主控制与支配时，就能利用多样化的交易形式通过佃权的流动进一步实现生产要素的组合。

劳动力多的家庭，可以佃种较多的土地；劳动力不足的家庭，则可以出让其田地的佃权，脱离土地耕种。这样，劳动力与土地两种生产要素能够在动态中结合起来。江西铅山王子昂佃种蔡桂玉田，租20石。乾隆三十四年，因其家庭人力不敷，遂将其中的5石5斗，转拨王起先耕种，得顶首七折钱3千文。乾隆四十一年，王子昂的四个儿子长大了，要将田5石5斗备原价取回自己耕种。[3] 有的家庭，劳动力生病或亡故，无力耕种土地，此时往往把土地典给他人耕种，或者出卖田面权。

福建南靖县徐包用顶耕银承耕王锦的田种4斗，因有病不能多

---

[1] 胡华：《近代江南双层地权研究》，硕士学位论文，南京师范大学，2004年。
[2] 郭汉鸣、孟光宇：《四川租佃问题》，商务印书馆1944年版。
[3] 《刑科题本》，第343页。

◈◈ 地权交易与生产要素组合：1650—1950 ◈◈

耕。与他相反，徐篪有四个儿子，家里富有劳力，遂用银32两，于乾隆十六年转佃徐包的租［种］田2斗耕种，每年向田主王锦交纳租谷2石8斗。乾隆二十二年，徐包欠徐篪17两3钱5分，只得把自己管耕王锦2斗种的田，"抵"还欠项。田仍认回徐包自耕，每年给徐篪利租3石5斗①。

徐包拥有田面权，以之抵还欠债17两3钱5分，即以该田地佃权的未来收益"利租"3石5斗，来抵偿债务。佃权在名义上发生了转移，但土地的控制与耕种权，仍在原佃主徐包手中，债主则获享有佃田的固定收益权。这是一种地权的分割，债主获得资产性地权，原田主所有者则拥有经营性地权或使用权。

资产性地权与经营性地权之间的置换，为农户最大化利用家庭资源提供了多样化选择。为扩大土地经营规模，有的农户出卖自己的小块土地，以所得来支付押租，获得更大面积的土地来经营。如湖南安仁县黄鸿淑的一段庄田，原佃谭文华因儿子亡故，无力耕种。李元武得知，即卖掉自己的3亩下田，拿了5两5钱作进庄银（另送居间银5钱与侯荆山），打算佃种这块较大较好的田地。②像这种情形为数不少，许多农民，仅有一两亩狭小的土地，每年必须向政府交纳几斗乃至于几升的田税，为此通常要走几十里到官府，还得忍受衙门的盘剥。他可能宁愿选择占有佃权，而向地主交纳地租。拥有较大面积的地主，则可以批量向官府交纳田税。

种田能手或种田大户，能够创造更高的土地产出，通过地权市场，有可能耕种更多的土地；财雄势大的地主，也能够拥有更多的土地，为了提高其土地价格，不少地主组织进行农田水利建设，产生规模效益。

资金、土地收益与劳动收益三方面，根据自己的需求进行选择，这样的事例不少。在需要资金时，农户出卖田底权还是田面权？将根据其家庭劳动力的多寡来进行选择。

当家庭劳动力充足时，农户取向劳动收益，他会保留其经营性地

---

① 《刑科题本》，第327页。
② 《刑科题本》，第179页。

权（田面权），以凭借劳动力来获取收益，此时可以出卖资产性的田底权。相反，当家庭劳动力不足时，农户的取向优先于土地收益，他将保留资产性的田底权，而出卖经营性的田面权。

**（三）转佃形式体现的资本、劳动与土地在多样化交易中的组合**

具备独立支配的产权属性时，佃权（田面权、经营性地权）可以自由转让与继承、典当或买卖，其转让形式与途径呈现多样化，使佃主与农户在生产要素组合的过程中具有更多的自由选择的可能性。湖南耒阳共佃、转佃与典佃的案例反映了这一点[①]。

表5　　　　　　　　　不同取向下劳动力与土地的结合

|  | 劳动力充足 | 劳动力不足 |
| --- | --- | --- |
| 资产性的田底权 |  | 选择土地收益 |
| 经营性的田面权 | 选择劳动收益 |  |
| 清业田 | 自耕 | 租出 |

段永隆、升朝的祖父，"共佃"谢公琰田秧120石。其中两处田秧7石5斗，相离弯远，耕管不便，于是永隆父亲"转佃"与段克明父亲耕种，每年租谷，仍由永隆家收了转交田主谢家。

乾隆二十四年，克明因家贫乏食，借了梁惟能2石谷子，次年需连息该还谷3石。此外，克明还交不出租谷，永隆只得垫付。克明没有谷子偿还债务，遂将上述田中的3石田秧，典给梁惟能佃种。议定典佃银3两5钱（谷价算银2两，现银1两5钱），听其佃种2年，到期还银退佃。

永隆、升朝"共佃"：可以实现规模经营，或减少租佃契约之交易成本。

永隆"转佃"给克明：永隆因路途遥远，耕管不便，克明则耕作

---

① 《刑科题本》，第319页。

便利。通过交易实现优化配置。

克明"典佃"给梁惟能：克明能以未来两年的土地收益变现，获得现金，度过家庭时艰；梁惟能则获得利息。这一交易各得其所。

共佃、转佃、典佃等交易形式多样，说明佃权的独立与发育，使劳动力与土地的结合在动态中得到实现，各方需求得到满足，生产效率可望提高。类似的案例时可见之。

转佃，实际是不同生产要素与资源的所有者之间，通过要素流动形成各种组合，从而形成实现资源配置的不同形式。四川巴县的一则案例更为清晰，兹列成表6。

巴县任潮选的田地以押佃银900两租佃给胡从茂，每年租谷6石；胡从茂转佃给陈全康，收押佃银350两，每年纳租谷46石；道光二十一年，任潮选直接佃给陈全康，收押佃银700两，每年租谷26石；道光二十二年，改为押佃银600两，年纳32石。

表6　　　　　　　巴县转佃案例：选择与组合

| 租佃各方之关系 | 押租银（两） | 每年租谷（石） | 各方之需求取向 |
| --- | --- | --- | --- |
| 任潮选租佃给胡从茂 | 900 | 6 | 任某取向现金 |
| 胡从茂转佃给陈全康 | 350 | 46 | 胡某取向未来租谷 |
| 任潮选与陈全康直接租佃 | 700 | 26 | 陈某取向劳动收益 |
| 减少押金增加地租 | 600 | 32 | |

资料来源：四川省档案馆[1]。

任、胡、陈三人取向不一，通过交易与组合，各得其所，资源利用效率最大化：

任潮选有地而无钱，迫切需要现金，对未来地租的边际需求低。

胡从茂有钱而无地，希望通过投资获取未来的收益。

陈全康则劳动力充裕，钱少而无地。

---

[1] 四川省档案馆.《清代乾嘉道巴县档案选编》，四川大学出版社1989年版。

任潮选需要900两押金来实现自己的现金需求与对土地的租佃；陈全康只能支付350两——租佃组合无法实现。此时手握资金的胡从茂来进行投资，他以900两押金与任进行交易，相当于胡从茂投资土地获取未来的地租，任潮选获得土地收益贴现。陈全康则以较少的押金获得土地耕种，获得其劳动收益；胡从茂则通过转佃获得了未来地租的实现。几年之后，陈全康具有一定的资金积累，于是向胡从茂直接租佃。次年二人还就目前与未来收益的权衡调整过协议。

　　转佃在许多情形下都具有需求。地主的大片土地，如果出租给众多的佃户，交易成本较高，必须与每个佃户签订租佃协议，考察每一个佃户的信用与风险，其信息搜索成本、监督成本及收租的管理成本都较大。尤其是城居地主、外籍地主与佃户存在空间隔离，其约束亦基于非人格化交易之上，或者是家族、寺庙、团体等的大地产，都可能选择签订一个租约。

　　佃农一方也存在需求。有的佃人经济势力单薄，没有足够的财力或生产能力向地主承佃；或者无法向地主提供获得认可的信用关系，不容易取得地主的租佃许可。此类情形尤其出现于大片土地的出租与承租。但佃农可以从转佃方获取一部分土地佃种，或者佃农与转佃方之间存在人际信用可资契约的订定和执行。近代出现过四川的"田园会"，广东有集资公司等，专门负责包租业务[1]。凡此都是委托代理关系发展所形成的中介机构，或者说租佃关系非人格化交易演进下的产物。四川"田园会"，佃人无力预交押租金，合川县有集合十人左右组成田园会，获得资金作为押租，以此租佃大面积的土地，再转佃给农户。广东田园会的集款每年常达数千两[2]。这也是传统"合会"在租佃关系中的运用。在有的案例中，还出现了小地主大佃农的现象。[3]

---

　　[1] 李德英：《国家法令与民间习惯：民国时期成都平原租佃制度新探》，中国社会科学出版社2006年版。

　　[2] 瞿明宙：《中国农田押租底进展》，《中国农村》1935年第1卷第4期。

　　[3] 小地主大佃农的形式，目前台湾正在推动，这可能是平均地权后规模经营的一种发展趋势，也是担心失地农民引发动荡的一种可以为各方接受的形式。

◈◈ 地权交易与生产要素组合：1650—1950 ◈◈

民国时期，许多知识分子认为，转佃徒增一道中间环节，佃农多了一层剥削，增加了最终耕作者的负担。① 同时，转佃有时因几经转手，易致冲突，官府常苦于协调与处理。因此，民国政府改变了清朝自由放任的政策取向，颁布法令禁止押租、转佃②，《佃农保护法》《土地法》《租佃暂行条件》相继推出。但各地得不到执行，民间仍以习惯法处理租佃关系，法院亦以此为依据③。老百姓之间的交易纠纷与摩擦，禁止许多流传已久的交易习俗并不能解决问题，那样恰恰减少了民众的多样化选择，限制了要素流动与资源配置的多样性。④

转佃实际上给予了佃农自由选择的权利，如果不能转租他人，就会永受束缚，成为实际上的终身农奴。这一点刘大钧⑤也意识到了。湖北潜江县张鼎存，长期佃种陈于署的田24亩，乾隆八年欲搬往当阳县，于是将田转佃周绍衣⑥。如果不允许转佃，陈于署就不能自由迁徙，要么将田退还给田主，此时其权益极有可能被田主侵夺。再看浙江迁居县张迪鲁，原有清业田1亩4分，出卖田底权，仍自己耕种还租，即保留经营性地权。乾隆三十六年，张迪鲁回城中居住，其次子将田"转绍与邻庄蒋桂受"，即转佃，得谷2石。后来蒋桂受以隔庄管理不便，再"转绍与方士学收种，议明原绍谷价并麦种钱，共二千文"。由于张迪鲁原来将田转佃方相端耕种，而引发冲突。⑦ 这里佃权的再三转让，也就是佃户自由选择的过程。

---

① 这种认识成为20世纪的主流，直至将土地固定分配给劳动者，并将农民稳定地束缚在其土地上，虽然有地能耕，但也失去了自由选择的空间。尤其是在城市化急剧发展的时期，按人头固定分配土地，随着农民大量离开土地，而地权不能流转，造成土地不能通过交易配置到最具效率的劳动力与资本手中。

② 民国政府强化政府干预，这是中国现代化脉络中日渐强化的趋势，直至由政府完全控制。

③ 李德英：《国家法令与民间习惯：民国时期成都平原租佃制度新探》，中国社会科学出版社2006年版。

④ 就押租而言，预付押金是维系租佃关系的约束纽带。没有押金，地主不放心，担心欠租而无法追还；佃农也不支持，因为没有押金而害怕地主撤佃。预付押金，佃农才可以长期租种，甚至获得永佃权或田面权形式的经营性地权。

⑤ 刘大钧：《我国佃农经济状况》，上海太平洋书店1929年版。

⑥ 《刑科题本》，第302页。

⑦ 《刑科题本》，第335页。

## 四 农户的自由选择与多样化安排：案例分析

### （一）农户在各种收益之间的选择与安排

地权交易手段的多样化，使小农随时能够相机运用任何一种形式进行或大或小、或长或短的交易。加之产权分割并形成多层次的地权市场，使贵重的土地能够容纳多个独立的产权人，并便利于地权的市场交易。降低了地权市场的进出门槛，使广大的小农能够参与交易。因此，地权成为被普遍接受和使用的金融工具，满足了农户的融通需求，促进了生产要素组合。兹以浙江诸暨县王汉英父子利用地权市场来进行各种组合与安排的案例[①]来具体分析。

王汉英有租田4亩。乾隆九年，其父卖给蒋育千，仍由王家佃种，年租谷10石。这是王家从根面皆备的清业田土地所有者，到出卖田底权获得急需的现金，同时保留佃权自己耕作，以获取劳动收益。

乾隆三十年，王家将佃权转顶与苏邦信，得钱6400文。这是出让佃权以获得现金。

乾隆三十四年，因佃价上升，王家想赎出转顶，可得10千，以偿还债务。这是利用"赎"的交易手段获取市场价格变化带来的收益。

买主周尚文仅有钱3千，就把自己的另外一丘田，抵给王汉英佃种。这是等于说欠王汉英钱7千，以自己的田"抵还欠债"。灵活运用"抵"的手段，克服了交易障碍与金融工具的缺失，促成地权交易的完成。王家虽然未能如愿获得足够的现金，但获得了未来劳动收益的预期。

乾隆三十五年，周尚文又把这4亩田，包给王汉英代耕，并付给王320文。这是又出现"包"的交易形式，王家获取未来劳动收益

---

[①] 《刑科题本》，第330页。

320 文的套现①。

王汉英父子在 29 年间进行了 5 次田地交易，在地权市场灵活利用"根面田"——"田面"——"卖佃"——"抵佃"——"包种"等地权及其收益的交易手段，这有点类似于现代的资产组合投资。以 W 表示此王姓，数字表示交易序列，简化如下：

W1，根面两全的田主；W2，田面权所有者；W3，出让田面权；W4，赎回再卖田面权；W5，买主以价相抵，W 获得佃耕；W6，包耕（地主预付资金外包土地耕种）。

当然，看上去似乎地权市场提供了多种工具可供其灵活选择，事实上都是因生活所逼的无奈之举，但有选择的空间毕竟比走投无路要强得多，而且的确使王家能够几次度过困境，延续自身的再生产与生活。

**（二）实现融通需求与土地流转的过程中保持土地所有权的努力**

以往人们一谈及土地买卖就联想到土地集中，事实上发生地权转让的买卖行为只是土地交易的一种形式，债权融通并不发生地权转移，多样化的交易安排为农户利用地权进行融通提供了便利手段。出卖土地是农户万不得已之举，在此之前仍可便利实现其融通需求。再看一个案例。惠州朱天佑有 2 石 1 斗地，雍正二年，其"质业"（田面权）用价银 12 两、钱 4 千文，卖与郑瑞发兄弟耕种，年交粮业租银 1 两 4 钱 7 分。十二年，其"粮业"（田底权）卖与朱色彩之父，价银 11 两。仍由郑氏兄弟耕地纳租。②朱天佑需要资金时，将其清业田分解，自己保留田底权，而出卖田面权（"质业"），获得现金 12 两余，未来的地租收益仅剩下每年 1 两多钱。十年后他又一次需要现金时，只得将田底权出卖，获得了 11 两现银。

从第二部分所述之押租出发，需要现金流的土地所有者可以在出让产权之前依次以如下形式进行交易，实现其融通需求：

---

① 《刑科题本》，第 330 页。
② 《刑科题本》，第 255 页。

1. 重押轻租。即增加押金，减少地租，将未来收入流更多地变现。

2. 押扣（押租计息）。即地主将押租放贷，获取利息，这收益必须与佃户分享，通常以部分地租折算作为替代。

3. 干押。即将未来地租一次交清，以押免租。土地所有者虽然仍保留地权，但失去了未来收益的控制权。不过他将来仍有机会退还押金，重新获得收益控制权。

4. 明佃暗当。即名义上是租佃关系，实际上将土地典当出去。在约定的期限内，出让使用权，土地控制权与收益支配权已发生转移，但最终所有权仍属地主，在官方文件中没有发生地权变更。约定期限后，土地控制权与收益支配权回归所有者。

5. 典当期满后，仍需现金，可再续典，或加典。

6. 活卖。即土地所有权发生了转移，但原地主保留回赎与找价的权利，将来只要有足够的资金，依约可以地归原主。

7. 绝卖。即土地所有权的最终转让。

在金融工具缺失与谋生方式单一的传统农业社会，地权寄托着土地所有者几乎全部的生计手段与希望。因此，地权承载的功能日趋多元化，另一方面，所有者与政府都企图最大限度地保护农户对地权的所有，多种地权交易形式在一定程度上提供了实现的途径。

# 结　论

经济效率源于资源配置，而农业社会中生产要素组合的前提之一是土地流转。资源配置与土地流转在交易与市场中才得以实现，交易的顺畅则基于清晰的产权。地权的分割及其交易形式的多样化，使明清以来的土地流转开始突破人格化交易的限制在更大的地域与更广泛的民众中展开，地权市场成为融通性工具。农户通过地权市场组合家庭资产，调剂目前收益与未来收益，以济危解困，度过时艰。劳动力与土地的结合在动态中实现，适应了家庭劳动力构成的变动不居，也满足了农户的土地耕种、副业经营、工商业经营或地域迁徙等多样化选择与取向,通过地权的各种交易形式,土地流向最有效能的劳动力来经营。富有劳动力或擅长土地耕种者能够以土地经营权的途径,投入工本提高地力;城市居民与外地居民则可以摆脱土地实体的约束,通过资产性地权来投资土地获取收益,于是资本从各种途径流向土地。[①]

交易形式越多,农户的选择越多,生产要素组合的可能性越多。民国政府禁止押租、转佃等交易,其出发点在于保护弱势的佃农,实际上限制了农户的自由选择,因此从未得到基层与民间的认可和实行,传统交易惯例仍然有序进行。[②]

虽然约束条件不同,但历史时期的地权交易与资源配置仍带来现实的借鉴与启示。劳动力与土地只有动态的结合才能优化配置,那么,平均分配土地而且限制其流转,或者把农民固着于土地的"美好"愿望,显然阻碍了规模经营,更滞后于急剧的城市化下农民变市民的趋势。当前家庭土地承包经营权的流转,则与本文所论经营性地权或田面权有着直接的借鉴价值。通过多样化的交易实现生产要素的流转与资源配置,并使农民通过地权获得融通性需求等多重权益,这种曾经出现过的历史现象与制度,则与现实尚存一定的距离。凡此重要课题,我们都将从经济史源头上的宝贵遗产并结合当前农地流转改革继续进行探索。

原载《经济研究》2009年第2期

---

① 许多学者质疑,既然传统中国经济制度具有活力,为什么不能向资本主义或现代经济转变呢?以土地为轴心的资源配置与经济运行在当时的技术条件下带来经济效率,固化和强化了原有的体系。于是真正合乎逻辑并能够接受检验的是,以地权为轴心的传统经济越成熟,越难以原发性、内生性地产生与之相反的因素——以资本为轴心的现代经济。事实上,原创性的制度创新,往往不是在成熟的经济体中产生与之对立的异质因素,而通常是新质素或异质因素在动荡的变革中突破了原本就不那么强固的旧制度的约束。

② 越来越多的学者已经开始摆脱了以近代中国经济的落后来质疑传统经济及其制度的合理性与内在逻辑这种简单化的思维,因为近代经济的崩溃有其极为复杂的原因。

# 近世佃农的经营性质与收益比较

龙登高 彭 波

## 一 引 言

没有耕地的农民可以有不同的选择，或成为经营地主的雇工，或当租佃地主的佃户，并且在一般均衡条件下，农民从两种不同的选择中所获得的收入是大体相等的——这是张五常[①]佃农理论的基本假设与逻辑分析起点，即在竞争条件下，佃农所获，不会大于他当雇工的收入；他反复强调"佃农为土地所有者劳动"。[②] 张五常假设是对中国佃农主流看法的经济学解释，与此相关的成说还认为，佃农受地主的剥削而导致贫困与经济效率低下，是中国小农经济落后的根源之一。

然而，佃农和雇农同样都是为地主而劳动并且收入相等的这一假设，验之《佃农理论》出版后40年来新的经济学理论与经济史研究成果，是很难成立的。事实上，根据近年来经济史学界的研究，可以

---

[①] 张五常：《佃农理论》，易宪容译，商务印书馆2000年版。（S. N. S. Cheung, *The Theory of Share Tenancy*, Chicago: University of Chicago Press, 1969.）

[②] 在张五常看来，佃农与雇工的区别只是在于，雇工从地主那里获得依劳动时间而定的工资，佃农则从地主那里以分成租或定额租合约获得劳动收入。佃农劳动的边际产品等于工资率，这一条件与工资合约下的均衡条件相一致。在其《佃农理论》第75页图5的分析明显表明他所谓的"从事其他经济活动可能得到的收入"，就是指农业工资。

发现中国近世①佃农的形态多种多样,但其主流形态却是通过契约获得租佃土地之后,从外界与市场购买其他生产要素,以全家的劳动与资本进行整合,形成了自身独立的农业经营。这一点张五常和学者们也会基本认同。由此出发,我们可以顺其自然地假设和推断佃户农场相当于一个农业企业,佃农具有企业家的性质,其付出不仅是劳动,还承担企业家性质的管理职责。这样,其收入也不应该仅仅是劳动力价格,还应当获得企业家才能的报酬,因而与向地主出卖自己劳动力的雇农在收入上有着本质的区别。随着学界对中国租佃制经济、土地产权等研究的深入,重新检讨佃农的经营性质与收入,不仅在经济学相关理论的探索上十分必要,也是关系到如何把握中国传统经济核心的重要课题。

## 二 佃户农场独立经营:组合各种生产要素创造财富并获取风险收益

佃户农场具有农业企业的性质。企业的首要属性,就是组合各种生产要素与资源创造财富。而近世的中国佃农,已经逐渐从依附关系转向交易关系,他们从土地租赁市场购买生产要素,通过各种不同的渠道与方式,将土地、劳动力、资本、技术等要素在家庭农场中组合起来,形成独立经营的农场企业创造财富。大多数佃农与自耕农一样,自主经营,自负盈亏,以实现自我生存与发展。

宋代以后,个体小农独立生产能力逐渐增强至明清趋于成熟②。近世的佃户,已经获得人身自由,可以自由迁徙,自由占有土地与种植,自由支配劳动时间与劳动产品③,往往拥有自己的主要生产资料与工具,如耕牛、农具、种子,还有家庭代际传承的生产技术,资本亦往往由自家筹集,或通过家族互济。家庭劳动力男女老幼搭配,农

---

① 本文"近世中国"指16世纪至20世纪中叶,即明中叶至1950年代土地改革以前。
② 龙登高:《中国传统市场发展史》,人民出版社1997年版。
③ 方行《中国封建社会农民的经营独立性》《佃农的中农化》等文作了较全面的论述。其他学者亦颇多成果,此不赘引和论证。

忙时则求助于短工市场或邻里亲友互助，农闲时外出从事副业。

佃农还将地主的、外界与市场的生产要素组合起来，家庭缺乏的生产资料与工具从市场购买，耕地则以租佃的方式获取。在田面权或永佃制之下，佃农还实质性地拥有土地。《江阴县志·风俗》所谓"其佃人之田，视同己业，或筑为场圃，或构以屋庐，或作之坟墓其上，皆自专之，业主不得问焉。老则以分之子，贫则以卖于人"。

在此基础上，佃农独立经营，组织生产，对地主的依赖大大减少，地主也一般不干预具体生产①。陶煦《租核》所谓"田中事，田主一切不问，皆佃农任之"。南方佃户"自居己屋，自备牛种，不过借业主之土块而耕之，交租之外，两不相问，即或退佃，尽可别图。故其视业主也轻，而业主亦不能甚加凌虐"②。即使在1930年代华北的实物分成地租中，地主也极少向他的佃农提供资本和信贷，不干预佃农对土地的经营。二者之间社会关系极为松散，不像日本的主佃之间有等级地位高下之别③。

不仅如此，佃户还是一个多种经营、集农业与手工业及副业于一体的综合性企业，或小型的一体化企业。此类论述颇多，如李伯重、方行、黄宗智④等。陶煦《租核》描述江南的佃农："老幼勤动，，男妇况瘁，三时无论矣。其在暇日，或捆履，或结索，或赁舂，或佣贩，或撷野蔬以市，或拾人畜之遗以粪壅，都计十室之邑，鲜一二游手也，亦极治生之事矣。"其他地区亦普遍如此⑤。

面向市场进行专业化生产，则使佃农成为追求利润的单位。租佃制发育与佃农经营程度最成熟的江南地区，个体农户面向市场的专业

---

① 从历史趋势来看，佃农对地主的人身依附关系，虽然从法律上与整体上可以说不存在了，但佃农在与地主的博弈中毕竟处于弱势，佃农对地主的经济依赖或者地主对佃农的剥削仍然是存在的，与此相关佃权的地区差异及其多样化类型与历史演变，将另文论述。
② 《康雍乾时期城乡人民反抗斗争资料》上册，中华书局1979年版，第10—11页。
③ ［英］马若孟（M. H. Myers）著，史建云译：《中国农民经济》，江苏人民出版社1999年版。
④ 李伯重：《江南的早期工业化》，社会科学文献出版社2000年版；方行：《清代佃农的中农化》，《中国学术》2000年第2辑；［美］黄宗智：《长江三角洲小农家庭与乡村发展》，中华书局1986年版。
⑤ 陈宏谋：《训俗遗规》。

化生产也达到了传统技术条件下的极限。这里，植棉、纺纱与织布相结合的农户，或植桑、养蚕与缫丝结合的农户，显示出佃农与小农家庭经营的最高水平。李伯重、张研①述之甚详。其他地区也各有特色。

雇工则一无所有，完全听命于雇用他的地主或佃农。他没有自己的独立经营，既不能组合生产要素以创造财富，也很少能从市场中寻求获利机会。

独立经营的佃农承担风险并获取相应的风险收益，雇农则不然。在不确定性假设下，由于所有的生产决策是在知识有限的情况下做出的，每个决策只产生一种唯一的结果，所以，企业决策总存在预期收益和实际收益之间的差额。现实的经济过程是由预见未来的行动构成的，而未来总是存在不确定因素的，企业家就是通过识别不确定性中蕴含的机会，并通过对资源整合来把握和利用这些机会获得超额利润。企业主与管理者通过承担风险获得剩余；工人通过转嫁风险获得工资。奈特风险理论系统而具体地解释了风险是企业的属性与收益的来源。

佃户农场风险自负。农业经营的不确定性很高，风险很大，包括自然灾害引起的风险、经营不善带来的风险、市场变动所引发的风险；还有土地租佃契约破裂的风险等。面对这些风险与不确定性，佃农必须自主地做出经营决策。同一个农场在众多的可能性中只能选择一个决策与应对措施；即使同样的土地与经营条件，不同的决策会导致迥异的收成。佃农识别不确定性，承担风险而获得剩余。雇农则是不承担风险的，完全转移给组织生产的地主或佃农，当然也就失去了风险收益。

在定额租制度下，佃农承担全部的风险；在分成租制度下，则与地主分担风险。张五常创造性地论证了分成租制度下地主与佃农分担风险，带来效率并使之成为佃农的选择之一，他也明确指出雇农当然不担风险。但他研究之时，风险收益理论尚未问世，因此他没有清晰地意识到佃农与雇农是否承担风险导致二者所获收益的差异，仍然认

---

① 李伯重：《江南的早期工业化》，社会科学文献出版社2000年版；张研：《18世纪前后清代农家生活消费的研究》，《古今农业》2005年第4期。

为佃农与雇农的收入没有差别，以致出现逻辑混乱，实在可惜。

## 三 佃农拥有或分享剩余索取权，同时未来收益可以通过交易而贴现

剩余索取权是指由于经营的不确定性，企业所有者获得合约能够明确规定之外的收益。在企业经营中，剩余索取权被视为实际的所有权。近世中国的佃农，虽然土地是租佃而来，但在定额租条件下对农场拥有完全的所有权，分成租佃下的农场则是佃农与田主分享。因此佃农拥有或分享剩余控制权与剩余索取权。即合约未规定的剩余收益，定额租之外的收成全归佃农，分成租制下由佃农与地主按约定分享，无法约定者由佃农独占。

佃农的剩余索取权，大体表现为如下三方面。第一是主要作物之外的种植与收成，如夏作之外的春作，或一季之外的二季，或其他辅助农作物，都由佃农决策与经营，剩余归佃农支配。大多数租佃契约下，地租通常按一季作物来征收①。山东租地栽种果实者，种收其他杂粮，业主不得分润，谓之"白租"。因为"此乃劳力者之特别利益，业主不得分润，于理亦当"。② 第二是佃农超额的劳动与资本投入的收益，"农勤则倍收，产户不得过而问焉"。佃农追加投入所获约定租额以外的增量收成，即使成倍增加，也与"产户"即土地所有者无关。第三是通常面向市场的多种经营与副业经营，由佃农独立控制，其剩余亦由佃农支配。后述佃权的市场价格不菲，很大程度上来自土地经营的各种剩余索取权。

以往人们并非没有认识到佃农的这些经营与收益，但由于把佃农租佃土地视为对地主的依附，甚至是为地主而劳动，因而对剩余索取权熟视无睹，没有由此展开分析和高度重视佃户农场的企业属性及其收入来源。事实上，在近世中国，佃农从土地租赁市场购买土地这种

---

① 李伯重：《清代苏松地区的地租与房租》，《中华文史论丛》2008年第1辑。
② 民国司法部《民事习惯调查报告录》上册，中国政法大学出版社1998年版，第135页；姜皋：《浦泖农咨》；《同治瑞金县志·兵寇》。

## 近世佃农的经营性质与收益比较

生产要素，形成佃农独立的企业经营，正如租赁土地与厂房建立企业，并不影响企业的所有权归属。土地虽然可能是属于地主的，但是农场却是属于佃农的。所谓"佃户之出银买耕，犹夫田主之出银买田"①，佃权与地权的分离，不是反常的现象，而是一种经济发展的必然，是产权不断分化清晰的历史进程的一部分。土地租佃通常是契约关系，近世中国佃农对地主的经济依赖性越来越弱，在经济上地主往往并没有主导权②。相反，佃户对农场的所有权与控制权及由此带来的剩余索取权却不断强化。

通过租佃关系获取土地耕种之后，佃权渐趋独立，如果佃农没有欠租，地主就不得收回另佃。地主即使想收回自种，也必须按市场价格进行交易③。佃权可以继承、转让以至自由交易，并且这些交易规则得到政府的认可而具有法律与制度效力。由此，相当数量的佃农，获得了被称为田面权的经营性地权④，或者稳定控制的永佃权⑤，或者押租制下通过交纳押租金而获得对土地的自由支配权。陶煦所谓"以其田面为恒产所在"，意味着佃农的土地获得了物权属性，即不仅拥有用益物权，而且拥有担保物权，佃农对农场的剩余控制权与剩余索取权更为彻底了。

譬如，福建崇安的佃农周上遇拥有一块田皮，佃种纳租已有多年，这块田是翁相光祖业，即翁拥有田底权。乾隆三十三年，佃农周上遇将田皮卖给翁相光，得价银7两。田仍由周上遇认回耕作，议定每年纳租谷七桶⑥。这里在同一租佃组合的地主与佃农之间发生了两个交易，一是佃农将自己拥有的田皮单独出售给地主，换取银7两以度时艰，二是两人另行签订佃耕契约，两个交易互不相碍。佃农对田

---

① 《民商事习惯调查录》。
② 赵冈：《中国经济制度史》，新星出版社2006年版。
③ Long Denggao, "The Diversification of Land transactions in the Qing Dynasty", *Frontiers of History in China*, 2009, No. 2. pp183—220.
④ 龙登高：《地权交易与生产要素组合（1650—1950）》，《经济研究》2009年第2期。
⑤ Kenneth Pomeranz, *Chinese Development in Long-Run Perspective. Proceedings of the American Philosophical Society.* Philadelphia. 2008.
⑥ 《刑科题本》，第283页。

皮的所有者权利,与田底权所有者的权利不相冲突,并受其尊重。这7两银,就是对其未来剩余索取权收益的承认。

佃农的剩余控制权和剩余索取权鼓励了佃农对土地的投入。明末清初江南地区和北方相比,人地关系更加紧张,而南方也是永佃制度盛行的地区。与此相联系的是,佃农在农田基本建设和水、肥等方面都进行了较多的投资,从种到收,沈镜贤《东草堂笔记》估计用于土地的灌溉、粪壅等项费用要占全年田间收入的1/4或1/3,有时还会更多。而这些改良土地的投入是能够得到确切的回报的,如嘉庆《增城县志》所云,佃田"以永远为期,硗瘠之土,一经承佃,辄不惜工费以渔利,而田主莫能取盈"。徽州佃约存在这样一种情况,佃户在一定条件下享有称为"力粪"的收益。所谓"力粪",是指"力坌"和"粪草",在佃农勤劳耕作土地从而使得土地的投入产出比有所提高的情况下,佃农分得的那部分产出称为"力坌";由于多施肥料、进行土壤改良从而使得产出增加,佃农分得的部分称为"粪草"。"力坌"和"粪草"的出现,对佃农的劳动投入无疑起到了一定的激励作用①。

佃农通过获得剩余控制权和剩余索取权,保障了自己的利益,不仅实现了直接的作物产量提高的利益,还获得了资本增值的收益。这对于提高中国农业生产中的资本积累,改善生产条件和扩大劳动分配在经济中的份额是有很大帮助的。

还有一点必须强调,佃农对土地投入的未来收益可以通过交易而转让或贴现。佃农在土地经营中,各种资本与劳动投入并不能当年获益,通常是预期获取未来的回报:或者表现为押租制下的押金,或者是地权交易契约中常提及的"工本费",包括农田水利设施建设等。有了先期的资本投入就要享有未来的投资收益,即每年"利租"或"项租",或获得"工本谷"。广东永安县佃农林亚建在26亩佃田上曾"费过工本银9两",因移回河源家乡,"将这地转顶与张维浩张亚信接耕",讲定每年偿还"工本谷"9石②,就要获得未来每年9石

---

① 王昉:《传统中国社会中租佃制度对产出的作用分析》,《财经研究》2006年第3期。
② 《刑科题本》,第317页。

的利润。这意味着佃农退出土地耕种时，不必担心过去和现在对土地投资的未来收益流失，他可以从接耕者那里获得未来收益的转让承诺，也可以在交易时由接耕者当场贴现。

光绪十五年台湾一则契约"甘愿退耕收回工本银"载：黄乌九承担登瀛书院水田一段，由于此田易遭水患，每逢水涨，十无三四可收，因此积欠租谷。黄乌九"备资工挑土填高，并再筑新田，所费资本甚多"。因此，新佃农张水文必须备出佛面银190大元正，支付给原佃黄乌九，并完缴原佃所欠租谷50石，偿付其资本投入及相应利息与收入[①]。

如果没有田皮等土地产权或永佃权的保证，当前佃农就不会投资于土地[②]；如果契约执行效力没有保障，未来收益得不到保证，或者退出土地耕种后不能获得未来收益的贴现或转让佃农就不会对土地进行资本与劳力的投入。因为对耕地及其配套设施的投资，不可能当期全部获得回报，其报酬平摊到未来每年的作物收成之中。

佃农，不只是耕作获得收入，即使他不耕作，田面权、佃权也可获得收益[③]。佃权不单是耕作的权利，其交易价格就包含了未来预期收益。乾隆三十六年，福建平和县赖殿买得黄仲梁田8斗种，年收谷15石3斗，向来两次完纳。但佃农黄溪说有粪土佃银，不肯退佃给希望起佃自种的赖殿。后赖殿出番银50元，黄溪才同意写立退佃[④]。这50元就是凝结着未来收益的佃权的价格。田面权可以用来交易，价格在交易时明确于契约之上，有谓之"粪田""粪土银"等不一。在江南，田面价与田底价相近，通常是1∶1，甚至反高于本价[⑤]，粪草银的说法很形象，意谓佃农对土地粪草肥力的投入及其未来收益是能够贴现为白银的。佃权未来收益的可交易与变现，促进了对土地的投资。

---

① 《台湾物权》，第697页。
② 侯璐：《凝结在地权中的农民多重权益》，硕士学位论文，清华大学，2009年版。
③ 方行、经君健、魏金玉：《中国经济通史·清代经济卷（下）》，经济日报出版社2000年版，第78—85页
④ 《刑科题本》，第288页。
⑤ 《妪江阴县志·风俗》。

## 四 佃农生产的地位和效率

佃农经济是近世农业生产中的重要组成部分。1980年国家统计局曾经以各地土改档案综合推算，认为全国土地改革前地主占有的土地比例为38.26%①，农村中租佃关系则与此相当。表1所示，1931年全国佃农户数占总数的30%，半佃农占24%，南方的百分比更高，佃农比率高的南方地区经济发展水平要高于北方，Shepherd②否定了贫困导致土地租佃的成说。

表1　　佃农户数占农村总户数的%（1931）

| 地区 | 报告县数 | 佃农 | 半佃农 | 自耕农 |
|---|---|---|---|---|
| 总平均 | 1120 | 30 | 24 | 46 |
| 北方6省 | 483 | 14 | 19 | 67 |
| 南方12省 | 601 | 43 | 27 | 30 |

资料来源：严中平（1955，第262页）

表2　　自耕农、半自耕农、佃农劳动力与土地的经营规模比较③

|  | 自耕农 | 半自耕农 | 佃农 |
|---|---|---|---|
| 家庭大小（成年男子单位） | 4.38 | 4.52 | 4.33 |

---

① 国家统计局：《建国三十年版全国农业统计资料》，1980年，第19页。郭德宏根据几百份统计汇总平均，算得20世纪20—40年版代地主占有的土地全国平均约为41%，到新中国成立前夕降为32.16%。郭氏并且说明：上述资料有不少是地主富农合计的，因此"实际上加大了地主土地占有的比例"。

② Shepherd, John, "Rethinking Tenancy: Explaining Spatial and Temporal Variation in Late Imperial and Republican China", Comparative Studies in Society and History, 1988, 30（3）: 403–431.

③ "成年版男子单位"用以表示家庭劳动力的情况。将不同年版龄和性别的劳动力，根据爱特华特尔氏标准数（Atwater's Scale）折算成相当于多少个成年男性的劳动力。如一名年版龄15—16岁的女性为0.8个成年男子单位。"农场面积"是指农场全部的土地面积，包括耕地和属于农场主的其他所有土地。"作物亩"，是指周年版内各季所收获作物的种植总亩数。比如有一亩田地，一年版内可收获两季作物，则计为两作物亩。

续表

|  | 自耕农 | 半自耕农 | 佃农 |
| --- | --- | --- | --- |
| 弄成面积（本地亩） | 39.39 | 35.04 | 61.78 |
| 每人平均耕作的作物亩 | 25.15 | 26.06 | 34.14 |

至于佃农的生产效率，则各方面的资料都表明至少不比一般自耕农要低。卜凯[①]对1921年至1925年中国7省17个县2866个农场进行调查，并按类别、农场面积、家庭大小、利润、地价、工作效率等指标进行了统计，并对自耕农、半自耕农和佃农的生产状况进行了比较，得到如表2所示结果。

从表2可以看出，自耕农、半自耕农、佃农的家庭劳动力数量没有显著差别，而佃农的经营规模明显大于自耕农和半自耕农。李德英[②]对民国时期四川温江县的佃农经营进行研究后也得出类似的结论：在该地区佃农平均耕种的农场面积、作物面积及产量甚至要优于自耕农。赵亮[③]的实证研究表明，佃农在不少情况下生产效率高于自耕农，自耕农与佃农经营是不同约束条件下的选择。

佃中农和佃富农是佃农性质，他们在生产中需要租入土地，但是他们一般被认为是农村中经济状况比较好的阶层，属于中农甚至于富农范畴。"有的小农，虽租入土地，但经济情况比较好，不需要出外佣工，并可能雇佣他人"[④]。佃富农主要依靠佃入土地耕种，据苏南吴县、吴江县等地的调查统计，佃富农每人平均占有土地只有0.57亩，但每人平均使用土地却有7.36亩每户平均使用土地达到了47.67亩，而一般富农每户平均使用土地才31.82亩，佃富农无疑需要雇工

---

[①] Buck, J. Lossing（卜凯），1937, *Land Utilization in China. A study of 16786 Farms in 168 Localities, and 38256 Farm Families, in 22 Provinces in China, 1929–1933*. The University of Chicago Press.

[②] 李德英：《成都平原的佃农经济》，载于蔡继明、邝梅主编《中国土地制度改革》，经济科学出版社2009年版。

[③] 赵亮：《地权结构与经济效率》，北京大学"数量经济史与经济制度史学术研讨会"，2009年。

[④] [美]黄宗智：《华北的小农经济与社会变迁》，中华书局1986年版，第66页

耕种了，据苏南18个县30个乡的调查统计，富农雇入长工、月季工、牧童的户数占富农总户数的55.27%。无锡县有96.6%的富农雇工平均每户雇长工0.84人，短工54.5个①。长江三角洲如此，长江上游的成都平原、珠江三角洲亦普遍存在类似的现象。成都平原租佃制度发达，一些佃农，租佃一些不在地主的土地，出租给另外的人耕种，成为业主与佃户之间的代理人。华南等地，这种"大佃农"一般为一些农业垦殖公司，或包佃人，他们承佃大量土地，然后转租给小佃户耕种，成为该地区土地集约经营的模式②。

佃农既可以雇入农民帮工，也可以短期出卖自己的劳动力；既可以租入土地，定额租制独立经营，又可以与地主分成还可以转佃与转租。可见，与自耕农、地主相比，佃农具有更大的弹性与发展前景。在这些地方，租佃制很明显是一种对土地资源的优化组合方式反映了农业生产中的经济活力。解放初期，考虑到佃富农和佃中农在生产中的优势，中共中央甚至考虑不触动他们的土地，只是出于发动群众和吸收雇农就业的目的，才最终改变了这一打算，但仍然尽量保证其生产资料不受侵犯③。这也反映出佃农经济的效率和重要性。

从中国小农经济活力和长期经济增长来看，作为小农重要组成部分的佃农经济也具有重要意义。乔万尼·阿里吉分析东亚小农体系的特色与优势时指出，一个小农家庭就是一个完整的生产单位，就像当代企业一样，它要预测未来的市场行情，制定作物生产计划，理解生产的全过程以及影响生产的外在因素、特别是气候，规划劳动力投入，然后掌握在市场上出售产品的时机。姚洋认为，阿里吉的理论提醒我们，小农经济落后论，如果不是错误的，至少也是片面的，小农经济是回应中国紧张地人地关系的自然结果④。

---

① 莫宏伟：《苏南土地改革中的富农问题》，《江苏大学学报》2004年第2期。
② 李德英：《成都平原的佃农经济》，载于蔡继明、邝梅主编《中国土地制度改革》，经济科学出版社2009年版。
③ 邓子恢：《关于对富农出租地的方针问题致毛泽东》，载《建国以来重要文献选编》，1950年第1册。
④ 姚洋：《阿里吉〈亚当·斯密在北京〉的一种解》，《中国经济》2009年第7期。

## 五　佃农收入与雇农工资的实证比较

近世的佃农与雇农，是两种完全不同的生产与生活安排，其收入也大相径庭，我们可以从三个方面进行实证与比较。

1. 佃农收入远高于雇农工资

佃农的收入至少是维持一个四五口之家的成本，维系着两三代人的生活，延续着代际传承，也维系和延续着家庭经营的再生产。而一个纯粹的雇农则无法养家糊口，其工资报酬贝能维持一个劳动力生存的成本，由于没有工资以外的其他收入来源，他无法延续人口再生产。[1] 综合学界成果，计算清中叶雇佣一个长工的一年全部费用为13两，这对雇主来说是一个很大的负担，对雇工来说，却仅足以维持单个劳动力的生存，而不足以负担娶妻生子。据张履祥《补农书》，长年雇农每工银5两，吃米5石5斗，平价5两5钱。如果再加上日用开销，工银5两只能供雇工一人开销。可见纯粹的雇农凭工资无力养活自己一人之外的家属，他可能上有老，但通常没有后代，是单身无产者。彭慕兰[2]估计"18世纪中叶和20世纪初长江下游永佃农的收入是无地的农业工人报酬的2.5—3倍"。粗略估计，这意味着雇工要像佃农一样能够养家糊口，其工资起码要增至银12.5两，而这在当时是不可能做到的。

毛泽东[3]的调查具体表明了雇工一般都为光棍的残酷现实。他在《兴国调查》中写道："雇农没有老婆的占百分之九十九，是农村中最苦的一个阶级。地主富农不但人人有老婆，一人几个老婆的也有。中农百分之九十有老婆，百分之十没有。贫农百分之七十有老婆，百分之三十没有。手工工人百分之七十有老婆，百分之三十没有。游民百分之十

---

[1] 张研：《18世纪前后清代农家生活消费的研究》，《古今农业》2005年第4期。

[2] Kenneth Pomeranz, *Chinese Development in Long-Run Perspective. Proceedings of the American Philosophical Society*. Philadelphia. 2008.

[3] 毛泽东：《兴国调查》，《毛泽东农村调查文集》，中共中央文献研究室整理，人民出版社1982年版。

有老婆，百分之九十没有，也比雇农中有老婆的多些，只有雇农才是百分之九十九无老婆。"1965年《人民日报》发现的雇农碑载，由于一系列的不幸，该雇农一生无力娶妻成家。黄宗智[①]根据满铁的调查材料发现："长工是社会最贫困的阶层，往往就是一个家庭的最后一代，没有成家生子的机会。而佃农的生活，相对于长工来说基本上还是比较有保障的。即使是短工，其收入也要比长工好得多，至少一般还有自己的小块土地，哪怕是租来的，并能够维持自己的土地的生产。"

雇农的劳动报酬只能养活自己，这是由农业生产的低产出率所决定的，也与雇工劳动的性质相关。只有在分工带来足够效率与价值的近代化生产中，在劳动分工中从事单一性劳动的雇工才有可能获得足够维持自己和人口再生产的收益。在农业低产出的前提下，只有家庭综合经营，才有可能获得维持家计的收益，延续家庭经营的再生产与人口再生产，雇农成为光棍，是残酷的历史现象在稀缺经济时代也是难以避免的。

相对于同时期的西欧而言，清代中国的无产者在总人口中的比例要小得多[②]。这种差异的重要原因，就在于中国租佃制的发育，使许多无地小农能够通过低门槛租佃土地建立农场经营，维持家庭再生产与两三代人的基本生存。如果说租佃制度是可能通过土地所有者选择从而使良田配置到种田能手家庭之中，以此推动佃农提高效率与土地产出；那么，雇农则是那些不幸失去了独立生产与经营能力的被淘汰者！这是农业生产者在择优汰劣的竞争中不断保持活力与效率的残酷法则。一个没有土地的小农，他会选择租佃土地建立能够养家糊口的农场独立经营，如果不到走投无路，他是不会选择成为雇农的，那是走向被淘汰乃至终结的农业生产者。唯其如此，雇农在中国的比例始终极小，大约占农业人口的1%—3%（见表3注）。绝大多数都是贫困佃农在自己独立生产之余，去充当短期或临时的雇工，以补家计。此类雇工，只不过是佃农在农场之外谋生的手段之一。只有在近代大工业中劳动生产率及其报酬

---

① [美]黄宗智：《华北的小农经济与社会变迁》，中华书局1986年版，第123页。
② Kenneth Pomeranz, *Chinese Development in Long-Run Perspective. Proceedings of the American Philosophical Society.* Philadelphia. 2008.

大大增加之后，专业雇工与佃农，柯能成为无地农民二者择一的自由选择，因为在现代化生产中，受雇于企业当工人，还是成为小企业主或农场主，有可能报酬相差不大，不少白领的工资可能还要高于小老板。张五常等的逻辑推断，可能不自觉地建立在现代的常识基础之上。

表3　　　　　　　　雇农占农村总人口的%（1933）

| 地区 | 调查处数 | 雇农占农村人口 |
| --- | --- | --- |
| 总计 | 354 | 10.3 |
| 长江流域7省 | 112 | 9.3 |
| 黄河流域7省 | 192 | 11.4 |
| 华南西南7省 | 50 | 8.1 |

注：完全丧失独立耕作能力的雇农为数甚少，大多数都是短工。参考严中平（1955）P265表7，我们估计纯粹的雇农不到农村总人口的1%—3%。

资料来源：严中平[①]。本表雇农包括长工和短工。

2. 佃农边际报酬与工资水平

与一般的生产相比，由于自然力的作用，农业生产具有边际生产力曲线幅度很高的特点农民在从事农业生产的过程中，在投入少量劳动的情况下，边际报酬是很高的，要远远高于一般劳动力工资。这一点，即使在现代农业中也是这样。黄宗智就提到：改革开放初期的江南农民，不愿意放弃土地和农业生产，因为农业的边际生产曲线很高。同时也愿意从事农业之外的活动，因为农业生产的边际生产力曲线下降很快。对农民来说，农业生产与其他经营相结合的方式是既有保障又能够获得最大收益的。

图1可以用来分析说明农业生产的特点和农户的收入变化情况。图中纵轴P表示产量，横轴Q代表劳动投入。MP1代表边际产量，MP2代表佃农交完地租之后剩余的部分，而W水平线则代表工资水平，说明在农业市场上，单个劳动者的劳动投入变化不可能影响到市

---

[①] 严中平等编：《中国近代经济史统计资料选编》，科学出版社1955年版，第263页。

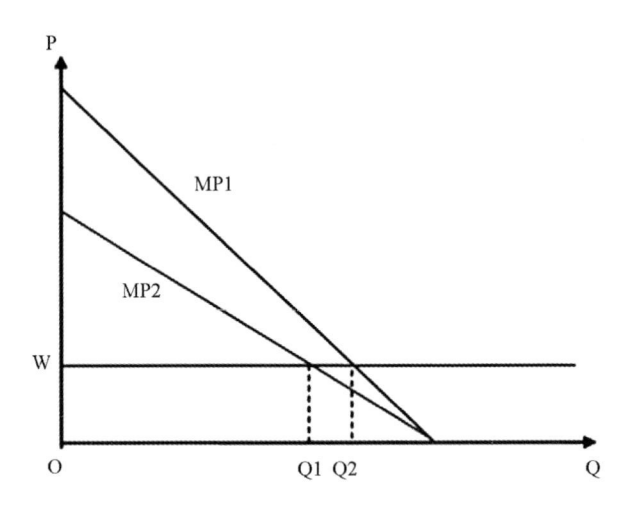

图1 佃农边际报酬与工资水平

场价格。

在劳动投入量达到 Q1 之前，从事农业生产的边际报酬是远高于市场工资水平的。即使是考虑到扣除地租的部分，农业生产的报酬也是仍然要高于一般市场工资水平，这也就是为什么无论新中国成立前后，农民都不愿意轻易放弃土地的重要原因。因为在一定的劳动投入范围内，投入土地的劳动回报是高于市场价格的。这也同样说明了为什么佃农与雇农的收入不可能相等。因为雇农只能得到工资 W，而佃农则能够得到更多。

但是一旦劳动在农业的投入达到 Q1 之后，继续投入所能得到的边际报酬就会低于市场劳动力价格，这时候继续在农业中投入就是划不来的。因此无论是新中国成立前的农民还是改革开放之后的农民，如果土地不足，不能在经济上划算的条件下完全容纳自身的劳动，就都不可能全心全力地投入农业生产，而必须要依赖于自己的土地以外的收入，或者是从事副业生产，或者是打短工。李金铮[1]也提到：近代"种田越多的农户，从事副业的户数比例和副业在总收入中所占的

---

[1] 李金铮：《近代中国乡村社会经济探微》，人民出版社 2004 年版。

比例越小；相反，种田少且经济困难的农户，从事副业的户数比例和副业在总收入中的比例越大"。如果单位农民所拥有的土地数量较大，则单位土地上所承载的劳动量就不容易过密，则边际产量就不容易迅速下降。这时候主要经营土地，或者把全部劳力都投入土地生产就是有利的。

3. 雇农与佃农在劳动上的差异

人们容易将雇农劳动与佃农劳动都看作是为地主而劳动，因而混同之，20世纪中叶的土地改革运动之后，就通常以"贫雇农"并称。但是实际上，单从劳动的角度来比较，二者也大不一样，其报酬当然也将大相径庭。

其一，雇农的劳动是被安排的，而佃农则是自我组织生产。家庭农场企业中，佃农劳动主动性极强，不存在监督与考核费用。雇工劳动报酬则还得扣除监督与考核的交易成本，扣除组织与管理成本，其收益自然低于佃农自愿劳动。

其二，雇农与佃农都可以属于熟练劳动力，但二者在具体的劳动过程中表现与释放出来的能量大不一样。雇工通常是单一劳动，佃农是综合劳动。雇工是相对简单的劳动，而佃农则是复杂劳动。在小农场中，雇农与地主一起劳动，承担重累农活与低技术性辅助劳动；在大农场中，则承担分工中的单一劳动。因此，佃农与雇农二者的劳动报酬当然也是不一样的。

农民通常拥有熟练劳动技能，但当他被雇佣到农场里，就不大可能得到期望的或应得的熟练劳动力的工资，因为农场主只是利用其单一的有限的技能，他在其他方面的技能、知识、特长都没有用武之地了。劳动力的价值被降低，工资亦随之处于低水平[①]。熟练农民在自己的家庭农场中，劳动力价值会得到充分的释放，总体收益通常也会高得多。

其三，精耕细作农业中，劳动的边际收益递减，但农民仍然不断

---

① 与此类似龙登高曾论述江南棉纺织业中，雇工作坊与散工制（分料到户制）下的家庭经营相比，所需劳动技能的差异。

追加劳动,以增加土地总产出与农场总收益。在佃农家庭中,即使边际收益递减至极低的水平,如果没有其他机会,他仍愿意追加劳动,几乎可以不计劳动成本,因为除此之外没有增加总收入的渠道与方式。这也就是所谓过密化或内卷化。但在经济学中,认为短期内,只要收益大于可变成本,这种生产就是有利的,是可以增加总收入的。而在雇工生产中,如果要雇农加班工作或追加劳动,雇主就不得不支付相应的工资,其成本足以抵消其边际收益。

## 六 结 语

将佃农与雇农及其收入相提并论,可能是因为他们的劳动收入都离不开地权所有者的土地。以往还强调他们都受到地主的剥削,大多比较贫穷,如土改时常以贫雇农并称。然而,从历史演进脉络与趋势来看,近世中国的佃农经营,可以说已经逐渐摆脱了对地主的依附关系走向独立经营,他们是为自己劳动,与雇农的"为地主劳动"完全不同。

佃农以人格化的与市场化的各种渠道与方式,将自己的、地主的、市场的、家族与社会的各种生产要素与资源组合起来,通过独立的农场经营创造财富,支配剩余索取权;他们承担经营风险获取风险收益,面向市场经营获取利润,通过对土地的投资获取未来的收益。佃农获得企业家才能的报酬,与雇农的劳动力工资有着本质区别,即使单就劳动报酬而言,佃农在自己农场的主动的综合和复杂劳动,与雇农被监督的劳动亦大相径庭。甚至有的佃农还雇工生产,不仅购买土地使用权,而且购买劳动力。

事实上,雇农的报酬不能养家糊口,不能延续人口再生产,他们通常是农业经营者中不幸的被淘汰者。而佃户农场的收入,则能养活四五口之家以延续代际传承,这些收入还能够投入并延续家庭经营的再生产,同时,佃农经营在竞争中优胜劣汰,良田择良佃,土地等生产要素较多地配置到种田效能高的佃农与富农群体。地权交易与租佃制度之下生产要素流转与资源配置所推动的经济效率和土地产出,使中国有限的土地能够养活人类历史上众多的人口。只有认识到这一点，才能正确解释小农经济活力等中国历史发展中的很多独特现象。租佃关系与地权市场是一项丰厚的制度遗产，曾催生出了国际学坛颇具影响的张五常理论，还将继续为经济学理论原创提供不可替代的经济史源头活水。

原载《经济研究》2010年第1期。

# 传统中国乡村地权变动的一般理论

曹树基

## 引 言

　　1939年，傅衣凌在福建省永安县黄历乡的一个农民家中发现一箱自明代嘉靖年间至清代光绪年间的契约文书，共计一百余件。傅衣凌借此撰文讨论中国传统乡村的地权变动，由此而催生出一门被称为"社会经济史"的专门学问——主要采用制度分析的手段，分析历史时期产权制度、赋役制度、财政制度等各项经济制度的内涵，以及各项经济制度在不同区域中的不同表达，把握制度变迁与社会变迁之间的关系。在过去的几十年中，"社会经济史"一直是中国史学最活跃且水平最高的分支之一。

　　近几十年来，随着各地契约文书的大量发现，相关研究愈益深入。面对来自各地且形式、用语及内涵各不相同的土地契约，学者们开始努力构造一个统一的解释框架，不仅从经济制度史的角度，更从法律制度史的角度。早期的法制史研究者主要以契约文书以及明清至民国时期的法律典籍为研究对象，近几十年来，他们更多地使用诉讼档案。清代乃至民国时期的诉讼案例，以动态的方式呈现围绕地权展开的各种制度性冲突。只不过，与社会经济史不同的是，法制史研究的重点在于产权制度的法律解释，但他们似乎更强调"法律实践的逻辑"。虽然区域性的法律实践并不构成法制史的研究重点，但将传统时代的产权制度与新时代的产权制度作一贯通性的理解，则是法制史的研究特色所在。

本文将主要围绕"典"与"田面权"这两个核心概念，以及相关的其他次一级概念，分别评述中国、日本和美国的社会经济史学者、法制史学者的相关研究。在此基础上，本文对于传统时代中国产权制度，以最简洁及最明了的方式，给出一个统一的解释，以达成对于中国传统时代产权制度的整体性理解。事实上，本文不仅证明各地不同的土地交易方式可以在同一个理论框架内得到统一的解释，而且还证明，中国存在一个形式与内容基本统一的乡村土地市场。

# 一　"典"与"田面权"

### （一）从傅衣凌到杨国桢

傅衣凌在《明清时代永安农村的社会经济关系—以黄历乡所发现各项契约为根据的一个研究》中，将地权转移与地价、租佃关系、借贷关系作为中国传统乡村社会经济史的主要命题。[①] 在这篇文章中，傅氏不仅讨论了土地在族内与姻亲之间的交易、地价的上涨、租额、租期等问题，还讨论了民间借贷，包括一般的现金借贷、典地以及做会等。在《清代永安农村赔田约的研究》一文中，傅衣凌着重讨论永安县的"一田两主"，即"苗主"（田底权人）、"赔主"（田面权人）与佃户之间的关系。[②] 中国传统乡村特殊的地权形态因此而进入人们的视野，并引发长久的讨论与争鸣。

比较而言，杨国桢经手的契约文书更多，动辄数以千计。在几乎所有傅衣凌讨论过的议题上，杨国桢均有更多的资料补充与细节发现。最值得称道的是，杨氏的研究是体系化的，理论色彩更为浓厚。

---

[①] 傅衣凌：《明清农村社会经济》，生活·读书·新知三联书店1961年版，第20—43、44—59页。

[②] 傅衣凌：《明清农村社会经济》，生活·读书·新知三联书店1961年版，第20—43、44—59页。

例如，杨国桢指出明代土地"正买正卖"，而非以前时代的"夺买逼卖"；标志着"土地制度从国家所有制、乡族所有制到私人所有制主导地位更换的发展轨迹"，作为私人土地权利法律凭据的民间土地契约文书的广为普及，适应了土地制度的这一变化。①

例如，杨国桢还将土地契约分为买卖契约、抵押典当契约、租佃契约、雇佣契约、耕畜买卖租佃契约以及土地契约附属的官文书与官田契约等六大门类，分别加以讨论，标志着土地契约文书的理论体系丰富且完备。同样，杨国桢也在"活卖"制度上下足了功夫。他追溯了土地买卖后"推收"——即在办理土地所有权转移的合法手续——的历史，认为明代中期以后，由于土地买卖的随时性与明政府定时"推收过割"——即由政府办理产权转移之证明——制度的时间性之差，就出现"产税脱节"的现象。处理的办法是，在土地成交到"推收"这段时间内，实际管业的买主必须津贴粮差，而由卖主输纳。杨国桢指出：

> 这种变通，形式上可以避免税粮无着，但它又使出卖的田地变成一种"活业"，卖主在"推收"之前，可以借口"卖价不敷"要求加找田价，或借口"无从办纳钱粮"要求加贴，或者由于经济情况好转要求赎回，而买主在推收之前，又可以把田地转卖给第三者等等。这样，就使得实际发生过的买卖行为便蜕变为一种典当、抵押的关系。②

由于"加找"及"回赎"的存在，土地买卖转变为"典当"和"抵押"了。这一表述，至少有两点不够准确。其一，"典"与"当"（即"抵押"）是两种不同的行为，两者不能混淆。其二，有回赎权的土地转让称为"典"，不能称为"抵押"。其实，杨国桢特别说明："抵押期间，出押者保留土地所有权和使用权。"③ 很显然，这种交易

---

① 杨国桢：《明清土地契约文书》，人民出版社1987年版，第30、4、34、40页。
② 杨国桢：《明清土地契约文书》，人民出版社1987年版，第30、4、34、40页。
③ 杨国桢：《明清土地契约文书》，人民出版社1987年版，第30、4、34、40页。

方式与上文之可以"加找"与"回赎"权的"活卖"是完全不同的。杨国桢应该明白这两种交易方式之间的差异，却又没有对"典"与"抵押"进行明确的定义与区分，概念仍有所混淆。

杨国桢对"赔田"的理论解释尤其值得重视。在细节上，杨氏不但阐述了其他地区与福建"赔约"相类似的土地契约，如"卖田皮契""卖小苗契""卖税田契"和"卖质田契"等，更揭示一些地方不仅有"田面"的单独买卖，而且有"田底"的单独买卖，甚至有"田底"与"田面"的"活卖"与"绝卖"。杨国桢告诉我们，"田底权"与"田面权"的离，反映土地所有权的分离，属于所有权制度的变化；"永佃权"反映土地所有权与土地使用权的分离，属于租佃制度的变化。杨氏特别指出，用"永佃权"的概念来表述"一田二主"的内容，是不妥当的。①

如果说，在傅衣凌时代，土地之"典"还没有成为讨论的主题，"一田二主"则可以说是傅氏最重要的发现；到杨国桢时代，土地之"典"与"一田二主"已经成为最重要的讨论议题，后来者的研究，主要在这两个主题上展开。

**(二) 寺田浩明等人的观点**

日本法制史学者以"土地所有权"为议题的讨论由来已久。如在战前，滋贺秀三就指出，清代民事审判的过程中，"法官"对案件主要依靠"情理"调整人际关系。将民间文书与契约当成现代意义上"习惯法"的产物，是不可取的。这是因为，明清时期并没有对物权做出规定的法律条规，没有相应的法律，何谈"法律关系"？②

战后日本学者认识到，此前的研究往往"把自己熟知的法律概念类推到明清契约文书的内容上"③。20 世纪 80 年代，学者们不再固守

---

① 杨国桢：《明清土地契约文书》，人民出版社 1987 年版，第 4、126 页。
② [日] 滋贺秀三：《清代诉讼制度之民事法源的概括性考察——情、理、法》，王亚新、梁治平：《明清时期的民事审判与民间契约》，法律出版社 1998 年版，第 19—53 页。
③ [日] 岸本美绪：《明清契约文书》，王亚新、梁治平：《明清时期的民事审判与民间契约》，第 294、302 页。

建立在土地这一实体上的所有权概念，而将"契约文书在法律关系上的结构"转化为"契约文书中体现的当事人权利与义务关系的结构"。这种关系虽不存在于国家颁布的法律之中，却作用于民间的社会秩序。

基于这一理念，寺田浩明将土地交易过程看作一方授予另一方"经营收益的正当性"。岸本美绪认为，这一框架实现了整个明清地权关系研究的范式转换，是一项具有革命性的突破。① 之所以这样说，是因为岸本美绪曾经讨论过从明末至清代官方对"找价回赎"有关的纠纷的裁定。岸本认为，明清时代虽然没有对找价回赎的官方规定，但在人们观念中存在着对找价回赎合理性的理解。这种理解成为官员裁定找价回赎是否可以的潜在的指导原则。② 很显然，岸本的"合理性"与寺田浩明的"正当性"有异曲同工之妙。

寺田浩明以土地的经营、收益为中心重新看待明清时期的地权交易。在区分了"绝卖"与"活卖"（"典卖"）之后，他认为这两者可视作同一种法律结构，即一方授予另一方土地"经营收益的正当性"，只不过在后一种情况下，卖主拥有回赎权。于是，活卖也可以解释为"附带回赎条件的经营收益的正当性"之授予。在这一框架中，租佃就是田主授予佃户"耕种的正当性"，而土地的二次交易，比如转典，则是将这种正当性的再次出让。

寺田浩明认为，当一处土地发生"活卖"而不过割时，买主要每年对卖主负担税粮，由卖主向官府交税。③ 于是，就出现"一田两主"，典卖的土地便具有了田底、田面的性质。④ 同样的联系还存在

---

① ［日］岸本美绪：《明清契约文书》，王亚新、梁治平：《明清时期的民事审判与民间契约》，第294、302页。
② ［日］岸本美绪：《明清時代における「找價回贖」問題》，《中國社會與文化》12號，1997年6月。第264—293页。
③ 曹树基、高扬：《送户票与收粮字：土地买卖的中间过程——以浙江松阳石仓为中心》，《华东师范大学学报》2010年第4期。
④ ［日］寺田浩明：《田面田底惯行的法律性》，杨一凡：《中国法制史考证》丙编第四卷《日本学者考证中国法制史重要成果选译》明清卷，中国社会科学出版社2003年版，第384页。

于"顶与"和"高额押租"中,这些情况都体现了以田主为操作主体的对"经营收益的正当性"的授予行为。

摒弃地权交易中的法律概念,采用"经营收益的正当性"真的就解决问题了吗?答案并不那么肯定。即使在日本,仁井田陞仍然采用现代法学的概念,对于"一田二主"现象做了很好的说明。他认为,中国传统土地所有制是与"一般的全面的支配权"(即现代土地所有权)相对立的"片面的支配权"。田面主与田底主分别拥有各自对田面与田底的完全权利,在分别行使权利时不受对方制约。由此,"田面"与"田底"可被视为从同一块土地上分割出的两份不动产,田面主和田底主分别只拥有其中一份不动产的所有权。①

仁井田陞将这种权利的分割情况与德国中世纪的"分割所有权"(二重所有权)做了比较。在"分割所有权"中,权利有上、下级的区分,下级所分有权的拥有者必须得到上级所有权人的同意才可以处分相应土地,且两位所有权人的法律身份关系与社会身份关系是一致的,即上级所有权人的确拥有更高的社会地位。这些都与中国的情况截然不同,在中国传统社会的语境下,不仅"分裂的权利"之间是并列的,而且它们的拥有者在社会中的角色也并非固定。

仁井田陞指出,德国分割所有权与中国传统土地所有制的本质区别,与其说在于权利是按什么划分,不如说是在于它们的"封建性"程度。分割所有权包括身份支配和庇护那样的人身关系,而在"一田两主"的情境中,土地权则没有那么强烈的封建性。故此,不能简单类比不等于不能类比,将所有权按照"权利内容"进行与德国"分割所有权"不同形式的划分,以此解释中国传统土地所有权的内在结构,也并没有不可行的理由。事实上,在仁井田陞之后,藤井宏就有过以"分割所有权"解释中国传统土地所有形态的尝试。②

---

① [日]仁井田陞:《明清时代的一田两主习惯及其成立》,刘俊文主编,姚荣涛、徐世虹译:《日本学者研究中国史论著选译》法律制度,中华书局1993年版,第409—460页。

② 藤井宏系列论文:《一田両主制の基本構造(1—10)》,收入《近代中国》5—11,13—15,1979—1984年版。

### (三) 黄宗智的研究

20世纪80年代后期，以社会经济史研究享誉学界的黄宗智转入中国法制史研究。他选择清代乃至民国的诉讼案件作为切入点，为传统中国的地权制度之研究，带来全新的论述。

与杨国桢的研究相同，黄宗智关于地权问题之研究，也是集中于两个关键点上。其一为典权，其二为田面权，亦即"一田二主"。黄宗智对于"典"权给出一个明确而有力的定义："它其实是一个（西方现代法律所没有的）附有回赎权的土地转让制度，一旦出典，使用权便即转让，但出典人仍然保留以有利条件回赎土地的权利。"① 孔迈隆则根据他对台湾契约的研究，也将"典"定义为"有赎回的出售"（redeemable sale），或"抵押销售"（pledgesale），或"有条件销售"（conditional sale）。也就是将土地或其他财产交给支付现金的一方当事人，收取土地或其他财产的一方可对土地或其他财产进行耕种或使用，双方约定一旦偿还现金，土地或其他财产将返还到其原始所有者手中。② 本文对于黄宗智与孔迈隆给出的定义存有异议，即一旦出典，转让的其实不仅仅是"使用权"。关于出典究竟转让掉何种权利，下文将作细致的讨论。

与杨国桢的研究相比，黄宗智对于土地出典中的找贴，亦即由典卖权改为绝卖权时所支付的款项；合法回赎的时间限制；买卖典权；以及典与抵押（即借贷中以土地为担保抵押）惯习之间的混淆，都有相当细致的叙述与讨论。孔迈隆的研究重点则在晚清高度商品化的台湾的土地典当价格及土地回赎时间。下文中我们将择其重要者进行讨论。

在关于"田面权"的讨论中，黄宗智的解释与前人完全不同，在区分了"田底"与"田面"这两层权力的分化后，他说：

---

① [美] 黄宗智：《中国历史上的典权》，《清华法律评论》卷1，第1辑，清华大学出版社2006年版，第1页。

② 孔迈隆：《晚清帝国契约的构建之路——以台湾地区弥浓契约文件为例》，曾小萍、欧中坦：《早期近代中国的契约与产权》，浙江大学出版社2011年版，第46页。

◇◆◇ 传统中国乡村地权变动的一般理论 ◇◆◇

> 田面所有者像任何土地所有者一样拥有对土地的同样权利；他耕种其地的权利不允挑战；如果他欠田底主地租，他可能被迫通过出售他的田面或其他财产来偿付，但不可能像佃农一样被从土地上撵走，他可以把地租给别人而毋须与田底主商量。①

即便欠租，也不可以撤佃。田面主不是佃农，不可能被田底主从土地上赶走，这是因为，田面主拥有一个从完整的土地所有权所分化出来的部分土地所有权——"田面权"。关于这一点，虽然上引杨国桢已有论述，但他对田面主权利的表达不如黄宗智这么清晰。在理论的意义上，仁井田陞所说"片面的支配权"与藤井宏称"分割所有权"均包含同样的意思。

进一步，黄宗智表达"田面权"与"永佃权"的区别是"无契约的事实上的永佃权与有契约的完全的田面所有权"。永佃权人也不可能被地主随意赶走，在这点上，他们类似于田面主，但是他们没有拥有田面权的契约，因此他们无法出售或转租其田面。所以，黄宗智认为，在永佃权与田面所有权两极之间"是一个没有明确边界的连续统一体"。

由上文可以看出，迄今为止，关于中国传统地权中的两个核心问题已经达成共识。其一，保留赎回权的土地转让——典是中国传统社会特有的土地制度。其二，所有权可以分割，"田面权"是土地所有权的一部分，与"田底权"构成完整的土地所有权。

需要补充说明一点的是，欧中坦除了区别早期近代中国和欧洲产权与政治的关系之外，还区分了经济意义上的产权和法律意义上的产权。他认为，作为经济权利的产权，涉及的是日常经济行为中权利人对特定权利关系的享有；作为法律权利的产权，涉及的是"国家"

---

① ［美］黄宗智：《法典、习俗与司法实践——清代与民国的比较》，上海书店出版社2003年版，第96页。

217

(state)对特定权利关系的承认。①欧中坦侧重从契约来看中国的产权是否"完整",而本文是从契约来看中国市场经济的发育程度。因此,对于欧中坦文,本文不予更多的讨论。

## 二 永佃与田面、押租与典卖之关系

解决了"典"和"田面权"的问题,并不意味着解决了传统时代中国土地产权转让中所有概念问题。有两组相关概念需要认真探讨,那就是永佃权与田面权的关系,以及押租与典卖的关系问题。

### (一)"永佃权"与"田面权"

"永佃权"是一个现代法律概念与术语,传统时代的中国并不存在这一概念,但是,我们却不能说不存在永佃的权利与永佃的事实。顾名思义,所谓"永佃权"即是永久的租佃权。关于"永佃权"与"田面权"的关系,杨国桢认为,即便出现永佃权,地主一般也不允许佃农将佃耕的土地自由转让,但是由于"私相授受"日益成为事实,迫使地主从默认到公开接受。杨说:

> 一旦永佃权的自由转让成为一种"乡规"、"俗例",它就具备了一定的"合法性"。这时,佃农就从拥有对土地的永久使用权,上升为拥有对土地的部分所有权。这样,原来田主的土地所有权便分割为田底权和田面权,在同一块土地上出现"一田两主"乃至一田数主的形态。②

这一论述固然不假,但是,如何确定"永佃权"的转让就成为一个问题。在同一著作的同一节中,杨国桢以明代万历二十年(1592)闽北的"赔契"与万历十四年徽州的"典契"为例,说明"永佃"

---

① 欧中坦:《消失的隐喻——对运用西方法学学术知识研究早期近代中国契约与产权的分析》,曾小萍、欧中坦:《早期近代中国的契约与产权》,第173页。
② 杨国桢:《明清土地契约文书》,第100页。

至"田面"的转化。在闽北之例中,李芳春有晚田一段,供纳吴衙员米若干,今因急用,将此田转让给本里陈应龙,得钱若干,议定三年后备办原价取赎。很显然,吴衙员拥有此段田之田底,李芳春拥有田面,李芳春将自己拥有之田面,转移给了陈应龙,且保留回赎田面权之权利。由于此"田系芳春承父分定之业"—按照黄宗智的说法,已是"有契约的完全的田面所有权",因此,本案说明的是"田面权"的存在,而不说明"永佃"至"田面"的转化。徽州之例与此同,不重复。

杨国桢著作中引嘉靖《龙岩县志》卷上第二《民物民·土田》的记载,说明"粪土田"的性质。

> 粪土,即粪其田之人也。佃丁出银币于田主,质其田以耕。田有高下,则质有厚薄,负租则没其质。沿习既久,私相授受,有代耕其田者,输租之外,又出税于质田者,谓之小租。

为了阅读以及后文讨论的方便,试将此段文字翻译如下:

> 粪土,其实就是耕种粪土田的佃农。佃农交押金给田主后耕其田。田有高下之分,交的钱也就有多少之别。如果欠租,就从其押金中扣除。这个习俗相沿已久,佃农之间彼此将田私相转让,出现代佃农耕田者。代耕者不仅向田主交租,还向佃农交租,向佃农交的租名为小租。

这个例子确实说明,佃农通过交纳押金获得永佃权;又因改良土壤获得田面权;又因通过转让佃权而实现田面权。

在这一个案中,田主是否可以因佃农欠租而改佃?答案显然是否定的。因为,佃农通过改良土壤而获得了拥有田地增值部分的权利,这就是本案中田面权的由来。如果不将佃耕权转让给"代耕其田者",田主与佃农之间并不需要订立契约来保证佃农的新增权利。改良土壤让佃农获得了额外的收入,对于佃农来讲,就已经足够了。所以，在本案中，"田面权"并不是完全是契约规定的，它是一个实现的过程。据此，黄宗智所称"无契约的事实上的永佃权与有契约的完全的田面所有权"断不可以作绝对化的理解。

由于交纳押金，所以，田主不得随意抽佃。这一租佃制度，华东军政委员会土地改革委员会将其称为"相对的永佃权"①。由于用词的差异，这里的"永佃权"实际上是"田面权"的误写。早在民国时期，冯和法就反对将交纳"顶首"即"押金"的土地称为"永佃田"亦即"田面田"。他以海盐县为例，说明"顶首"是承种租田时，佃农预押给地主的一种押款，其数额远较一般押金为大。缴纳"顶首"之后，如果佃户不拖欠田租，地主不得无故随意退佃，而佃户方面如将承种田地转佃他人，则新佃户须向原佃户付偿"顶首"价。由于"顶首"数额大，"往往容易被人误会当作田面价"②。也就是说，交纳了大额押金即"顶首"的永佃权利是可以转让的。在这个意义上，它与黄宗智所称"有契约的完全的田面所有权"有什么区别呢？

在久远的年代里通过垦荒取得的田面权，在长期使用中习惯形成的田面权，以及农民出卖田底而保留的田面权，与先辈的血汗和家族的血缘联系在一起，具有某种"公认"的"天然"的性质。浙东地区的"绍田"即是此种，其特征之一是"其缴租额，恒较（普）一般佃田之租额为低，佃农即不依额缴租，业主亦无法撤佃"③。为此，冯和法将此种田制称为"公认的永佃权"亦即"田面权"。这样一来，在黄宗智认为的"在永佃权与田面所有权两极之间"就出现了一个中间节点——"相对的田面权"：

永佃权——相对的田面权——田面权

"永佃权"指的是佃农获得的土地的永久耕种权；"永佃权"不

---

① 《浙江省永佃权情况调查》，华东军政委员会土地改革委员会：《浙江省农村调查》，第221页。
② 冯紫岗编：《嘉兴县农村调查》，国立浙江大学、嘉兴县政府印行，1936年，第36页。
③ 郑康模：《浙江二五减租之研究》，萧铮主编：《民国二十年代中国大陆土地问题资料》卷65，成文出版社1977年版，第33933—33934页。

可转让；在理论上，如果欠租，可以撤佃。"相对的田面权"是从华东军政委员会"相对的永佃权"转化而来的。"田面"可以转让，其转让形式除了"转顶"外，还应包括"绝卖"与"活卖"、抵押与继承等。只是因地租较高，转佃收取小租相当困难。虽然理论上可能因欠租而夺佃，不过，撤租之困难使得其与一般的"永佃"有所区别。"田面权"也可以表达为"公认的田面权"，"田面权"人拥有田面的继承、出租、转让、抵押、出典等一系列权利。需要指出的是，在传统时代，实际生活中并无"永佃田"的称呼，一般意义上的"永佃田"其实包含在"相对的田面田"之中。

可以转佃的"公认的田面田"之租额——大租——必须大大低于普通租额，才可能转佃而获取"小租"。因此，租额之多少也就成为我们判断"田面田"性质的标志之一。也就是说，不用"永佃权——田面权"而用"两种田面权"的理论框架，可以更好地认识江南的地权结构，并对土地改革的过程与性质有着更为深刻的认识。

### （二）"押租"与"典卖"

如果转让的不是粪土田，也不是一般的"质"田，而是交了大额押金亦即冯和法所称"顶首"的永佃田，那该如何认识这种地权的性质呢？在上引资料中，冯和法称，由于"顶首"数额大，"往往容易被人误会当作田面价"。如果"顶首"的数额真的大到与田面价相等，那这"顶首"还仅仅是"顶首"吗？

以成都平原为例，当地既不存在江南的"田底"与"田面"，也不存在浙南以及福建的"活卖"与"绝卖"。然而，不存在这些名词，并不意味着不存在同样的制度。如果佃农所交押金增加并接近"地价"，在成都平原就成为"大押佃"或"大佃"；在川东地区则称为"干押租"，即"佃户一次出金若干给地主，地主仰此资本生息不另取地租，资本到佃户不种时仍退还"[①]。很显然，"大押佃"的性质

---

[①] 陈太先：《成都平原租佃制度之研究》，萧铮：《民国二十年版代中国大陆土地问题资料》，第32524、32517页。

不再是"土地租赁的信用保证金",而是"典价",亦即一种绝对的"田面"价了。民国学者陈太先说:"大佃直是一种变相的典当,所谓押租便是按市场利率计算的典当本金。"① 简单一句,就将其性质说得清清楚楚。1950年8月,中共川东区委对于"典租制"的解释为:"俗称'当',如明佃暗当,半佃半当等。"② 虽然不准确,但可以理解为可以原价赎回的卖地行为。

有意思的是,陈太先没有计算所谓"市场利率"究竟为多少,我们计算的结果是30%左右。③ 乡村借贷中20%—30%的年利率一直被认为是一种"超经济的残酷剥削"。如此,佃农与高利贷者身份合而为一。地主与佃农,债务人与债权人,究竟谁是剥削者?谁是被剥削者?就成为一个问题。这样一来,关于"押租"的性质,我们就有了全新的认识。

四川的个案并不是区域性的,民国年间的经济学家陈正谟说:

> 因为各生产部门中的资金都要算利息,佃农交给地主的押租金当然也要算利息。我的家乡——湖北枣阳县的习惯,是押租金多,租额、租率都少;押租金少,租额、租率都大;押租金的大小与地租的多少成反比例。据我的调查,其他各地也多如此,例如四川双流县十亩水田,佃户每年应纳十八石谷为租,如果押租金一百四十元,则缴给地主的租谷要减至十四石谷;因为一百四十元的息金,每年合四石谷。④

按照同时代成都平原每石米价10.5元计,140元的息金为42元,利率30%。在押金的利率不变的情况下,押金多则租额低,押金少

---

① 陈太先:《成都平原租佃制度之研究》,萧铮:《民国二十年版代中国大陆土地问题资料》,第32524、32517页。
② 中共江津县委:《关于反霸、减租退押等问题的规定,开展剿匪反特政治攻势及反对地主抽租夺佃的意见》,第3页,江津区档案馆,0001—0001—00012。
③ 曹树基、李婉琨、郑彬彬:《江津县减租退押运动研究》,未刊稿。
④ 陈正谟:《中国各省的地租》,商务印书馆1936年版,第19页。

则租额高。我相信,这在全国都是一种普遍状况,以租额来调节押金,市场化的押金利率遂被掩盖了起来。

从理论上讲,就某块田地而言,当押金一直上涨,地租额也就一直减少,当押金涨至田面价的全部——可以将此称为"绝对的押租"——地租为零。至此,押租制与土地典卖完全接轨。换言之,当押租不及田面价时,这种"相对的押租"就是田面的价格。需要说明的是,人们通常认为田面价格是一个相对固定的值,如在江南,田面价约为地价的三分之二,田底价约为三分之一。而在押租制盛行的地区,田面价是一个不固定的值。它随押金多少而变动,由"相对的押租"而至"绝对的押租",押租金额达到全部的田面价。

至此,我们不仅可以将土地之出典称为"有回赎权的出卖",还可以将土地出典称为"交纳押金的转让"。这两种交易行为的本质虽然是一致的,但是,"有回赎权的出卖"得到的是完全的田面价,而"交纳押金的转让"得到的有可能是完全的田面价,即成都平原的"大押佃",有可能是部分的田面价,如我们在江南地区所见。至此,土地之典、押、活卖与绝卖、田面与田底,以及永佃等,就可以在一个统一的框架中得到妥帖的解释。

## 三 所有权分割与权利转让

依照上文中产权分割的思路,以及为了表达之明确,本文将所有权分割为处置权、收益权和使用权,而不使用"占有权"及其他概念。因为,在本文的讨论中,无论是土地还是房产,都具有使用价值,仅仅占有而不使用的权利是不存在的,在土地与房产中,占有权包含在使用权当中。相对于完整的所有权,处置权、收益权与使用权,各自都是"残缺所有权",即所有权之一部分。另外,虽然本文主要讨论的是土地,但房产及其他产业仍属于讨论的对象。

### (一)简明定义

1. "产业"包括各种财产,如田产与房产、树木、耕牛与家畜等。"业主"指的是交易前的产业所有者,"钱主"指的是交易中的出资者。交易之前,业主拥有交易产业的完整或不完整所有权。

2."抵押"是业主将动产或不动产作为信用保证,并从钱主手中取得贷款的一种融资方式。

3."质押"是业主将动产作为信用保证,并将动产交给钱主保存,并从钱主手中取得贷款的一种融资方式。

4."典卖"是业主将不动产交给钱主,钱主占有不动产,但业主向国家纳税,并同时保留在约定期限内或无限期以原价从钱主手中赎回的一种不动产出卖方式。业主拥有"田底权",钱主拥有"田面权"。

5."处置权"指土地、房产的所有者对产业进行处置的权利。包括业主向国家纳税之义务,业主赎回权,以及业主对于产业的处置方式——如将田地抛荒、改作宅基地或坟地等。

6."收益权"可以分为两种:与产业有关的产品称为产品收益,与产业无关的收益则为利息。

### (二)产业转让的类型与性质

兹将中国传统乡村产业交易方式分为"买卖""信贷"和"租佃"这三种,每种形态的权利转让整理如表1。

表1　中国传统乡村产业买卖、信贷及租佃的类型与性质

| 转让形式 | 产业性质 动产 | 产业性质 不动产 | 转让后原业主权利 处置 | 转让后原业主权利 收益 | 转让后原业主权利 使用 | 转让后钱主(或佃户)权利 处置 | 转让后钱主(或佃户)权利 收益 产品 | 转让后钱主(或佃户)权利 收益 利益 | 转让后钱主(或佃户)权利 使用 |
|---|---|---|---|---|---|---|---|---|---|
| 买卖 | | | | | | | | | |
| 卖(绝卖) | √ | √ | | | | √ | √ | | √ |
| 信贷 | | | | | | | | | |
| 典(活卖) | | √ | △ | | | △ | √ | | √ |
| 押租(顶) | | √ | △ | △ | | △ | △ | | √ |

续表

| 转让形式 | 产业性质 动产 | 产业性质 不动产 | 转让后原业主权利 处置 | 转让后原业主权利 收益 | 转让后原业主权利 使用 | 转让后钱主(或佃户)权利 处置 | 转让后钱主(或佃户)权利 收益 产品 | 转让后钱主(或佃户)权利 收益 利益 | 转让后钱主(或佃户)权利 使用 |
|---|---|---|---|---|---|---|---|---|---|
| 抵押(当) | | | | | | | | | |
| 钱息型 | √ | √ | ⊿ | | √ | | | √ | |
| 谷息型 | √ | √ | ⊿ | | √ | √ | | | |
| 质 | √ | | ⊿ | | | | | √ | |
| 租佃 | | | | | | | | | |
| 普通租佃 | | √ | √ | ⊿ | | | ⊿ | | √ |
| 永佃 | | √ | √ | ⊿ | | ⊿ | ⊿ | | √ |

说明:"√"为全部权利;"⊿"为部分权利。

兹依次将表1的内容解释如下:

1. 关于卖(绝卖)。转让的产业包括动产与不动产。产业转让后,原业主的处置权、收益权和使用权全部转为钱主之权利。钱主成为新业主,向国家纳税。

2. 关于典(活卖)。转让的产业为不动产。原业主称为"田底"主,钱主称为"田面"主。"田底"主承担向国家纳税之义务,保留约定期限内对田面的赎回权。由于没有收益权,这种处置权可以称为"无收益的土地所有权"。"田面"主拥有"田面"部分的土地处置权,同时享有土地的全部收益及使用权。

3. 关于押租(顶)。转让的产业为不动产。原业主称为"田底"主,钱主称为"田面"主。"田底"主承担向国家纳税之义务,退押即可赎回"田面权",享有部分收益权。此为"有收益的土地所有权"。"田面"主拥有"田面"部分的土地处置权,同时享有土地的部分收益权与使用权。如果钱主交纳押金较少,地租额高,"田面"虽然可以转让,但转佃收取"小租"的可能性小。

4. 关于抵押(当)。抵押物主要是不动产,也可以是动产,动产甚至可以是耕牛与家畜,但不转移占有。在现代社会中,动产不可以充当抵押物，只能作质押物。在中国传统乡村，在一个熟人社会，动产是可以充当抵押物的。将动产作为抵押物，钱主不可使用动产，只可获得业主应付之利息。将不动产作为抵押物，抵押产业虽然仍在业主手中，但业主却失去任意即完整处置权，只拥有部分处置权。在业主"以钱付息"型（钱息型）借贷中，业主拥有抵押产业的收益权和使用权。利息以钱的方式支付，与产业收益无关。在业主"以谷付息"型（谷息型）借贷中，利息与田地的产品有关，钱主实际获得抵押产业的收益权。

5. 关于质押。质押物只能是动产，且需移转占有。业主对质押物有赎回权，但不能任意处置，即业主拥有部分处置权。业主与钱主均没有质押物的使用权。钱主获得的收益为利息。

6. 关于普通租佃。出租的产业为不动产。业主将土地出租给佃户，保留全部处置权，并从佃户手中取得部分收益权。佃户享有部分收益权以及使用权。

7. 关于永佃。出租的产业为不动产。业主转让使用权，保留全部处置权及部分收益权。对于上文归纳之七点中，特别需要说明的是，"田面权"并不完全通过土地出典而形成，"相对的田面权"也不完全通过交纳押金而获得。由于表1并不着重讨论两种田面田之由来，故略。

# 结 论

杨国桢从他列举的个案分析中，找到了从永佃权向"一田两主"转化的一般规律：即从"私相授受"佃耕的土地开始，经过田主承认"佃户"的田面权但不准自由转让的初级形态，到"佃户"获得转让田面权的完全自由，并形成"乡规""俗例"，得到社会的公认。他认为这也是明清时期地权分化的发展趋势。[①] 然而，在上文的分析中，我发现，其实并不存在从"私相授受"到田主承认佃户的田面，

---

① 杨国桢：《明清土地契约文书》，第113页。

再到佃户自由转佃田面的过程，正确的过程应该是佃农或通过交纳押金获得永佃权（或"相对的田面权"）；或因改良土壤而获得田面权，又因通过转让佃权而实现田面权。同样，田面权的形成与实现的过程，也就不是杨国桢所称佃户斗争的结果，而是市场机制的运作所致。用押金购买的田面，与用人力培育的田面，都属于市场经济的内容。

黄宗智对于"典"习俗的性质，除了称其为"一个（西方现代法律所没有的）附有回赎权的土地转让制度"外，还有以下重要的评论：

> 典习俗，亦即土地的有保留出售，既包含继承过去的前商业逻辑，也包含帝国晚期不断增长的商业化了的小农经济的市场逻辑。它还体现了一种生存伦理，该伦理源于面对不断的生存危机的经济。一方面，根据土地永久所有权的前商业理想，它对那些不能够继续从所有的糊口的人给予特别照顾，允许他们可以无限期回赎土地；另一方面，根据市场逻辑，它允许买卖获得的典权本身，甚至允许买卖因涨价而获得的那部分赢利。[1]

黄宗智在这里提出了一个重要的概念——传统时代以"典"为特征的土地转让，是前商业逻辑与小农经济的市场逻辑之完美结合。前一个逻辑适应了中国小农的生存伦理，后一个逻辑体现了时代的进步。站在社会经济史的立场，以浙江省石仓村为例，从我们经手的6000余件契约文书中可见，直到乾隆年间，如果说还存在以"加找"——土地出售后的追加价格——为特征的前商业逻辑的话，乾隆以后，"加找"演变成一种契约格式。土地交易双方在谈定交易价格后，将价格分为"卖价"与"找价"两部分，分别订立两份契约，标以不同的"卖价"与"找价"，签字、画押、过户。卖契与找契的时间或相差十几二十天，或相差数日，甚至有同日的。也就是说，在浙江南

---

[1] 黄宗智：《法典、习俗与司法实践——清代与民国的比较》，第67页。

部山区，至乾隆及以后，前商业逻辑已经部分地转化为市场逻辑。

从契约文书中观看的传统乡村社会，可能与从诉讼案中所见有相当大的不同。那些不合常例的异样的事件与人物，最有可能构成争端与诉讼。例如，黄宗智认为："即使那些只典买了土地的人也倾向于认为所买之地属于他们，长时期之后更是如此。这也就是为什么在最初的交易进行多年之后，当出典人要求回赎其土地时会引发冲突和诉讼。可以理解，一个长期持有典权的人会理所当然地视土地为己有。"以石仓村的经验进行反驳，类似的土地在分家书中记载的是"活契"。也就是说，在良风善俗的村民那里，时间很长并不是将"活卖"偷换成"绝卖"的理由。也正如在石仓村，民国时期的契约中也偶尔还能见到一两例事实上的"加找"。然而，此类"加找"已经不构成产权转让的主流，可以不加讨论。

本文最后想提的问题是，僻居浙江南部深山中的石仓村，乾隆时期就已经从前商业时代步入市场经济时代，并不是偶然的孤立的。这个村庄的代表性值得我们认真思考。同样，当发现"押租金的高利率"通行全国时，那么，对于土地产权转让的市场化，我们还有多少疑虑呢？如果说，大约从清代中期以后，中国乡村已经进入了市场经济时代，那么，中国近代关于中国农村性质的争论及其改造乡村的理论与实践，就有重新检讨的必要了。

原载《学术月刊》2012 年第 12 期

# 土改前夕地权分配的检验与解释

龙登高　何国卿

## 一　缘起与思路

**(一) 传统观点和数据使用的反思**

土地私有制导致土地兼并和集中，使农民失去土地，破产流亡，进而造成社会动荡，经济秩序被打破，引发社会革命，这是长期以来对历史时期中国土地制度评价的基调，也被视为近代经济落后与革命的根本原因。"占人口总数10%左右的地主富农占有土地总数的70%—80%"，《关于土地改革问题的报告》的这句政治口号未经实证检验，但被纳入教科书，民国时期土地严重集中因而根深蒂固。八九十年代以来，学界对近代土地占有不均这一重大基本判断进行了反思和检验，通常认为地主富农占有全部土地的50%左右。[①]

其实，1949—1952年土地改革是一次全面的普查，应该为这一基本判断提供了较准确的数据。《土地改革的伟大胜利》一文提供了土地改革前夕全国各阶级占有土地的数据表（表1），占人口9.4%的

---

[①] 章有义：《本世纪二三十年版代我国地权分配的再估计》，《中国社会经济史研究》1988年第2期；郭德宏：《旧中国土地占有状况及发展趋势》，《中国社会科学》1989年第4期；乌廷玉：《旧中国地主富农占有多少土地》，《史学集刊》1998年第1期；高王凌：《租佃关系新论：地主、农民和地租》，上海书店出版社2005年版。

地主富农占土地总数的51.9%，几乎被多数土地改革的研究者引用，并作为最重要的依据，但忽视了表中备注的说明：

"户数、人口、耕地总数是用1950年农业生产年报资料，各阶级数字是根据各地区土改前各阶级比重推算的。各阶级数字与过去公开发表的不一样，仅供内部参考。"又注"土改前各阶级是指土地改革前三年的阶级成份"，譬如1949年出售土地不改变其成份。

新生政权难以准确获得1950年耕地、人口的总数；土改前的阶级比重，本身只可能是大而化之的估计，因此特意说明是一个"仅供内部参考"的推算数。这个数据不是一个基于土改全面普查的统计结果，然而，此后它被简单当作土改统计数据了。

表1　　　　　　　全国土地改革前各阶层占有耕地情况

|  | 户数（万户） || 人口（万人） || 耕地 ||||
|---|---|---|---|---|---|---|---|---|
|  | 合计 | 占合计（%） | 合计 | 占合计（%） | 合计（万亩） | 占合计（%） | 户均（亩） | 人均（亩） |
| 合计 | 10554 | 100.00 | 46059 | 100.00 | 150534 | 100.00 | 14.26 | 3.27 |
| 贫雇农 | 6062 | 57.44 | 24123 | 52.37 | 21503 | 14.28 | 3.55 | 0.89 |
| 中农 | 3081 | 29.20 | 15260 | 33.13 | 46577 | 30.94 | 15.12 | 3.05 |
| 富农 | 325 | 3.08 | 2144 | 4.66 | 20566 | 13.66 | 63.24 | 9.59 |
| 地主 | 400 | 3.79 | 2188 | 4.75 | 57588 | 38.26 | 144.11 | 26.32 |
| 其他 | 686 | 6.49 | 2344 | 5.09 | 4300 | 2.86 | 6.87 | 1.83 |

资料来源："1949—1952年中华人民共和国经济档——七、土地改革的伟大胜利"

土地改革普查数据到底有没有呢？1980年国家统计局公布的"全国土改结束时各阶级占有耕地情况"结论：地主富农占人口7.9%、占土地的8.6%，也只是"根据1954年23个省、自治区一万五千多户农家收支调查资料计算"。[①] 这意味着土改结束后，普查

---

① 国家统计局：《建国三十年版全国农业统计资料（1949—1979）》，1980年3月。

性的统计数据可能并没有全国汇总，至少没有公布，一直到1980年国家统计局仍采用这一抽样调查数据。一些省份的数据，也多为抽样调查的估计，或者推算所得。① 在当时信息技术落后的条件下，乡、县、地区等基层的数据都是手写材料，统计汇总的确不容易。

**（二）检验的思路**

看来，土地改革进行了普查性的工作，但一些省份可能没有汇总，全国性的汇总也一直缺如，因此采取了推算的办法与数据。尽管如此，全国土改丰富并且可靠的数据，为统计与检验工作奠定了基础。本文对土改数据的使用思路，有如下四个方面需要加以说明：

第一，一些省份或土改区公布了土改普查的翔实数据，如关中、广东、福建、安徽、浙江、苏南，及华东区总数。而这些省份的数据，对于准确把握全国水平，至为关键。

第二，有的省份没有公布统计数据，但作为土地改革的伟大成就，公布了"没收征收"土地的数量。根据1947年10月《中国土地法大纲》的规定，"没收乡村中一切地主的土地及公地"，富农多余的土地亦即出租的土地，予以征收。因此，"没收征收"的土地可以作为出租土地的数量，从而算出租佃率。也可以大致折算出地主富农占有土地的百分比，通常没收90%以上的地主土地与绝大多数公地，征收富农约10%的土地。但从下文各地数据来看，没收征收的土地数量，往往高于以上对象土地的加总数。

第三，再参照民国时期的统计数据，可以对其他缺乏土改普查汇总数据的省区进行估计。由于土地占有状况的地域差异极大，地域性的研究成果众说纷纭，估计数差别较大，本文仅考虑足以反映全区域总体水平的统计数据。

民国时期的数据大多并非准确细致的普查数据，样本数有限，只能观其大概，作为参考。譬如，北方各省的数据能够得出一个基本的认

---

① 如1952年9月中南区土地改革委员会的总结性材料中，就是以调查的100个乡的数据，占人口6.5%地主占土地43%，3.6%的富农占土地7.2%。合占亦超过50.2%。当然，这100个乡的数据应该是真实的，但很难代表中南区的水平。详后。

识，那就是，与南方相比，北方的自耕农占主导地位，佃农所占比重很低。还要注意统计口径的不一致。自耕农、半自耕农、佃农的划分都是变动的，既非一成不变，也没有绝对的标准。完全没有自己土地的佃农和雇农都很少。特别是南方各省，地权形态与农户形态更为多样化，佃农与自耕农的界定弹性更大。其身份还是变动的，可能有些年份租佃多一些，有些年份不租入或少一些，甚至租出。租佃的土地数量亦然。以致有的统计分类很复杂：地主兼佃农、半地主兼佃农，自耕农兼佃农，①等等。这些复杂的现象造成了统计难度大，数据本身准确度也不高，比如1934年的3项政府统计数据就相差不小。

第四，在分省区检验所有权占有状况的同时，还需要考虑土地权利占有的状况。所有权之外，土地占有权或使用权对土地权利的切分，通常无法呈现于统计数据中，但不能不考虑。如果一块土地有70%的土地权利不归土地所有者，那么所谓土地集中的表象与实质，其真实含义是大不一样的。这主要体现于以下几个层面：

第一个层面是公地。族田、寺庙田、学田等"公地"属于法人产权，在一些地区比重很高，土改时有专门类别统计，可以对地权分配进行修正。土改材料通常以"地主占有土地和控制公田"合计来强调地主拥有土地的比例，这显然是不合适的。

第二层面的修正考虑田面权的问题。田面权未被纳入所有权统计，但田面权也是一种财产权，拥有与田底权相当的甚至更大的土地权利。考虑了田面权后，利用华东军政委员会的3则材料计算发现基尼系数减小，修正力度平均达0.31。

第三个层面的修正是考虑"外地业主"因素，此因素对部分宏观材料以及几乎所有的小样本调查材料都有深刻影响。外地田主，或"不在地主"，多居城市或外地。在江南等地城市化较高的地区，外地业主现象最为显著。近代广东福建则有越来越多的海外华侨投资故乡土地与房产，他们以在海外的血汗钱投资家乡、供养家属，事实上

---

① 郭汉鸣、洪瑞坚：《安徽省之土地分配与租佃制度》，中央政治学校地政学院研究报告之五，正中书局1937年版。

其本人和下一代大多常居海外发展，也相当于某种外地业主。外地田主投资农地，多拥有田底权，不仅没有强化地权占有的不平等，还使地权分配变得相对平均。

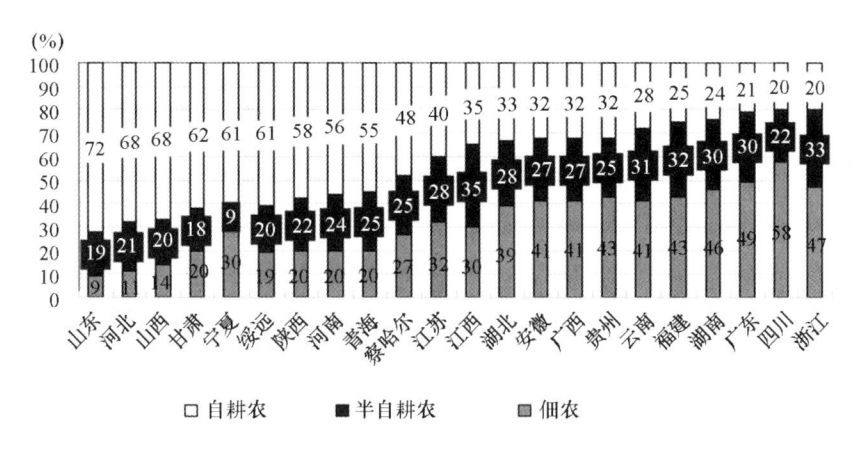

**图1　1934年各省农佃之分布**

资料来源：国民政府主计处统计局主编：《中国租佃制度之统计分析》，正中书局1942年版，第8页。以下农佃分布各图来源相同，不再一一注明。

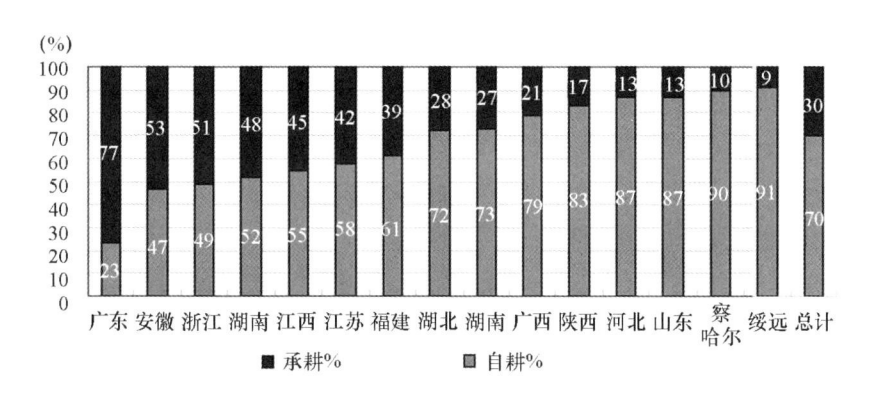

**图2　1934年15省自耕及租佃的土地面积比重**

资料来源：土地委员编：《全国土地调查报告纲要》，第36页。未公开发表。本表对原文数字做了四舍五入的处理。

因此，本文以土改普查为基本依据，并由此验证其他统计数据，参考其中合理的部分，对民国时期特别是中华人民共和国成立前夕的东部和中部省份土地占有状况做一个基本判断。

## 二 分区域检验

### （一）华东区

华东区[①]相对复杂，而这一地区又是近代中国经济发展程度最高的区域，民国统计数据所示，浙江、安徽、苏南等地在全国属于土地占有不均较严重的地区。所幸华东军政委员会与多个省份公布了相对准确的普查性质的统计数据。

如表2所示，浙江地主富农占土地27%，中农32.4%，贫农17.6%，公地16.3%。但从民国租佃率和佃农比率来看，浙江在全国居于前列。1934年承租土地百分比达51%，高于（15省的）平均租佃率47%。从农户形态看，1936年自耕农20%，佃农47%。这些名义租佃率与佃农比率，都没有考虑16.3%的公田。

如表3所示，苏南土改区6.2%的地主富农占有土地35.3%，公地比例为5.9%。苏南全区没收征收土地1041.8万亩，占耕地总面积的43%，[②]略高于地主、富农、工商业者、公地所占土地之和的比例42.3%。[③]对照1937年江苏省数据，自耕农占39%，佃农占34%。[④]

安徽土改普查，2711万人，631万户。其中地主、半地主、富农27万户，占4.28%，占有土地总数的32.53%。贫农和雇农530.9万户、36.6万户，占总户数逾一半，占有土地总数19.4%。[⑤]对照民国

---

① 山东是全国自耕农比重最高的省份，并入北方类。福建也有土地改革的数据，与广东很相似，被并入下一节单独讨论。因此本节的华东地区仅指浙江、江苏、安徽三省。
② 许辉、吴玉琴：《苏南地区土地改革运动述略》，《学海》1996年第3期。
③ 1950年版的《中华人民共和国土地改革法》规定，在土地改革时，对革命军人、烈士家属、工人、职员、自由职业者、小贩以及因从事其他职业或缺乏劳动力而出租小量土地者，不以地主论，其出租土地不超过当地每人平均土地数200%的，均保留不动。超过标准的，征收其超过部分的土地。如该土地确系其本人劳动所得购买的，或鳏、寡、孤、残疾人等依靠该土地为生的，虽超过200%也酌情予以照顾。
④ 莫宏伟数据与《苏南土地改革文献》的数据略有差异。从之。
⑤ 许为：《解放初期安徽的土地改革》，《学术探索》2011年第12期。

时期安徽省农户构成，取1936年值（1937年异动较大），自耕农35%，佃农37%。

华东区（今江苏及上海、浙江、安徽、福建、山东）土地改革成果统计见表4，地主富农及半地主富农占总人口的7.16%，拥有土地数占全部土地的33.38%；中农、贫农占总人口的82.1%，拥有土地数占全部土地的51.66%；公田占10.32%。该表不包括山东数据，而山东自耕农的比重在全国属于最高水平。华东区是6500万人口的统计数据，还不是但接近全部人口的普查数据。以地主、富农占土地百分比的数据来看，福建18%，浙江27%，安徽32.5%，均低于平均数，仅苏南略高。参考苏浙皖三省农佃构成，取1936年值，自耕农占33.3%，佃农占39.7%。

浙江、苏南、皖南影响地权分配有三大突出因素：其一，这些地区是田面权发育最高，意味着多数佃农是拥有财产属性田地；其二，苏南浙北（浙西）近代城市化最高，外地业主的比重较高，有专门的租栈为他们收取地租，这意味着有相当部分的地主不在本地，地权占有不均的情况被扩大；其三，公地等法人产权占全部土地的百分比，华东全区为10.3%，浙江省为16.3%。关于田面权与外地业主，本文暂缺具体数据来修正，可以肯定的是，浙江、苏南、安徽及华东区的数据大致反映了土地所有权占有不均的水平，但土地权利占有不均则被夸大。

表2　　　　浙江省土地改革前后各阶层占有土地变动表[①]

| 时期 | 土改前 | | 土改后 | | 土改前后比较 | |
|---|---|---|---|---|---|---|
| 亩数及占比 | 亩数 | 占比（%） | 亩数 | 占比（%） | 增 | 减 |
| 地主 | 5663524 | 20.6 | 834772 | 2.7 | | 4828752 |
| 半地主式富农 | 282584 | 1.03 | 124923 | 0.4 | | 157061 |

① 此表系嘉兴、宁波、衢州、温州、丽水、台州、金华、临安、绍兴等9个专区及直属县杭县的材料统计。其中尚缺嘉兴18个乡、金华6个乡、卫州15个乡、台州五四个乡，温州缺玉环一个县的材料；土改后增加数字系土改中反出的黑田。

续表

| 时期 | 土改前 | | 土改后 | | 土改前后比较 | |
|---|---|---|---|---|---|---|
| 亩数及占比 | 亩数 | 占比（%） | 亩数 | 占比（%） | 增 | 减 |
| 富农 | 1484373 | 5.4 | 1222945 | 4 | | 261428 |
| 中农 | 8888239 | 32.4 | 12121857 | 40 | 3233618 | |
| 贫农 | 4749286 | 17.6 | 13061384 | 41.5 | 8312098 | |
| 雇农 | 107093 | 0.39 | 1098431 | 3.6 | 991338 | |
| 小土地出租者 | 669365 | 2.4 | 481262 | 1.6 | | 188103 |
| 大佃农 | 87607 | 0.32 | 202198 | 0.6 | 114591 | |
| 工商业资本家 | 169140 | 0.62 | 25554 | 0.08 | | 143586 |
| 其他 | 824177 | 3 | 1371107 | 3.8 | 546930 | |
| 公地 | 4480794 | 16.3 | 544479 | 1.8 | | 3936315 |
| 合计 | 27406182 | | 31088912 | | 3682730 | |

资料来源：浙江省土地改革委员会：《土地改革文献汇编》，1953年。

表3　苏南20个县1722个乡土改前各阶层户口、人口、占有土地比例

| 项目 | 户口占户口总数的百分比 | 人口占人口总数的百分比 | 占有土地比例 |
|---|---|---|---|
| 地主 | 2.50 | 3.18 | 28.32 |
| 公地 | 1.66 | 0.07 | 5.91 |
| 工商业资本家 | 0.65 | 0.72 | 1.07 |
| 小土地出租者 | 3.85 | 2.90 | 3.68 |
| 富农 | 2.23 | 3.05 | 7.01 |
| 中农 | 30,16 | 34.11 | 31.63 |
| 贫农 | 51.90 | 50.21 | 20.88 |
| 雇农 | 3.36 | 2.37 | 0.44 |
| 其他 | 3.69 | 3.39 | 1.06 |
| 总计 | 100,00 | 100.00 | 100.00 |

资料来源：莫宏伟：《苏南土地改革研究》，合肥工业大学出版社2007年版，第15页。

表4　土地改革前华东农村各阶级（层）土地占有情况统计①

| 阶层 | 户数 | 占总户数% | 人口数 | 占总户数% | 土地（市亩）亩数 | 占总土地数% | 人均占有亩数 |
|---|---|---|---|---|---|---|---|
| 地主 | 485428 | 3.07 | 2612643 | 4.00 | 37265955 | 26.17 | 14.26 |
| 半地主式富农 | 50924 | 0.32 | 271102 | 0.41 | 1952643 | 1.37 | 7.20 |
| 富农 | 306061 | 1.94 | 1794629 | 2.75 | 8321252 | 5.84 | 4.64 |
| 工商业者 | 59326 | 0.38 | 314397 | 0.48 | 443406 | 0.31 | 1.41 |
| 小土地出租者 | 375009 | 2.37 | 1110337 | 1.70 | 3639184 | 2.56 | 3.28 |
| 中农 | 5173128 | 32.72 | 23783996 | 36.40 | 47918594 | 33.65 | 2.01 |
| 贫农 | 7612914 | 48.15 | 29863778 | 45.71 | 25644368 | 18.01 | 0.86 |
| 雇农 | 784635 | 4.96 | 2087140 | 3.19 | 700931 | 0.49 | 0.34 |
| 手工业工人 | 69464 | 0.44 | 258104 | 0.40 | 50081 | 0.03 | 0.19 |
| 其他阶层 | 893999 | 5.65 | 3243537 | 4.96 | 1786887 | 1.25 | 0.55 |
| 公田 |  |  |  |  | 14696522 | 10.32 |  |
| 合计 | 15810888 | 100.00 | 65339663 | 100.00 | 142419824 | 100.00 | 2.18 |

资料来源：华东军政委员会土地改革委员会：《华东区土地改革成果统计》，1952年12月。

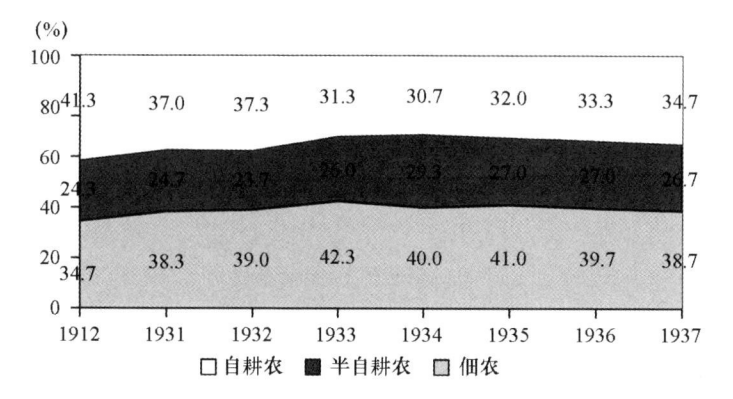

图3　苏浙皖农佃分布均值（1912—1937）

① 其他阶层包括：自由职业者、宗教职业者、贫民、游民、小商贩、债利生活者等。

## （二）东南沿海

广东福建的地权分配不均，在政治文献中都要强调地主占有的土地和控制的公田达到很高的比重，如福建有48%，广东更高。但公田是法人产权，有其规章制度可循，一般来说不能占为己有。

广东省土委会统计，地主占总户数5.8%、占总人口8%，占有土地比为26.9%；富农户数占比2.3%、总人口占比3.9%，土地数量占比5.5%。中农占总户数21.5%、人口占比27%，土地占比18.5%。贫雇农户数占总户数56.7%，人口占比50.3%，土地占比11.6%。公尝田占33%。其他小土地出租者、经营者占总户数的13.7%、人口占比10.8%，占有4.6%的土地。[①] 土改前夕广东的地主富农拥有土地占比32.4%，但其佃农百分比很高，1930年代在58%—43%之间，而自耕农的比重很低，在17%—25%之间。出租的土地主要来自公尝田，占全部土地的33%。

福建省全省合计拥有土地20391005亩，其中地主占有土地2753304亩，占总数的13.5%；半地主式富农占有土地314478亩，富农占有土地728813亩，其他占比较少的工商业者占有土地136949亩，小土地出租者509178亩，债利生活者占有土地11222亩，其他367536。[②] 地主富农共占土地3796595亩，占总数的18.6%；公田5936632亩，占29.1%；中农贫雇农合计9582894亩，占全部土地的47%。

表5　　　　　福建土地改革前夕各阶级占有土地状况

| 阶层 | 总户数 | 总人口数 | a总土地数（土改前） | b被没收征收土地的户数 | b/a:% | 被没收征收土地的人口 |
|---|---|---|---|---|---|---|
| 地主 | 63105 | 368364 | 2753304.41 | 63105 | 100.00 | 368364 |

---

① 指华侨与工商户，大多数城市工商户都拥有土地。广东粮食产量，1934年825万吨，1949年723.5万吨，下降12.3%。据沈金生《广东省土地改革运动概述》，广东没收征收土地2300万亩。

② 福建省人民政府土地改革委员会：《福建省土地改革文献汇编》，1953年4月。

续表

| 阶层 | 总户数 | 总人口数 | a 总土地数（土改前） | b 被没收征收土地的户数 | b/a:% | 被没收征收土地的人口 |
|---|---|---|---|---|---|---|
| 工商业家 | 27818 | 172553 | 136949.33 | 18161 | 65.37 | 98850 |
| 半地主式富农 | 11332 | 62623 | 314477.69 | 10497 | 92.37 | 53259 |
| 富农 | 39014 | 236229 | 728812.87 | 16250 | 41.43 | 92484 |
| 小土地出租者 | 68543 | 214500 | 509177.51 | 28824 | 42.08 | 78665 |
| 公田 |  |  | 593663213 |  |  |  |
| 债利生活者 | 1772 | 7461 | 11221.77 | 504 | 28.42 | 1792 |

b/a：被没收征收占该阶层及没收征收各阶层合计占全省总数。

资料来源：福建省人民政府土地改革委员会：《福建省土地改革文献汇编》，1953年4月。

在1934年的三组数据中，广东佃农比重全国最高，而自耕农比重最低。广东、福建两地的土地租佃率较高，这主要是由于族田在调查中所占比重较高，土改统计中，广东达33%，福建达29.1%，都超过了地主富农所占土地的百分比。这也意味着仅有约70%的土地由私人占有。根据张研对族田的研究，福建的闽西闽北八个地区公族田平均占耕地面积达54.74%。据陈翰笙等的调查，广东某县的族田占总耕地的百分比达到50%。作为法人产权的族田，一定程度上也减缓了地权分配不均衡度。如果租佃关系中不计入族田，这一地区的典型租佃率显然没有那么高。[①] 当然，公田有出租的，也有族内成员轮值的。

田面权在福建广东都相当突出，所谓佃农其实是有田地财产权的。广东有大量的沙田，仅沙骨权就占全省土地总数的10%。这种田地的土地肥力主要是佃农投资工本带来的，其田面权的土地权利通常高于田底权。因此，佃农的比重高，占有的土地很少，但不能以此

---

① 详见丁骞：《民国时期中国地权分配的研究》，硕士学位论文，清华大学，2008年。

说明土地权利占有不均。

近代华侨虽然人在海外奋斗，以其血汗钱在家乡购置田业与房产，为数可观。然而，按照政策，不少华侨被划为地主。叶剑英、方方等本地官员了解华侨状况，对这一政策不理解，推行迟缓，直到外来大员强力推行。

田面权、族田、华侨等外地业主田，都使得名义佃农的比重提高。因此，广东名义佃农比重曾高居全国第一，1937年仍达47%；而自耕农仅占21%。福建农户构成取1937年调整值，佃农35.7%，自耕农38%。广东、福建两省原始数据的均值，自耕农23.5%，名义佃农44.5%。如果按地主的土地全部出租，那么典型意义上的租佃率，福建为13.5%、广东为26.9%，均处于较低水平。

### （三）中南区

中南区包括江西、湖北、湖南、广西、河南及广东，后者已如前述，河南将并入北方省份讨论。

江西在运动中没收征收土地13368734亩，占全省土改区土地面积的35.3%，① 可计算得名义租佃率为35.3%；公田以15%计，则典型租佃率为20.3%。江西地主占有的土地以20.3%计，富农占地以7.2%计，则地主富农约拥有土地数量占比为27.5%。②

广西地主占总人口7.2%，占有和操纵公田占全部土地的36.5%。富农占土地4.6%，③ 若公田以15%计，则地主富农占26.1%。

湖北没收征收1183万亩，1949年耕地总面积5614万亩（374.25万公顷），占比21%。如果公地以中南区土地改革委员会估计的10%计，似乎太高，以5%计，则典型租佃率约为16%。

---

① 张国震：《江西省土地改革运动的伟大成就》，1952年9月28日。
② 参照民国数据，1934年江西租佃率40%。佃农比重1934年30%，1934—1937年在30—40%。唯1934年土地承租的比重达45%，如果不计至少10%的公田出租，则实际出租土地比重35%。湖南共有5100万亩土地。
③ 《广西省土地改革基本情况总结》，1952年。

中南区的公地（族田、寺庙、教堂、学校、团体），湖南、广西大约占15%—20%，江西：15%，湖北：10%。广东：30%，个别县份达60%。① 广东公尝田实际为33%，河南应该较低。中南地区公地以15%计，则地主占地28%，占人口10.1%的地主富农，占有土地约为35.2%。中南区永佃制突出，田面权也不少，这意味着佃农实际拥有的土地权利无法体现于数据中。

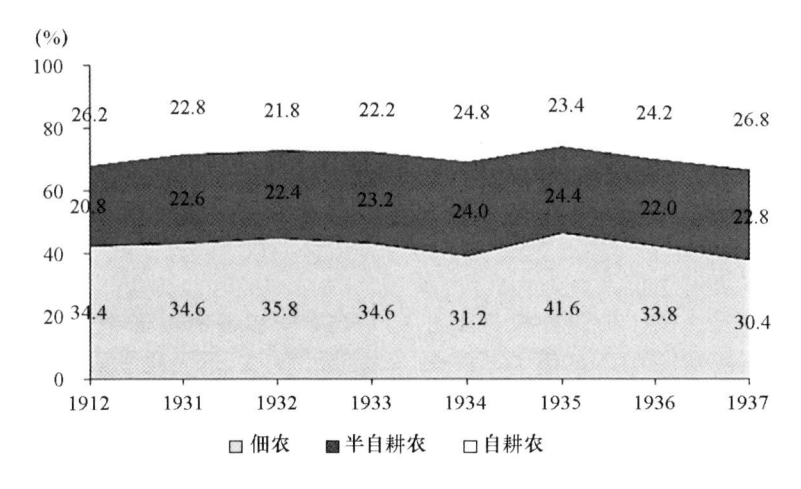

图4 赣鄂湘桂农佃分布均值（1912—1937）

| | 1912 | 1931 | 1932 | 1933 | 1934 | 1935 | 1936 | 1937 |
|---|---|---|---|---|---|---|---|---|
| 佃农 | 26.2 | 22.8 | 21.8 | 22.2 | 24.8 | 23.4 | 24.2 | 26.8 |
| 半自耕农 | 20.8 | 22.6 | 22.4 | 23.2 | 24.0 | 24.4 | 22.0 | 22.8 |
| 自耕农 | 34.4 | 34.6 | 35.8 | 34.6 | 31.2 | 41.6 | 33.8 | 30.4 |

## （四）北方省份

北方各省土改时间较长，详细的普查数据被披露的不多。

陕西在民国北方各省中地权不均是较高的，但关中平原有"关中无地主"之称。关中土改区41县，占陕西全境的一半，人口则远远超过半数。土改普查数据如表7所示，地主富农仅占土地的12.9%，而中农、贫农占78.8%。②

陕、甘、宁、新地区土改调查显示，"地主富农占农户总数的

---

① 中南土地改革委员会调研处编：《中南区各省农村特殊土地问题调查》，1950年11月17日。
② 土改后地权变动对多数农民来说意义不大，地主富农人均土地大幅度减少，但贫农人均仅增加0.7亩。不过基本也达到了"均田地""耕者有其田"的社会效果。

7%，占有35%的耕地。中农、贫雇农占农户总数的94%，占64%的耕地。"河北、山东、绥远3省2000多个乡，"地主富农占农户总数的6%，占有27%的耕地。中农、贫雇农占农户总数的88%，占71%的耕地。"① 参考民国时的各统计数据，华北的土地占有状况比较平均，陕西是北方地权不均程度较高的地区。可以推断，这些土改抽样数据，明显是偏高的，估计北方多数地区接近关中的水平。

民国时期的各统计数据显示，北方较之南方，自耕农比重高，佃农比重低。1930年，南方佃农比重32%—57%，自耕农比重22%—39%（福建异动）；而北方佃农比重9%—29%，自耕农比重58%—72%。1937年，南方佃农比重36%—52%，自耕农比重21%—40%；北方佃农比重10%—19%，自耕农比重58%—75%。如此高的自耕农比重与如此低的佃农比重，显示北方土地占有不均的状况远低于南方。

据《全国土地调查报告纲要》，1934年各类地权形态中，北方的自耕农所占比重平均为70.2%，在61.3%—80.5%之间。陕西、河南60%多一点，河北、山东、山西较高，都在71%以上。南方自耕农所占比重平均为34.8%，约为北方的一半。据《中国租佃制度之统计分析》，北方各省的自耕农都超过55%（察哈尔除外），河南、陕西同样较低，56%—58%；山西、河北、山东较高，68%—72%。相对应的佃农比重，河南、陕西为20%；山西、河北、山东在9%—14%之间。湖北、广西类似于北方，地权不均状况略高于河南与陕西。

以1936、1937年计，北方佃农约占16%，自耕农约占63%。自耕农比重最高的仍是山东、河北和山西。② 1934年土地自耕率较高的省份分别是绥远（91%）、察哈尔（90%）、河北（87%）和山东（87%），陕西（83%）、河南（72%），北方租佃率约为14.9%。

---

① 乌廷玉：《旧中国地主富农占有多少土地》，《史学集刊》1998年第1期。
② 事实上，农村约有5%不能归入这三类，而是属于其他阶层，包括工商业者、小土地出租者及其他。

表6　关中土改区41县(市)2516乡土改前后各阶层土地占有情况

|  |  | 地主 | 半地主式富农 | 富农 | 小土地出租者 | 中农 | 贫农 | 雇农 |
|---|---|---|---|---|---|---|---|---|
| 土改前占有土地(亩) | 合计 | 2152583 | 252800 | 1148098 | 841065 | 5161053 | 6997214 | 575209 |
|  | 百分比 | 7.8% | 0.9% | 4.2% | 3% | 549% | 24.8% | 2.1% |
|  | 人均 | 11.6 | 24.2 | 7.8 | 6.8 | 4,7 | 2.6 | 1.32 |
| 土改后占有土地(亩) | 合计 | 463608 | 131375 | 1131781 | 666602 | 5715283 | 8541441 | 1298079 |
|  | 百分比 | 1.62% | 0.47% | 3.95% | 2.35% | 55.5%6 | 30.2% | 4.6% |
|  | 人均 | 2.5 | 12.9 | 7.1 | 5.4 | 4.8 | 3.3 | 3 |

说明:(1) 土改后比土改前多土地2982182.21亩,系查出黑地等情况。
(2) 关中土改地区共2522乡,其中渭南缺6个乡的统计。

资料来源:陕西省农民协会办公室制:《关中土改区41县(市)2516乡土改前后各阶层土地占有统计表》,1951年8月。陕西省档案馆全宗号123,目录号24,案卷号42。转引自何军:《20世纪50年代初关中农村的土地改革》,《中国农史》2006年第2期。本表数字四舍五入。

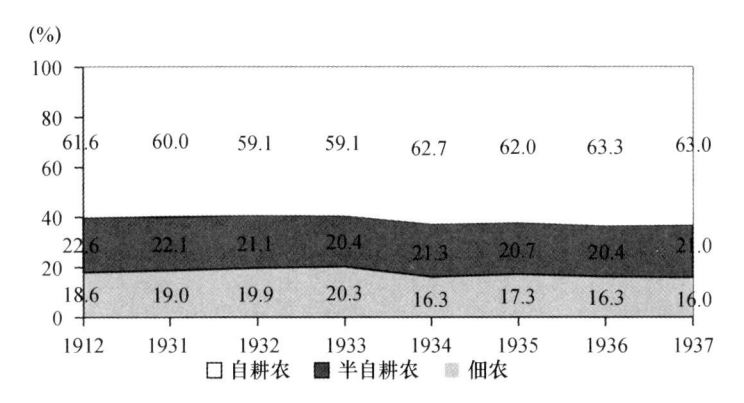

图5　冀鲁晋陕甘青图农佃分布(1912—1937)

### (五) 东中部地区地权分配总体状况

以上主要对全国东部、中部地区的土地占有状况进行了检验,主要数据见表7。

根据土地改革的普查数据,地主富农占有土地比重,南方各省在18—35.5%之间,基尼系数并不高。北方远远低于南方,基尼系数相对较低。目前还难以得出地主富农占有土地比例的全国均值，南方的数据基本准确，约在30%±5%，福建最低，仅为18%；北方很少普查数据，目前仅有关中土改区，不到13%，如果要取一个大致的数据，北方在20%左右。这与政治口号相距甚远，但并不说明人均占有较平等，地主与贫雇农相差数倍乃至十几倍，局部地区富者田连千亩，贫者无立锥之地的现象也存在。

各省份之间大体可分为如下三个层次：

第一层面：地权平均的省份，北方自耕农主导，佃农比重低。山东、河北、山西，自耕农比重最高。陕西、河南，自耕农比重较高，关中地主富农仅占土地12.9%。

第二层面：地主富农占地比重少的省份。福建、广东，地主富农占地比重分别是18%、32%，这主要是因为公田所占比重太高，因而名义租佃率较高。湖北、广西，地主富农占有土地百分比不高。

第三层面：长江中下游地区，佃农拥有较强的土地权利。地主富农占地比重，浙江为27%，安徽为32.5%，苏南地区最高，达35.3%。华东地区平均占比33.38%。名义佃农比率高，但由于田面权普遍，贫农拥有土地财产权。由于统计数据不全面，湖南应该比江西的27.5%要高。永佃权较普遍，田面权也不少，因此土地权利占有不均的状况，要低于统计数据的水平。

表7　中华人民共和国成立前夕农村前10%富有阶层的土地占有率

| 地区 | 地主富农占地比重 | 租佃率 |
| --- | --- | --- |
| 福建 | 18% | 名义45.47%*；典型16% |
| 广东 | 32% | 名义46.5%*；典型16.5% |
| 浙江 | 27% | 名义39.75%*；典型24.75% |
| 苏南 | 35.33%* | 名义38.3%；典型32.3% |
| 安徽 | 32.5% | 名义38.59%* |
| 江西 | 27.5% | 名义37%事；典型22% |
| 广西 | 26.1% | 名义40%*；典型25% |

续表

| 地区 | 地主富农占地比重 | 租佃率 |
|---|---|---|
| 湖南 |  | 名义48%中；典型33% |
| 湖北 |  | 名义21%；典型11% |
| 关中 | 12.9% |  |

说明：（1）名义租佃率，指包括公田等在内的全部土地的出租率。本表通常由没收征收土地的比重，视为名义租佃率。

（2）典型租佃率，指地主富农土地的出租率，由名义租佃减去公地租佃的数量。中南地区的公地（族田、寺庙、教堂、学校、团体），湖南、广西大约占15—20%，江西15%，湖北10%。广东30%，个别县份达60%。（中南土地改革委员会调研处编：《中南区各省农村特殊土地问题调查》，1950年11月17日）除广东外，其他省份的公地比重，似有所高估。

（3）没收征收土地比重数据*，见莫宏伟、张成洁：《新区农村的土地改革》，江苏大学出版社2009年。

## 三 地权集中的负反馈机制

近代农村经济破败，中国落后挨打，人们普遍归咎于土地兼并，[①]并感性地夸大土地集中的程度。清代与近代，也并没有显示出土地集中的趋势，方行（2000）考察清代是如此，民国时期亦然，从全国自耕农所占比重的均值看，1931—1937年大体不变，1931年为45%，1934年为46%，1937年仍为46%。[②] 从各形态的农户数量上看，土地并没有出现集中的趋势。甚至局部或特定时期还出现分散化的趋势，马若孟考察山东、河北等地发现，1930年相比1880年的土地分配状况更为平均。[③] 土地集中的现象被夸大，趋势又并不存在，

---

[①] 应该指出的是，短缺经济时代，农民生活普遍不能温饱；尤其是近代经济破败，农民更趋贫困。然而农民贫困的根本原因，不在于土地不均。在土地资源总体稀缺的背景下，再均分也不能从根本上解决问题，人均增加土地很小。根本的出路还是在于城市化、工业化，减少农村人口，提高劳动生产率与土地产出。
[②] 1912年正值政权更替，数据仅供参考。
[③] ［英］马若孟：《中国农民经济》，江苏人民出版社1999年版，第257—338页。

导致以往认识误区的原因很复杂，其中重要的一点在于忽视了土地集中的负反馈机制。

从表象上看，土地流动、土地交易、土地买卖似乎就是有钱的人会拥有越来越多的土地。但是，同时会存在对冲机制与之相抵消，这就是所谓负反馈机制。

第一，诸子均分制。这一点几乎人所共知的，比如，一个农民辛辛苦苦耕作，累积了100亩土地，两个儿子每个人分50亩，到四个孙子分时，就成了人均25亩，土地占有又分散化了。通常情况下，土地越多，生育后代越多；土地越少，就不会生那么多孩子，因为没有足够的土地维持人口再生产。这就导致大户人家在分产家析产之下，土地占有趋于分散。

在欧洲部分地区和日本不是诸子均分制，而是长子继承制，所以呈现出另一种历史演进的状态。但很多人将这种差异视为文化所决定，然而，不是西欧更具有民主平等的思想吗？那种文化才应该均分呀；而相反，常说中国文化集权专制，那才应该长子继承。归根结底，产权与经营模式，① 才是继承制差异的根源，也是继承制产生和长期延续的根源。

第二，多样化的地权交易形式，包括回赎机制，有效抵消了土地集中的趋势。如果只存在土地买卖这种单一的产权交割形式，容易导致土地集中。但如果地权交易形式多样化，农民可选择租佃、典当、抵押等形式，特别是典、活卖的回赎条款，力求避免土地产权的最终转让。② 交易形式越多样化，越有可能降低系统性风险，这是基本的逻辑，尽管常被遗忘。

第三，个体农户独立经营具有生命力和竞争力。大户拥有较多的土地后，如果自己雇工经营，是竞争不过个体农户小土地经营的，在当时技术条件下规模化的雇工经营反而没有效益。③ 所以拥有更多的

---

① 与中国个体农户经营与土地私人产权相映志趣，西欧庄园农牧型经营模式具有很强的整体性，不可分割性；其法人产权特性亦具有不可切分性。笔者将另文论述。
② 龙登高、林展、彭波：《典与清代地权交易体系》，《中国社会科学》2013年第5期。
③ 龙登高、彭波：《近世佃经营的性质与收益比较》，《经济研究》2010年第1期。

土地后,还是要租佃出去,通过押租、永佃、田面权等形式将使用权、占有权等土地权利释放出去,从而使土地权利占有不均受到缓和。

第四,法人产权、双层地权也成为土地集中的负反馈机制。田面权使中下层农民也能够拥有土地占有权,从而降低土地占有的基尼系数。① 族田、寺庙田、学田、各种会田、社田等法人产权土地,在一定程度上降低了私人土地占有的不平均,如广东福建的公田比重可达30%左右,如此一来,私人土地占有的不平等极限(即使全部为最富有阶层所占有)也不会超过70%。

第五,皇帝与朝廷的限制,对可能引发土地兼并的官僚强权进行明确约束,如官僚在任内辖地不得购买土地房产等规定,这是委托人(皇帝)对代理人(官僚)针对激励不相容所做出的约束性制度安排。这种被约束的强权,在近代军阀割据之下,有可能走出"笼子";因而在近代,武力、暴力、强权侵扰地权市场,局部地区土地兼并可能有所强化。

第六,天灾人祸,尤其是战乱。战争期间,因为人们控制当前与未来收益的预期较低,会选择不持有土地。如,抗战时一些地区土地分散,② 江南地区田底价格下降。

原载《东南学术》2018 年第 4 期

---

① 详见前引丁骞等的计算与论述。
② 隋福民:《20 世纪 30—40 年代保定 11 个村地权分配的再探讨》,《中国经济史研究》2014 年第 3 期。

# 从平均地权到鼓励流转

龙登高

"平均地权",自孙中山提出政治口号以来成为中国的主流思潮,并在20世纪中后期在全国范围内付诸实践。1949—1952年的土地改革运动是一次土地所有权平均的强制性变迁,1981年的家庭联产承包责任制则是土地使用权的平均分配。从历史的角度看,每一次都是急剧的制度变迁,甚至是人类历史上未曾有过的土地产权大变革;从学术的角度看,平均初始状态之后地权状况如何变化,是极其难得的经济"实验"与研究素材,具有不可替代的价值。这也是本文的出发点,尽管关于平均地权与每一次土地制度变革的成果很多,但贯通性的系统考察却很有限。从现实来说,每次变革都引发广泛的巨变,对中国社会经济、政治产生深刻的影响,不仅对当前的土地制度改革提供借鉴与启示,以把握改革的取向与基本思路,而且可以从变迁中总结中国特色的历史内涵,总体性把握中国社会、经济等各层面的变迁和特征。

## 一 土地所有权的平均:强制性制度变迁

平均地权是20世纪的主流思想,最初是由孙中山提出来的。"三民主义"之"民生主义"就是平均地权、节制资本,在当时是一种全新的认识。今天看来,孙中山三民主义著作更多的是感性的诉求,即便其"涨价归公"的主张,就经济学逻辑来说,都存在困境。其基本判断是中国土地集中严重,导致农民破产流亡,甚至被视为近代中国经济衰败的根本原因。近代土地集中在某些局部地区的确严重,加之农民普遍贫穷,造成人们强烈的感觉与判断。但最新发现表明,根据最为权威的1949—1952年土地改革的普查数据,前10%的富有阶层占有土地的比重,南方省份约在25%~35%之间①,远远低于70%~80%的社会观感或政治宣示;而南方省份通常被认为地权占有不均而较北方更为突出。实际上,造成近代中国经济落后的主要原因,相比地权分配不均更为突出的是长期战乱、经济转型失败等。

孙中山的口号停留于理想,如何推行平均地权,缺乏一定实施路径和政策。事实上,其悖论在于,既然承认土地私有产权,那么土地就应该由其所有者支配,政府凭什么来平均分配呢?1924年国民党第一次全国代表大会上,孙中山变"平均地权"的口号为"耕者有其田"。国民党败退台湾之后,才实行了赎买式土地改革。

**(一) 土地改革运动平分土地**

中共初期在根据地实行打土豪分田地,抗日战争期间实行减租减息政策,后来则在解放区掀起了土地改革运动。为动员农民、争取国共战争的胜利,1946年5月4日,中共中央作出《关于土地问题的指示》,以此为标志,曾在抗战时期实行的减租减息政策转变为以实现"耕者有其田"为目标的土地政策。一开始,土地改革主要是采取清算、开明地主献田及征购地主土地等方式,1947年全国土地会议提出平分土地的口号之后,实际上是无偿没收地主土地分配给农民。

1949—1952年的土改是一次全面的、自上而下的强制性变迁,也是一场轰轰烈烈的革命。那么,在此之前和之后土地产权制度发生了什么样的变化呢?此前土地私人产权的观念深入人心,普遍存在的土地交易契约表明,农民可以在法律范围内对土地自主处置,包括买卖、租佃及其他各种形式的交易。土地交易契约也可以用于土地转

---

① 龙登高:《土改前夕地权分配的检验》,《东南学术》2018年第3期。

让、交易，在经济利益方面的细节都在契约当中作了规定。

在土改之后，土地所有制发生了什么样的变化呢？在人们的印象当中往往会有一种错觉，革命先烈抛头颅洒热血，就是为了推翻土地私有制，通过土改建立土地集体所有制。事实上，土地改革之后，从1952—1957年，农民拥有土地所有权证，可以对土地作自由处置，包括买卖，但土地所有制仍然是土地私人产权制度。革命的出发点就是通过土改让农民获得土地财产，要改变过去那种不平等的现象。1950年颁布实施的《中华人民共和国土地改革法》进一步从法律层面保障了农民的土地所有权。第三十条规定，"土地改革完成后，由人民政府发给土地所有证，并承认一切土地所有者的自由经营、买卖及出租其土地的权利"。农民在这些方面对土地拥有和土改之前一样的自由处置的权利。

1950年6月28日，中央人民政府委员会第八次会议通过的《中华人民共和国土地改革法》第三十条规定，"土地改革完成后，由人民政府发给土地所有证"；11月10日，政务院第十八次政务会议通过的《城市郊区土地改革条例》第十七条"城市郊区土地改革完成后，对私有农业土地者发给土地所有证保障其土地所有权"之规定由人民政府颁发；11月25日，内务部《关于填发土地房产所有证的指示》明确，土地改革完成后，不论农民新分的土地及原有土地和房屋，一律颁发《土地房产所有证》。土地房产所有证是以户为单位填发的，以表明此项土地房产为该户成员所共有。土地房产所有证有三联，第一联为家庭存有，第二联为"县存"，第三联为"村存"。

1954年9月20日，第一届全国人民代表大会第一次会议通过《中华人民共和国宪法》，规定"国家依照法律保护农民的土地所有权"。这是新中国人民政权向全中国人民也是向全世界人民的庄严政治承诺与宣示。平均地权是从苏区到解放区的尝试，再到新中国成立后逐步全面覆盖。这是长期革命的政治、经济成果，土改本身也是通过暴力革命来实现的。地主的土地和所有财产，被强制性没收，重新平分。旧社会的土地交易契约、土地产权证都被烧毁。期间所发生的镇压与血腥行为，如兴县被斗死亡2024人，既有地主，也有相当数量的富农中农，甚至贫雇农。暴力在当时秉承的是革命伦理，"各地均提出要防止和平分地的倾向，对地主这种自动交出土地的态度，应采取明确的拒绝方针"；因为"不经清算斗争，地主和农民间的阶级仇恨不会明显，农民阶级觉悟不会提高"[①]。暴力是时代的产物，这无需粉饰，但却不能以今日的市场伦理来加以评判。

平均地权应该说是全国人民的基本共识。一位西南联大毕业的学界前辈，一方面他家的土地被平分了，那时候的教授家里通常土地不少；另一方面，他自己也参加了另一个县的土改工作小组。他谈到，内心难免有些矛盾和冲突，但是想到这将是一种美好的革命，就义无反顾地专心做好土改工作。当时公开反对土改的绝少，其中一个就是康奈尔大学农业经济学博士董时进教授。1948年4月12日，《中国土地法大纲》发布半年后，《大公报》（上海版）刊登了"土地问题"座谈会纪要。董时进第一个发言，反对土改，其根据是：中国土地问题不严重，中国乡村贫富差别没有城市严重，中国土地分配不平均没有其他国家严重；中国的土地不是分配不均，而是人口太多，土地太少，农村劳力大量剩余。与会19人中多数人主张政府以债券收购土地；3人支持中共的土改政策；3人支持走土地集体化道路；无一人支持董时进的意见[②]。新中国成立初，董时进上书毛泽东，力陈停止土改[③]：

> 地主富农之所以成为地主富农，除少数特殊情形外，大多是因为他们的能力较强，工作较勤，花费较省。虽有不少是由于其祖若父的积蓄，然而自身由贫农起家者亦很多。即使是由于其祖若父的积蓄，亦必须其自身健全，否则必然衰败。这即是说，地主富农多半是社会上的优秀分子，是促社会进步的动力，是国家所应保护和奖励的。但这绝不是说，贫农都是低劣的分子，因为在战祸绵亘，百业不振的情况之下，多数人都没有改善他们境遇

---

① 罗平汉：《土地改革运动史》，福建人民出版社2005年版。
② 郑也夫：《土改：费孝通与董时进》，香港《明报月刊》2017年第8、9期。
③ 《关于董时进上书反对土地改革问题》，《观察》1950年第12期。

的机会。但是，无论哪一个贫农都没有不愿意成为地主或富农的，若说他们之所以没有成为地主或富农，乃是因为他们的道德特别高尚，不愿意剥削他人，则决不足信。国家当然应该帮助这些贫农去改善他们的境遇，但帮助他们的正当办法，是在和平恢复之后，努力发展生产建设，多创造就业的机会，使大家都有工作，能够赚到丰富的进款，而不是分给很少几亩土地，把他们羁縻在小块的土地上面，使他们继续留在农人已嫌太多的农村里面讨生活。他们耕种那样小的一块土地，终年劳苦的结果除去了粮税及各项开支以后，还是不够维持最低的生活。

董时进认为，当时毛泽东正好去苏联，可能没有看到他的报告。他认为，因为农民就是靠拼命地努力获得更多的土地，成为富裕农民，使自己的生活变得更美好的，也就是让土地配置到劳动能手之中，才能提高土地生产效率，社会经济才有发展的可能性。相反，如果积累了土地和财富之后，就把它平均分配掉，谁还会增加土地投入？土地产出与生产力不会增加，社会经济就不会有发展。但在当时高涨的革命热潮之下，董时进的卓识与远见被淹没在革命的洪流中。

### （二）集体化突进

个体农民通常一家五口，个体化的经营，规模太小，风险承担能力很小，通过实行互助组和合作社可以实现规模化经营，推动经济效率的提高。尽管建立互助组、合作社、集体化的初衷是为了让农民生产、经营效率得到提高，但在极"左"思潮之下出现了扭曲。第一，加入合作社基本上是强制性的，有的农民不愿意，但也必须加入，土地使用权归集体，但土地所有者没有选择权，当然只能是强制性的。而且从初级社、合作社到高级社再到1958年的人民公社，在短短的一两年之内就实现了集体化，这就是所谓的"大跃进"。原来土地改革实现的农民土地所有权就被改变为村民集体土地所有制。第二，合作社没有退出机制，这又是一种强制，农民没有选择的权力[①]。

通过集体化和合作化，土地使用权收归集体，进而土地所有权收归集体。1956年6月30日，第一届全国人民代表大会第三次会议通过的《高级农业生产合作社示范章程》第十三条规定，入社的农民必须把私有的土地转为合作社集体所有。也就是说，个人不再拥有土地所有权。此时，距1954年宪法颁布还不到两年时间。1962年9月27日，中共八届中央委员会第十次会议通过的《农村人民公社工作条例修正草案》（简称《六十条》）规定，生产队范围内的土地都归生产队所有。生产队所有的土地，包括社员的自留地、自留山、宅基地等等[②]，一律不准出租和买卖。中共十一届三中全会后，对这一系列极"左"思潮进行了严肃、彻底的反思，在正式文件中否定了大跃进和人民公社。

如果1958年人民公社标志着集体所有制的实现时间，那么《宪法》是什么时候追认的呢？直到1975年颁布中华人民共和国第二部《宪法》。但该宪法深深地打上了"文化大革命"的烙印，极左倾向十分严重。1978年、1982年又相继作了大规模的修改。有人认为这表明从1957年到1975年将近20年间，集体土地所有制、农村集体化是没有被宪法所认可的。但我们认为，尽管土地村民集体所有制"出身"于"左"倾政策，但已经变成了历史既成事实，不应该由此否认现在的集体所有制。不过，从它的产生历史、背景和演变的角度来看，回顾历史就可以澄清很多的认识误区和成见。

## 二 使用权的平均：家庭农庄的活力

在人民公社制度下，农民对土地的权利是什么呢？继使用权归集体后，所有权也归集体了。劳动都是集体统一组织的，哨子一吹或者

---

[①] 文贯中：《土地制度必须允许农民有退出自由》，《社会观察》2008年第11期。
[②] 1962年"湖南省安化县社员土地使用、房产所有证"：糠泉人民公社望城大队枚北生产队刘某的自留地3分归本户全家长期使用，房屋归本户全家永远所有，"任何单位和个人不得侵犯"。

253

锣鼓一响，农民到田间进行集体劳动。集体劳动缺乏激励机制，很多搭便车的现象就出现了。同时，农民没有土地这一最重要的财产，也就没有了生产积极性。以至于到"文化大革命"后期中国农业经济一度濒临崩溃。

1981年，实行包产到户，也就是把集体土地的使用权分给农民实行个体家庭经营。但是那个时候"包产到户"是一个非常可怕的意识形态禁区。安徽小岗村的农民写血书按手印把土地分到各家各户；如果有人被抓走，其他人应对其家人给予照顾。杜润生发明了"家庭联产承包责任制"这样一个冗长的名字来替代事实上的包产到户，从而绕开了意识形态之争，幸运的是也使后来的改革绕开了使用权的法律界定。人民公社集体劳动，许多农民吃不饱去逃荒要饭，一旦包产到各家各户，就解决了饥荒问题，所谓"集体劳动去逃荒，包产到户有余粮"。一个制度变迁，当年就收到了立竿见影的成效，这在历史上是很少有过的。

农民获得土地使用权，焕发了农民生产积极性，这种解释有一定道理，但是不够全面。真正的解释是，尽管农民没有获得土地所有权，但农户通过拥有土地的使用权可以建立自己的个体家庭农庄，从而成为农业企业家，这意味着他将拥有经营性收益和企业家报酬。农民所得不只是劳动的工资报酬（人民公社之下，社员只能获得工分即劳动收入，其角色相当于公社的雇工），更为重要的是，农庄作为一种企业拥有剩余控制权和剩余索取权，农民自己支配生产剩余，这是很强的激励。

在历史上，农民租借土地，建立家庭农场，和自己去充当雇工而获得劳动报酬，二者有着天壤之别。或谓，佃农也算农业企业家吗？当然是。企业的办公室是不是租过来的？办公室或者工厂并不是自己的，并没有所有权，只有使用权，但是工厂和企业是不是属于他的呢？当然是的。作为企业主，就可以获得企业家的报酬，就有剩余控制权和剩余索取权，获得工资之外的收入。一般来说，50%的地租是按生产一季作物产量来算的，农民辛勤劳动，第一季交租，第二季通常就不需要交了；又如，在农田里面养殖稻花鱼，鲜美的稻花鱼也不需要给地主;在田埂上种蔬菜,等等,凡此都是在契约条文规定之外的收入,这就叫剩余索取权。因为拥有了契约规定之外的收入,所以佃农的收入和雇工的收入有着天壤之别。包产到户之后,农民的积极性不仅体现在自己耕种的土地上,也体现在建立自己的家庭农庄、获得企业家报酬和剩余索取权,还有风险收益[1]。这就是1980年代农业突飞猛进、恢复性增长的制度基础。这一点似乎为人所忽视,未被系统揭示过。

## 三 平均地权无以维系,不可持续

平均地权是美好的理想,但初始状态能不能长期保持均衡不变呢?

### (一) 均分:家庭析产与政府强制

平均地权实践,微观层面上在中国自古有之,那就是家庭"诸子均分制"。家庭田产、房宅、动产及债务,在各男丁之间平均分配。通常采取凭中签订契约,拈阄而定其归属。但均分之后,第二代同样的起点、同样的血缘背景,也会出现绝对不一样的结果。分家独立之后,儿子之间有能力大小之别,孙子之间也有能力大小之别,其核心家庭的规模与娘家的资源差别,以及机会的差别,使第二代、第三代之间的差异可能越来越大。董时进《两户人家》以文学形式现身说法,描述了一个家庭均分为两户人家及其下一代的发展差异。

第二代均分,很快出现不平均,第三代之间是否再通过一次均分来改变不平均的状态?绝对不会。如果那样,就不会有动力去增加财富创造与积累,经济社会将步步倒退。因此,通常只有儿子之间均分。或者说,只可能出现一次第二代之间的均分,而不会出现第三代之间的再次均分。"诸子均分制"保证了一个平等的起点,但并不追求结果的平等,事实上儿子之间通常是竞赛式发展的。

---

[1] 龙登高、彭波:《近世佃农经营的收益与比较》,《经济研究》2010年第1期。

一个家庭尚且如此，一个国家如何实现平均和保持平均状态？当然更不可能，也不应该追求结果的或永久性的均等。如果希望缩小贫富差距，可以通过税收与福利等手段调节，而不应该求之于重新分配土地与财产。

第一次平均地权，因为是所有权，所以农民可以自由出卖、租佃、典当、抵押，地权平均状态很快被改变了，又出现了新富农、佃富农[1]。不久，土地又集中到种田能手当中，这样一来"平均地权"的初衷很快又被改变了。那怎么办呢？土地改革时，毛泽东曾谈到："农民的平均主义，在分配土地以前是革命的，不要反对，但要反对分配土地以后的平均主义。平均分配土地一次不要紧，但不能常常分配下去。旧式富农实际上是要侵犯一些的，新式富农则不应侵犯。"[2]平均地权和当初实行土地改革最主要的目的就是让劳动力与土地两种生产要素得到更好的结合，一些农民没有或缺少土地，通过平均地权让他们得到土地耕种。然而平均地权之后，很快出现土地集中到种田能手当中的情况，这实际上就是通过地权市场实现土地与劳动力的优化配置，提高土地产出。可是从表象上来看，平均的状态很快又被改变了。如何确保初始的平均状态不被改变呢？有什么样的办法呢？只有不允许土地交易，当然这就意味着土地权利被剥夺。

第二次在集体产权之下，使用权平均分配，农民不能买卖土地了，有没有可能让使用权的平均状态一直保持下去呢？实际上这是难以维系的。

### （二）初始平均状态无以为继

无论是所有权平均，还是使用权平均，都会遇到各种变量，冲击和改变初始的平均状态。

其一，妇女出嫁与地权分配的难题。娘家分地还是夫家分地？娘家分了土地，却不能带到夫家，因为分田通常是以家庭为单位按人口

---

[1] 苏少之：《革命根据地新富农问题研究》，《近代史研究》2004年第1期。
[2] 中共中央文献研究室：《毛泽东年谱（1893—1949）》（下卷），人民出版社1993年版。

分配的；使用权平均还是在集体内部分配，夫家往往不是本村集体成员。如果是在夫家分地，那么，未婚女性怎么办？离婚妇女怎么办？

嫁入夫家分配土地份额，其前提是集体需要重新分配，也就意味着必须定期或不定期的均分。在这种制度下，不少年轻人提前（少数可能推迟）结婚与生育，以便赶上均分田地的时间，否则将有相当长一段时间的要素占有空档，因而影响正常婚育。事实上，现在越来越多的地区实行"增人不增地，减人不减地"，这意味着新婚妇女与新生儿将不会从集体那里分配到土地，除了继承之外。

当农村女性常因婚姻事实等引起其在"娘家"和"婆家"之间的家庭成员身份变动时，其土地权益也随之变得"不确定"甚至"消失"，制度冲突导致农村妇女土地权益易受损，而在当前12个省份开展的土地确权工作固化了妇女土地权益受损事实[1]。农地确权以来，全国妇联委托农业部农研中心在固定观察点所作的抽样调查显示，有30.4%的女性在土地承包经营权证上没有登记姓名，有80.2%的女性在宅基地使用权证上没有登记姓名[2]。传统社会时期，嫁女有陪嫁的"奁田"，现在不能携集体土地随嫁。于是，农村索要高额陪嫁礼金，也是合乎逻辑的，相当于农地与宅基地等财产的补偿。

其二，人口流动与迁移。当代中国农村人口流动越来越频繁，长期或短期离开村集体。近20年来城市化与工业化快速推进，每年约1500万农民进入城市或城镇变成市民，或长期居住在城市与城镇维生的农民工。他们不再以土地为生，却拥有土地，这与"耕者有其田"是相悖的，也不符合土地与劳动力相结合的初衷。从大趋势来说，让农民变成市民，减少农民数量，是中国现代化不可逆转的历史进程。但是，每个人的偏好不一样，每个人的选择也是不一样的，要想进行统一的安排，不让农民自由选择，或者还希望将农民终生束缚在土地上，无疑于缘木求鱼。这一点，过去认识不清，在1950年初

---

[1] 《中国妇女报》，2018年3月10日。
[2] 全国妇联向全国政协十三届一次会议提案《在深化农村改革中维护妇女土地权益》，《中国妇女报》2018年3月5日。

制定中华人民共和国首部《宪法》，讨论迁徙自由的时候，高层有人就认为农民就是农民，好好种地，不需要迁徙自由。

其三，家庭人口数量与构成的变化。妇女婚嫁、生育新生儿、老人离开人世，家庭成员的数量随时在改变。不仅如此，劳动能力因家庭成员构成的变化而不同，男性未成年或年迈时，劳动能力弱，可能不足以耕种；壮年时，则又嫌土地不够耕种。初始平均状态随时被打破。笔者实地调查有一个案例，1949年湖南土地改革，安化县有一位14岁的蒋姓男孩，母亲瘫痪，母子俩分到了两份田约2亩，可是无力耕种；半年后母亲病逝，男孩拥有两份田，不得不出租，当然农民不会因为其出租土地而视之为剥削。邻居家是1名壮汉，也分到1亩地，劳动力只得闲置；一年后娶了媳妇，生育了孩子，可一家三口仍只有1亩地。类似情形普遍存在。

此外，种田能力有大小，经营能力有差异，平均分配貌似公平，其实不然。土地不能集中到种田能手，导致生产效率低下。

面对这些改变初始状态的变量，如何应对呢？

土地定期均分可以保证土地的绝对平均，但会带来土地零碎化、耕种成本上升、土地肥力下降等种种问题。重新分配通常要肥瘦搭配、远近搭配。两三次重分之后，各家庭拥有的承包地变得分散而零碎。在湖南安化山区，向家4口人，不到5亩土地，分散在8处地方，耕种很不方便，生产成本高而效率低，干脆就放弃耕种，或免费交给他人去种，这就是耕地零碎化及其产生的生产效率低下等问题。另一方面，由于未来重分的预期，投资土地的未来收益得不到保障，没有农民愿意投资工本于水土与肥力保持，地力得不到维护。平均地权的初衷——公平与效率都无法实现。

重新均分不可为继，那么长期不变呢？林地就是30年不变，这样的状况会避免零碎化的现象，但也伴生其他问题。湖南安化某村两户人家，最初都是人均2亩林地，甲家原来有6口人，10年之后只有3口人，变成了人均4亩。乙家原来4口人，人均2亩时共有8亩地，10年之后姚家人口增加到8口，人均只剩下1亩地。如此人均4亩与1亩之差别，如不重新分配，很可能会变得更加严重不均。

无论定期重分还是30年不变，都会遇到改变初始平均状态的种种变量而走向不公平、不平等与低效率。事实上，现在许多地方实行"增人不增地、减人不减地"，那就意味新生儿没有土地，妇女出嫁到夫家没有土地。相反，老人去世，土地份额仍在，可以传给其下一代。这样的政策会造成什么样的后果呢？事实上的土地私有随之产生，因为增加的人口没有地，减少的人口仍然还有地，这不就是土地家庭私有吗？事实上的交易已经广泛存在，但从法律而言，这些交易仍是不合法的。唯其如此，其潜在的风险尤其是未来的问题，令人担忧。此外，强化了重男轻女的传统思想，因为妇女嫁人，再也无地可分。

## 四　土地流转唯有依托地权市场

平均地权，或者说如何实现劳动力与土地以最优的方式相结合，多种"试验"与探索付出了高昂的成本。从生产要素配置的角度来看，现在的改革只有利用市场机制，各种要素在流动与交易中才能实现。

以上所论平均地权的困境，只有在市场中才能寻求解决途径。

第一，土地和劳动力资本的结合是一个动态的过程，土地配置只有通过市场来动态实现。以家庭劳动力构成的变化而论，清代江西有一个案例颇为典型：有一户农家有4个儿子，孩子年幼时，没有生产能力，没有耕作能力，于是出典和出租土地。但10年之后，4个儿子都长成了彪形大汉，需要更多的土地耕种，此时就需要购买土地，或租佃土地，或承典土地，使得4个儿子的劳动力都能释放。这就需要地权交易市场进行土地流转，以保证土地与劳动力的最优结合。

第二，为什么当前鼓励流转，但农民意愿不如预期？中国制度遗产与历史经验值得借鉴。中国传统经济在18世纪之前长期领先于世界，中国曾以占世界7%—8%的耕地，养活了世界上1/4的人口，高峰时甚至接近1/3。这在短缺经济时代是个奇迹，能够养活这么多人口需要相应的土地产出。其根本原因是活跃的地权市场形成富有效率的资源配置①。不同层次的土地权利（包括所有权、占有权、使用权）都能以明确的产权形态进入市场，形成租佃、押租、典、活卖、绝卖等多层次、多样化的交易体系。农民可以根据自身不同的价格偏好，根据当期与远期的需求，灵活选择交易方式。同时，还可以形成回赎机制，以缓冲地权交割与土地集中②。由此可见，当前促进土地流转，一是要进一步明晰土地产权；二是地权交易形式应多样化。

第三，土地流转的需求与趋势，长期而言将会越来越强化。一是规模化经营，土地集中到种田能手或农业公司中，将提高经济效益，而且并不排斥农民从中获得更多的收益。二是城市化，让农民变为市民，这是中国现代化进程中不以人的意志为转移的、不可逆的大趋势。农民数量将减少，人均土地与资源增加，同时土地将流转到最具效率的农庄或公司中。三是重新认识"耕者有其田"的内涵，通过土地流转获得土地耕种权或占有权，也是一种"耕者有其田"。因而，应该破除"唯所有权论"，破除静止的平均主义，形成不同层面、不同时段的土地权利，且均可以单独进入市场进行交易，实现动态的劳动力与土地相结合。

第四，市场化基础上的农民自由选择。每个农民每户家庭有其不同的偏好、不同的需求，怎么可能由集体或政府做出让所有农民都满意的选择呢？所以，只有让农民个体或集体根据市场信号去选择，通过市场来实现生产要素组合，也就是说，市场才是决定性的资源配置机制。

简言之，从平均地权到鼓励土地流转，实际上就是从政府强制性分配走向市场配置资源的制度变迁。也可以说，是市场经济制度在生产要素领域的深化。

原载《河北学刊》2018年第3期

---

① 龙登高：《地权市场与资源配置》，福建人民出版社2012年版。
② 龙登高：《典与清代地权交易体系》，《中国社会科学》2013年第5期。